EUROPAVERLAG

CHRISTIAN HARDINGHAUS

DIE VERRATENE GENERATION

Gespräche mit den letzten Zeitzeuginnen
des Zweiten Weltkriegs

EUROPAVERLAG

MIX
Papier aus verantwortungsvollen Quellen
FSC® C014889

Umschlaggestaltung: Hauptmann & Kompanie Werbeagentur, Zürich,
unter Verwendung von Fotos von © Galerie Bilderwelt / Tarker / Bridgeman Images,
© dpa / picture alliance, © ullstein bild – Backstein
Bildnachweis: Australian armed forces / Public domain S. 261; Bundesarchiv,
B 285 Bild-S00-00326 / Unbekannt / CC-BY-SA 3.0 S. 158, Bundesarchiv,
Bild 101I-668-7168-05A / Zoll / CC-BY-SA 3.0 / CC BY-SA 3.0 DE S. 245,
Bundesarchiv, Bild 146-1976-072-09 / CC-BY-SA 3.0 S. 160, Bundesarchiv,
Bild 146-2003-0039 / CC-BY-SA 3.0 S. 137, Bundesarchiv, Bild 146-941 / U.S. Signal
Corps / CC-BY-SA / Public domain S. 213, Bundesarchiv, Bild 183-Z0309-310 /
G. Beyer / CC-BY-SA 3.0 / CC BY-SA 3.0 DE S. 297; Dowd J (Fg Off), Royal Air
Force official photographer / Public domain S. 250; Fotoarchiv Städtisches Museum
Göttingen, S. 236; https://www.facebook.com/761224653982196/photos/gubinchen-gubinek-kn%C3%BCppelbr%C3%BCcke/802354759869185/ S. 122; Ivanovski
Stevanus Napitupulu S. 96; Jean-Pierre Dalbéra from Paris, France / CC BY S. 319;
Margaret Bourke-White (USAAF) / Public domain S. 286; Museum Kostrzyn
S. 106; No 5 Army Film & Photographic Unit, Wilkes A (Sergeant) Public
domain S. 315; Royal Air Force official photographer S. 267; Trolley Mission S. 190;
Wikimdedia Commons / SchiDD / CC BY-SA S. 146; Wikimedia Commons S. 81,
124, – Authority/Forrás: Sudetendeutsche Stiftung/CC BY-SA S. 143, – Annemarie
Schwarzenbach S. 227; alle anderen: privat
Redaktion: Franz Leipold
Layout & Satz: Robert Gigler, München
Gesetzt aus der Simoncini Garamond
Druck und Bindung: Pustet, Regensburg
ISBN 978-3-95890-332-6

www.europa-verlag.com

INHALT

1.
DIE DEUTSCHE ANGST VOR DER ERINNERUNG

ANNÄHERUNG AN DIE VERRATENE GENERATION – UND AN UNS SELBST

1945 haben Millionen Frauen aus den deutschen Ostgebieten wenn nicht ihr Leben, so doch ihre Heimat verloren, oft nachdem sie auf brutalste Art und Weise verprügelt, vergewaltigt und vertrieben worden sind. Auch im Westen haben Millionen ihren gesamten Besitz eingebüßt, ihre Wohnungen und Häuser wurden ausgebombt. Sie trauerten um ihre gefallenen Söhne, Väter oder Brüder oder warteten – oft vergeblich – auf die Rückkehr ihrer Männer aus der Kriegsgefangenschaft. Sie litten Hunger, froren, versorgten ihre Kinder, hielten den Rest der Familie zusammen. Sie blickten zurück auf sechs Jahre des schlimmsten Krieges der Weltgeschichte, in denen sie Nacht für Nacht in Luftschutzkellern und Bunkern um ihr Leben gezittert hatten und Tag für Tag dazu verpflichtet wurden, in Munitions- und Rüstungsfabriken Schwerstarbeit zu leisten.

Ob Vertriebene aus dem Osten, Flüchtlinge oder Opfer des alliierten Bombenkrieges, sie alle schauten aber auch nach vorne, um sich eine neue Heimat aufzubauen. Sie schufteten, rackerten sich ab und trugen wesentlich dazu bei, eine Zukunft für sich selbst und ihre Nachkommen – für uns – entstehen zu lassen. Als ihre Kinder erwachsen wurden, konnten sie in Frieden und relativem Wohlstand leben und wollten vom Anteil ihrer Mütter daran oder von ihren Erlebnissen aus dem Krieg oft nichts mehr hören. Die meisten Frauen dieser Kriegsgeneration haben das Geheimnis ihres persönlichen Schicksals mit ins Grab genommen. Einige der wenigen, die heute noch leben, wundern sich, ja ärgern sich, dass – bei all dem, was sie durchgemacht und worüber sie nicht sprechen konnten – ihre Enkel und Urenkel hauptsächlich wissen wollen, warum sie Hitler gewählt, nichts gegen die Nazis unternommen und den Mord an Millionen Juden und anderen unschuldigen Menschen einfach geschehen lassen hätten. Das sind genau die Fragen, die ihnen auch die Gesellschaft direkt oder – in den meisten Fällen – indirekt über Jahrzehnte gestellt hat. Man hat sie nicht gefragt, was sie gewusst haben, sondern hat ihnen von vornherein unterstellt, *alles* gewusst zu haben. In Zeitungsartikeln, Radiosendungen, Talkshows und im Internet erlebten sie, wie die Generationen ihrer Söhne und Töchter sowie ihrer Enkel und Urenkel schwere Vorwürfe gegen sie erhoben: »Ihr habt keinen Widerstand geleistet, ihr habt eure jüdischen Nachbarn nicht geschützt, ihr habt nicht sabotiert, ihr habt eure Männer einen Vernichtungskrieg führen lassen, ihr habt das alles erst möglich gemacht.«

Manche fragten zurück: »Was hätten wir denn tun sollen?« Oder sie nahmen eine Schutzhaltung ein: »Was hättet ihr denn getan?« Fragen, auf die es keine Antworten gab. Die letzten Zeitzeuginnen des Zweiten Weltkriegs haben nicht nur geschwiegen, weil man sie schon vorher mit Vorurteilen überschüttet hatte, sondern auch, um überhaupt wieder ins Leben zu finden. Sie taten das, weil sie selbst ihre Traumata vergessen und verdrängen wollten und für eine gewisse Zeit auch mussten.

In meinem vorangegangenen Buch *Die verdammte Generation* habe ich die Stigmata untersucht, denen sich die letzten Soldaten des Zweiten Weltkriegs ausgesetzt sahen. Als vermeintliche Täter vorverurteilt und an ihren eigenen Traumata durch Krieg und Gefangenschaft leidend, hatten diese Männer ähnliche Gründe, nicht über ihr Erlebtes zu sprechen. Durch die vielen Interviews, die ich für dieses Buch mit verschiedenen Frauen geführt habe, kamen noch andere Gründe für ihr Schweigen an die Oberfläche. Die meisten Frauen dieser Generation mussten oder müssen sich eingestehen, dass sie sich vor dem Krieg von der nationalsozialistischen Bewegung haben mitreißen lassen, ja dass sie teilweise davon begeistert waren. Nicht von ihren politischen Inhalten, nicht von ihrem Rassedenken und ihrem Antisemitismus, aber von ihrer Dekoration und einer bunten Fassade, die sie nicht – oder erst viel zu spät – durchschauen konnten.

Die Mehrheit der Mädchen nahm an den gemeinsamen Fahrten, Zeltlagern, Liederabenden und Sportfesten des Bundes Deutscher Mädel (BDM) mit Begeisterung teil. Sie haben die Kameradschaft genossen, während ihres Pflichtjahres oder Landjahres Abenteuer erlebt und geglaubt, ein bedeutender Teil eines blühenden, neuen großen Deutschlands zu sein. Sie haben mit Hakenkreuzfähnchen in der Hand den Besuch des Führers in ihrer Stadt sehnlichst erwartet und ihm gemeinsam zugejubelt. Wie erklärt man das denen, die sich das nicht vorstellen können? Die glauben, sie hätten hinter den Vorhang schauen können, die Pläne der Nazis durchschauen müssen? Die Frauen hatten Zweifel, dass ihre Kinder und Enkel ihnen den Sinneswandel, den die allermeisten mit Beginn des Krieges durchmachten, abnehmen würden. Viele haben das Unrecht gesehen, Frauen haben im Gesamten vermutlich mehr von der Ausgrenzung von Juden und anderen Minderheiten und von ihrer Verfolgung durch den NS-Staat mitbekommen als ihre Männer im Krieg. Nur da war es zu spät. Wie erklärt man den Kindern und Enkeln, was in einem totalitären Terrorregime für den Einzelnen möglich ist? Können sie sich bei all den Freiheiten, die für sie heute selbstverständlich sind, überhaupt noch vorstellen, was es bedeutet, in einer Diktatur zu leben? Das Kommunikationsproblem, das die Zeitzeuginnen mit ihren Kindern der ersten Nachkriegsgeneration hatten, ist verständlich. Auf beiden Seiten stand die Angst. Die einen fragten nicht, weil sie sich Sorgen machten, ihre Mütter könnten zu viel gewusst und nichts dagegen getan oder sogar begeistert mitgemacht haben. Die anderen erzählten nichts aus Sorge, man würde ihnen nicht glauben oder ihr persönliches Leid als unangebracht empfinden hinsichtlich der furchtbaren Gräuel, die von den Nazis begangen wurden und über die man die Gesellschaft recht schnell aufgeklärt hatte. Durch das Schweigen, das zwischen diesen Generationen herrschte, hat sich jedoch zu viel Unausgesprochenes weitergetragen. Vorurteile und Stereotypen haben in der dritten und vierten Nachkriegsgeneration weiter Bestand. Das Verdrängte, Unbesprochene und Falschverstandene führten dazu, dass unsere Gesellschaft heute in eine große Gefahr schlittert, eigentlich schon mitten drin ist, denn nicht weniger als unsere gesamte Erinnerungskultur steht aktuell auf dem Prüfstand und auf der Kippe. Auch wenn wir selbst das noch gar nicht umfassend überblicken können, so treten die Folgen der undifferenzierten Betrachtung unserer Vergangenheit doch mit jeder Krise, der wir aktuell ausgesetzt sind, immer deutlicher hervor.

Bevor ich also die *verratene Generation* bespreche und danach die letzten Vertreterinnen selbst sprechen lasse, möchte ich auf die Folgen des Verrats an uns selbst, im Hier und Jetzt, eingehen. Ein Beispiel aus dem letzten Sommer soll helfen, die Problematik zu verdeutlichen:

Am Sonntag, den 7. Juli 2019 kommt ein ICE der Deutschen Bahn vor Frankfurt am Main zum Stehen. Eine Passagierin wird in diesem Moment Zeuge, wie der Zugführer bekannt gibt: »Liebe Fahrgäste. Unser Zug hat wegen der Entschärfung einer Bombe, die die Westalliierten auf die unschuldige Bevölkerung Frankfurts abgeworfen haben, zurzeit 45 Minuten Verspätung.«[1]

Die Bahnfahrerin ist perplex, geschockt, verlangt beim Zugbegleiter auf der Stelle, den Zugführer sprechen zu dürfen, was ihr aus datenschutzrechtlichen Gründen verwehrt wird. Damit kann sie sich nicht abfinden, macht von ihrem Beschwerderecht Gebrauch und lässt ihrem Ärger auf der Facebook-Service-Seite der Deutschen Bahn freien Lauf. Innerhalb von Minuten erscheinen unter ihrem Beitrag Hunderte Kommentare von Bahnkunden, die sich darüber streiten, ob der Zugführer ein Nazi ist oder nicht. Da das Social Media Team der Bahn nicht reagiert, unterrichtet die Kundin selbst verschiedene Medien über den Vorfall. Schließlich berichtet *Stern Online*[2]. Darauf muss das unter Druck gesetzte Unternehmen reagieren und lässt einen Sprecher zum Facebook-Beitrag der Kundin einen offiziellen Kommentar abgeben: »Hallo (…), was Sie da erlebt haben, tut mir sehr leid. Kulturelle Vielfalt, Offenheit, Toleranz und Respekt sind Grundwerte der Deutschen Bahn. Rassistische und fremdenfeindliche Äußerungen widersprechen diesen Unternehmenswerten.«[3]

Ich kann diesen Mist nicht mehr lesen, kommentiert ein User darunter. *Immer die gleichen Phrasen parat.* Die weitere Diskussion dreht sich darum, wer im vorliegenden Fall denn eigentlich rassistisch beleidigt worden ist. Die Kundin ohne Migrationshintergrund, die unschuldig ausgebombten Zivilisten im Zweiten Weltkrieg oder tote Nazis? Einige Kommentatoren schießen deutlich über das Ziel hinaus und feinden die Passagierin an, der aber auch die Entschuldigung der Bahn nicht reicht. Das, was ihr widerfahren ist, sei einfach zu schlimm, um Ruhe geben zu können. Sie denkt dabei weniger an sich selbst als an die Schäden, die die potenziell mitreisenden und somit mithörenden Kinder und Jugendlichen durch die Ansage des Zugführers erlitten haben könnten.[4] Sie insistiert weiter in den Medien, sodass die Bahn schließlich bekannt gibt, den Zugführer entlassen zu haben. Danach wird der inzwischen auf Tausende von Kommentaren angewachsene Thread gelöscht. Von wem, das bleibt unbekannt. Die Bahn will es nicht gewesen sein. Die Kundin fühlt sich in ihrer Aufklärungsarbeit nun erst recht behindert. Ein nach dessen eigener Aussage mit ihr befreundeter Journalist bietet ihr an, einen ausführlichen Bericht über den Skandal zu schreiben. Am 11.7.2019 veröffentlicht so Gerrit Wustmann einen ausdrücklich nicht als Kommentar und damit nicht als Meinungsäußerung gekennzeichneten Artikel im Netzmagazin des Heise-Verlags *Telepolis*. *Rechter Shitstorm nach Nazi-Durchsage im ICE* nennt er den Beitrag und mahnt darin an, »dass die alliierten Bomben im Jahr 1945 eine Nation aus Mitläufern und Mittätern, die das Naziregime erst ermöglichten, dorthin befördert haben, wo sie hingehört – und bleiben wird.«[5]

Wustmann zieht ein beachtliches gesellschaftliches Fazit und scheut nicht mal davor zurück, dafür den damals aktuellen rechtsradikalen Mord an einem Politiker zu instrumentalisieren:

> *Sie [die Nazis] arbeiten bei der Bahn, stehen morgens beim Bäcker vor uns in der Schlange (...). Und sie sitzen, wie wir wissen, in der Polizei, der Bundeswehr, dem Verfassungsschutz und anderswo. [...] Man darf, man muss es mit Walter Lübcke sagen: Es steht ihnen frei, das Land zu verlassen, dessen Werte ihnen so zuwider sind. Deutschland braucht sie nicht. Doch solange sie hier sind und Menschen beschimpfen, bedrohen und im Extremfall sogar ermorden, ist es Aufgabe von uns allen, ihnen Gegenwind zu bieten und sie nicht durchkommen zu lassen. Und das heißt auch: Keineswegs zu schweigen, wenn so etwas geschieht wie im ICE von München nach Frankfurt vor wenigen Tagen.*[6]

Der Artikel erreicht innerhalb kürzester Zeit eine Rekordanzahl an Kommentaren in der Internetgeschichte des Magazins *Telepolis*. Die meisten User fühlen sich verletzt, andere feiern die deutliche »Ansage gegen Nazis«. Die Diskussion dreht sich vor allem um die Fragen, ob es sich bei dem Gefälligkeitsartikel für seine Freundin – eben jene Bahnreisende vom 7. Juli 2019 – um eine Meinungsäußerung oder um Volksverhetzung handelt und warum ausgerechnet dieser Beitrag nicht als Kommentar gekennzeichnet ist, wie sonst auf dem Portal üblich.

Diese wahre Geschichte aus dem Jahr 2019 sagt viel über den derzeitigen katastrophalen Zustand unserer Erinnerungskultur aus. Zunächst einmal: Die Durchsage des Zugführers war absolut fehl am Platz. Sein Job ist es, einen Zug sicher in den Bahnhof zu bewegen. Die Fahrgäste bezahlen ihn nicht dafür, dass er sie in Geschichte unterrichtet, und dafür ist er auch nicht ausgebildet. Darüber können sich Bahnkunden ärgern, und deswegen kann man sich beschweren. Das, was allerdings die verärgerte Zugreisende und der geschichtsvergessene Reporter im Nachgang veranstalteten, ist nicht nur übertrieben, sondern hysterisch und gefährlich. Auch Wustmann kommt nämlich seiner Pflicht als Journalist nicht nach. Seine Meinung kann er privat äußern oder als journalistischen Kommentar ausweisen. Ansonsten könnten Leser seine Ansichten für ausgewiesene Fakten halten. Rein inhaltlich gesehen, ist jedoch das, was der Zugführer gesagt hat, nicht falsch. Vermutlich hat Wustmann jedoch nicht recherchiert, dass die 26 000 Tonnen Bomben, die während des Zweiten Weltkriegs auf Frankfurt abgeworfen wurden, fast 6000 Menschen getötet haben. Der Großteil der Toten waren – wie im gesamten Bombenkrieg gegen Deutschland – Kinder und Frauen, die als wehrlose Zivilisten zu Opfern des Krieges gezählt werden, und nicht zu Tätern oder Mitläufern, die nichts anderes verdient hätten. Auch die über 1000 Zwangsarbeiter und Kriegsgefangenen, die durch die Bombardements auf Frankfurt umkamen – und an die Herr Wustmann und seine Freundin vermutlich ebenfalls nicht gedacht haben –, sind *keine* Täter sowie auch nicht Dutzende Juden, die Frankfurter Bürger in ihren durch Bombentreffer eingestürzten Kellern versteckt haben.

Wustmann rechtfertigt die massiven Flächenbombardements auf Deutschland, die nach heutigen Maßstäben völkerrechtlich als Kriegsverbrechen gewertet werden müssen und die bereits im Zweiten Weltkrieg heftig verurteilt worden sind. So haben auch die United States Army Air Forces (USAAF) von vornherein die Strategie des verantwortlichen britischen Premierministers Winston Churchill nicht mitgetragen, durch Bomben so viele Zivilisten wie möglich zu töten. Dem dafür beauftragten Bomberkommando der Royal Air Force (RAF) unter Führung von Luftmarschall Arthur Harris ging es bei diesen massiven Flächenbombardements nicht um militärische Ziele, sondern das sogenannte *Moral Bombing* sollte durch das Töten von Zivilisten und Zerstörung von Lebensraum die Moral der Deutschen brechen. Am Ende des Krieges musste sich die Führung der RAF eingestehen, dass die Strategie nicht aufgegangen war, so wie auch die Amerikaner analysierten, dass ihre »Präzisionsangriffe« auf industrielle und militärische Ziele den Kriegsverlauf nicht wesentlich beeinflusst hatten. Noch weilen viele Tausend Menschen unter uns, die sich an die grausamen Bombennächte erinnern, die insgesamt 600 000 Zivilisten das Leben kosteten. Sie haben nicht nur ihr Hab und Gut verloren, sondern auch ihre Kinder, Geschwister und Eltern zu Grabe getragen, falls das Feuer noch etwas von ihnen übriggelassen hat. Dass allein die Erwähnung des Umstandes, dass die alliierten Bomben unschuldige Menschen töteten, heute zu einem derartigen Skandal führt, dass jemand, der sich in entsprechender Weise äußert, wie selbstverständlich in der Presse als »Nazi« bezeichnet und mit rechtsextremistischen Mördern gleichgesetzt wird, ist sehr bedenklich – genauso wie die im Artikel geäußerte, historisch aber untragbare Kollektivschuldthese, nach der ein ganzes Volk Schuld am Krieg trüge.

Über dieses Beispiel sollte deshalb gesprochen werden, weil es kein Einzelfall ist, sondern ein strukturelles Problem unserer Gesellschaft widerspiegelt, in der eine Erinnerung an die Toten des alliierten Bombenkrieges so gut wie keine Rolle mehr spielt. Sobald jemand der Opfer gedenken möchte, wird er als vermeintlicher Nazi entlarvt, und sogenannte Antideutsche machen sich bereit, um in sozialen Netzwerken Verbrechen gegen Deutsche zu feiern. *Bomber Harris do it again* ist dann eine beliebte Parole, die sich zum Beispiel in Hashtags, nicht selten auf T-Shirts oder sogar auf entblößten Oberkörpern junger Politikerinnen aus dem linksextremistischen Spektrum wiederfindet. Das Feiern von bei lebendigem Leib verbrannten unschuldigen Flüchtlingen, Frauen und Kindern kann allerdings nicht antifaschistisch sein, sondern muss dem Hass auf ein Volk, auf einen Staat geschuldet sein.

Schon Zeitgenossen gaben dem Organisator des *Aerial Bombings* den Spitznamen *Butcher Harris (Harris, der Schlächter)*. Nicht die Deutschen taten das, sondern die britische Gesellschaft, denn sein Bombenkrieg kostete über 55 000 RAF-Soldaten, die während der Bombardements abgeschossen wurden, das Leben. Auch sie sind sinnlos geopfert worden. Ihnen hat es *keinen* Spaß gemacht, Bomben über den Städten abzuladen. Das alles weiß aber ein beträchtlicher Teil unserer Gesellschaft heute nicht, weil öffentlich nicht darüber gesprochen wird. Allein die Thematisierung von deutschem Leid im Zweiten Weltkrieg kann nämlich dazu führen, dass jemand seinen Job verliert. Der Zugführer ist nur eines von vielen aktuellen Beispielen unserer an manchen Stellen bereits sogenannten »Cancel-Culture«.

Und heute, ein Jahr nach dem »ICE-Vorfall«, hat sich daran etwas verändert? Immerhin liegen der drittheißeste und bedenklichste Sommer aller Zeiten und die Corona-Pandemie dazwischen. Aber weil wir unsere Vergangenheit nicht verstehen, wird auch die Bekämpfung von realen und drängenden Problemen immer mehr zu einer ideologischen Schlacht. Kritiker der Fridays-for-Future-Bewegung werden umgehend zu »Klimaleugnern« gemacht, Skeptiker der staatlich beschlossenen Maßnahmen zur Bekämpfung der Pandemie zu »Coronaleugnern«. Die gewollte sprachliche Gleichsetzung zu Holocaustleugnern ist offensichtlich, denn um Haltungen, die nicht der Mehrheitsmeinung entsprechen, im Keim zu ersticken, werden Kritiker pauschal mit Verschwörungstheoretikern und Nazis gleichgesetzt. Menschen, die einen SUV fahren, sind »Klimanazis«, Bürger, die andere auf das Tragen von Masken hinweisen, »Coronazis«. Es geht in diesem Land augenscheinlich nichts mehr ohne Nazi-Vergleiche. Auch Politiker und Medien bedienen sich dieser geschichtsrelativierenden Sprache: So erregte ein für den *WDR* tätiger Journalist Ende des vergangenen Jahres große mediale Aufmerksamkeit, nachdem er über Twitter pauschal deutsche Omas als »Nazisäue« bezeichnet hatte.[7]

Und damit sind wir wieder angelangt bei der verpatzten Erinnerungskultur, in deren Zentrum hierzulande eigentlich die Erinnerung an Holocaust und Judenverfolgung durch die Nazis steht. Nur kann man sich nicht aufrichtig erinnern, wenn die Verbrechen des Dritten Reiches verharmlost werden. Und das werden sie durch das pauschale Darstellen legitimer Meinungen, beispielsweise zum Klima oder zu Corona, als nationalsozialistisch. Diese sprachliche Diskreditierung ist eine Gefahr für das kollektive Gedächtnis, und wir müssen gemeinsam innerhalb unserer Gesellschaft analysieren, wie es zu diesen Entgleisungen kommt und was wir dagegen tun können. Wir leben heute in dem historisch einzigartigen Luxus, dass wir den kleinsten Moment – zu jeder Zeit in beliebiger Art und Weise – in Wort und Bild für die Ewigkeit festhalten können. In einer Welt, in der wir uns auf digitale Medien verlassen, die uns an alles erinnern, haben wir jedoch scheinbar selbst vergessen, wie das funktioniert. Angehörige junger Generationen schaffen es nicht mehr, sich in ihre Vorfahren hineinzuversetzen, die sich ohne Internet erinnern mussten. Die Methoden, wie sie die berühmten Personen und Ereignisse ihrer Zeit festhielten, gefallen ihnen nicht, weil man sie nicht einfach per Klick löschen kann. Im Jahr 2020 leben zunehmend Menschen in Deutschland, die Angst vor Namen, Bildern und Statuen haben. Am Bismarck-Denkmal im Park um die Ecke bleibt man besser nicht stehen, denn der war kein Demokrat. Eine traditionsreiche westfälische Universität soll den Namen eines deutschen Kaisers nicht mehr tragen, denn der besaß Kolonien. Literarische Klassiker werden umgeschrieben und dem aktuellen Zeitgeist angepasst. Alles Vergangene gerät in Verdacht, derzeit vorgelebte Moralvorstellungen zu gefährden, an die sich verängstigte Menschen klammern, um in einer scheinbar grenzenlos gewordenen Welt Halt zu finden. Die deutsche Sprache wird aus Angst bis zur Unkenntlichkeit zersetzt. Moderatoren im Fernsehen verhaspeln sich oder stottern freiwillig, um ja allen möglichen Geschlechteransprachen gerecht zu werden. Markus Lanz stellte in seiner Sendung zu Recht klar:

> *Die Lage einer verfolgten Minderheit in China wird keinen Deut besser, wenn man von Uigurinnen und Uiguren redet und sich dabei die Zunge verrenkt. Denn dann achten die Zuschauer nur noch auf den Versprecher und kriegen gar nicht mehr mit, worum es eigentlich geht.*[8]

Die Angst davor, Stellung beziehen zu müssen und Dinge differenziert zu betrachten, führt zu immer radikaleren Formen gesellschaftlicher Umgestaltung, die längst nicht mehr progressiver, sondern erpresserischer und spießiger Natur sind. Schulen und Universitäten werden unter Druck gesetzt, sich neue Namen auszudenken, wenn der Namenspatron in irgendeinem Kontext in seiner Zeit ein für heutige Ohren falsch klingendes Wort ausgesprochen hat. Und wenn der letzte Betreiber einer Mohrenapotheke moralisch dazu genötigt wurde, diese umzubenennen, weil die Menschen lieber daran glauben wollen, dass die Apotheker des Mittelalters mit Schimpfwörtern ihre Kundschaft angelockt haben statt mit Ehrungen, werden die Protestler dennoch nicht zufrieden sein. Vielleicht stehen dann als Nächstes die zahlreichen Paracelsus-Apotheken auf dem Prüfstand, denn ihr Namenspatron hat zu seiner Zeit doch bestimmt irgendwas gesagt, was man aber heute so nicht mehr äußern würde.

Doch all das ändert nichts, denn wir sind in Wahrheit unzufrieden mit uns und verlagern die eigenen und aktuellen Probleme nur auf Persönlichkeiten der Vergangenheit. Menschen versinken in Schuld und Scham vor sich selbst und versuchen, ihre Vorfahren dafür verantwortlich zu sprechen. So etwas hat es in der Form noch nie gegeben, und das wird die Wissenschaftler der Zukunft vor das ein oder andere Rätsel stellen. Was ist unsere Erinnerungskultur wert, wenn wir gar nicht mehr den Versuch wagen, die Vergangenheit zu verstehen?

Als Historiker fallen mir mit zunehmender Sorge Kommentare unter Artikeln in sozialen Netzwerken auf, die an Judenverfolgung, Reichspogromnacht oder die Befreiung von Auschwitz erinnern. Erstaunlich wenig wird dabei diskutiert. Die meisten User hinterlassen einen traurigen oder einen wütenden Smiley. Für viele ist das Maximum, was sie dazu äußern, eine Phrase wie: »Schrecklich, das darf sich nie wiederholen!« Wie aber wollen wir eigentlich verhindern, dass etwas nicht noch mal passiert, wenn wir nicht verstehen, was das überhaupt ist, das nicht wieder geschehen soll? Zu viele junge Menschen können sich den Holocaust einfach nicht mehr vorstellen. Was ist es, dieses »das«, das sich nie wiederholen darf?

»Alle haben es gewusst!«, »Keiner hat etwas dagegen getan!« – das sind weitere Klassiker digitaler Erinnerungskommentare, wenn es um den Holocaust geht. Hat denn jemand mal nach dem »es« gefragt? Was ist es, das »es«, das alle gewusst haben? Dass Nazis Juden diskriminiert, diffamiert, weggesperrt und vertrieben haben? Dann lautet die Antwort *ja*, das haben wahrscheinlich alle gewusst, die in der Zeit des Dritten Reiches gelebt haben und sehen, hören oder lesen konnten.

Ist das »es«, dass sie Millionen Juden in Vernichtungslagern durch Vergasung, Massenerschießung und Folter systematisch ermordeten? *Nein*, das hat wahrscheinlich niemand gewusst, der nicht unmittelbar mit dieser auch für damalige Verhältnisse unvorstellbaren Perversion betraut gewesen ist. Gerade durch strengste Geheimhaltung und Verschleierung wurde der Genozid erst möglich. Nur wir, die wir im Zeitalter unbegrenzter Information leben, können oder wollen nicht reflektieren, dass etwas geheim gehalten werden konnte, von dem wir selbst doch täglich lesen und hören. Die meisten Deutschen heute scheinen überhaupt keine Vorstellung mehr davon zu haben, was eine Diktatur ist und wie eingeschränkt darin Wahrheitsfindung und Handlungsspielräume für den Einzelnen noch sind – und das, obwohl das Dritte Reich erst vor 75 Jahren untergegangen ist. Werden wir, sofern sie einst hoffentlich den Tag der Freiheit erleben dürfen, den Nordkoreanern auch vorwerfen, sie hätten alles gewusst und keiner hätte etwas gegen die Kim-Dynastie unternommen?

Was wollen wir den zukünftigen Generationen hinterlassen? Möchten wir, dass sie noch an den Holocaust erinnern? Dann sollten wir selbst nicht vergessen, wie dieses Verbrechen möglich wurde und wer es zu verantworten hat, und nicht platte und falsche

Erklärungsmodelle unreflektiert nachplappern. Wir müssen deutlich zwischen Opfern und Tätern dieser Zeit unterscheiden. Dafür ist eine multiperspektivische Erinnerungskultur unerlässlich. Die Geschichten, die wir über den schlimmsten Krieg der Menschheitsgeschichte erfahren, sind weitestgehend auf entweder eine Täter- oder eine Opferperspektive beschränkt. Das Erleben des Krieges aus der Perspektive der überwältigenden Mehrheit – der einfachen Leute, Soldaten wie Zivilisten –, die weder das eine noch das andere waren, klammern wir aus, denn wir bekommen immer dann Probleme, wenn es darum geht, Grautöne zuzulassen.

Dass heute jeder in Verdacht gerät, ein Nazi gewesen zu sein, wenn er sich nicht offensichtlich und am besten von Anfang an im Widerstand betätigt hat, ist ein trauriges Ergebnis undifferenzierter Bewertungen unserer Vergangenheit. Wir streichen einfach bedeutende Teile der eigenen Geschichte aus und verleugnen uns damit selbst. Die Bürde, die wir uns auferlegt haben, ist der Vergleich mit dem Holocaust. Dieses grausamste Verbrechen der Menschheitsgeschichte steht in unserem kollektiven Gedächtnis über allem, sodass Historiker, Journalisten oder Literaten sich kaum trauen, von den vielen Gräueln zu erzählen, die auch am deutschen Volk begangen wurden. Sie haben Angst, dadurch die Verbrechen der Nazis zu verharmlosen, nicht politisch korrekt zu sprechen oder in die rechte Ecke gestellt zu werden. Es ist eine selbstauferlegte Belastung, niemand verlangt das von Deutschland. Nicht unsere ehemaligen Kriegsgegner und nicht die Opfer des Holocausts. Inzwischen ist das Gegenteil der Fall. Während sich in anderen am Zweiten Weltkrieg beteiligten Ländern längst das Bedürfnis zu einer differenzierten Aufarbeitung der Geschehnisse durchgesetzt hat, stellen wir uns dieser Herausforderung nicht, beteiligen sich unsere Politiker immer noch nicht an gemeinsamen Veranstaltungen zum Kriegsgedenken mit anderen Nationen, solange nicht der Holocaust im Fokus steht. Die deutsche Gesellschaft sucht sich einmal mehr eine gefährliche Sonderrolle aus. Es ist die Opferrolle des Täters oder vermeintlichen Täters, aus der wir uns nicht befreien können oder wollen. Damit versetzen wir uns allerdings auch nicht in die Lage, angemessen auf die wichtigen Probleme dieser Zeit zu reagieren, die nach Entscheidungen, Kompromissen und Einigung verlangen, und wir sind – zumindest kulturhistorisch – kein besonders interessanter Partner für europäische Nachbarländer. Unser kränkster Patient bleibt die eigene Vergangenheit.

Das zunehmende Schwarz-Weiß-Denken nimmt uns die Möglichkeit zu erinnern. Es gab aber keine besseren Täter oder schlechteren Opfer. Ja, auch wenn das Nazi-Regime die mit Abstand schlimmsten Verbrechen begangenen hat, so bleibt ein Unrecht ein Unrecht, ganz gleich, in welchem Ausmaß es geschehen ist. Ja, im Nationalsozialismus und im Zweiten Weltkrieg hat es deutsche Opfer gegeben, viele Millionen. Nein, nicht nur durch Nationalsozialisten selbst. Unschuldige Deutsche wurden zu Leidtragendenden von Verbrechen anderer am Krieg beteiligter Nationen. Und davon waren nicht nur die Zivilisten betroffen, die den Bombenkrieg durchlitten haben; Unrecht ist auch vielen Millionen deutscher Flüchtlinge widerfahren, die gegen Kriegsende Opfer von sowjetischen, polnischen oder tschechischen Vertreibungsverbrechen geworden sind. Auch hier sperren wir uns gegen Erinnerung und Aufarbeitung. Für viele ist eine Diskussion darüber mit dem Satz »Wer Wind säht, wird Sturm ernten« beendet. Differenzierung ausgeschlossen! Mit einer solchen Einstellung wird man nicht in der Lage sein, zukünftige Kriegsverbrechen erkennen und verurteilen zu können. Der britische Historiker R. M. Douglas schreibt 2012 in einem bemerkenswert ehrlichen Buch, die Vertreibungsverbrechen an Deutschen seien das bestgehütete Geheimnis des Zweiten Weltkriegs.[9] Das Ganze erscheint umso paradoxer, wenn einem gewahr wird, dass diese zu den am besten dokumentierten Massenverbrechen der Geschichte zählen. Doch die Dokumente wurden verschlossen. Man hatte Angst, dass der Frieden mit anderen Ländern in Europa in Gefahr geraten oder der Holocaust relativiert werden könnte, wenn den Deutschen Ausmaß und Bilanz der Grausamkeiten bekannt würden. Erst 1981 hat die Bundesregierung auf massiven Druck von Vertriebenenverbänden die Archive zu den Dokumenten der Vertreibungsverbrechen geöffnet. Doch geändert hat das bis heute kaum etwas. Viel zu wenige wollen darüber sprechen, und den meisten ist der Grund dafür nicht bewusst: Es liegt daran, dass eine Auseinandersetzung mit dem Thema sie zu sehr schmerzen würde, und genau deshalb winken sie ab. Margarete Mitscherlich hat schon früh erkannt, dass sich die Deutschen als unfähig erweisen, zu trauern. Deswegen schieben sie beiseite, erinnern nicht, verdrängen, sehen weg.

Wir sollten uns der Aufarbeitung der Vergangenheit endlich mit Vernunft stellen. Schweigen wir weiter über die unangenehmen Themen, überlassen wir Extremisten die Erzählung, die ihrerseits kein Interesse daran haben, die Erinnerung an den Holocaust korrekt weiterzugeben. Dafür ist es notwendig, da hinzuschauen, wo es besonders wehtut und auch Tränen kostet. Wir sollten das tun, weil unsere Erinnerungskultur aus den Fugen geraten ist. Wir sollten das tun, wenn wir wollen, dass unsere Nachfahren das eigenständige Erinnern nicht verlernen, dass sie in der Lage sein werden, nicht wegzusehen, wenn sich Spielarten des schon einmal Dagewesenen wiederholen, wenn wir hoffen, dass sie auch um uns und unsere Hinterlassenschaften trauern. Das Trauern gehört zu den essenziellen Bedürfnissen eines Menschen, gleichzeitig aber zu seinen größten Herausforderungen. Erledigen wir die historische Trauerarbeit nicht, dann verraten wir unsere eigene Geschichte – und damit verraten wir letztendlich uns selbst.

In diesem Buch präsentiere ich die Zeitzeugenberichte in zwei Teilen: Vertreibungsverbrechen und Bombenkrieg. Die Bilanz des Bombenkrieges und die Ausmaße der Vertreibungsverbrechen dürften den wenigsten bewusst sein. Sie sind aber von großer Bedeutung, um den Geschichten der Zeitzeuginnen bestmöglich folgen zu können. Diese Themen indes sind so essenziell für die Erlebnisse der zu beschreibenden *verratenen Generation*, dass ich zu beiden eine historische Hintergrundanalyse vorangestellt habe; sie leitet jeweils den entsprechenden Teil ein, unter dem dann die einzelnen Episoden der Zeitzeuginnen folgen. Die Schwerpunkte sowohl für die Berichte von Flucht und Vertreibung als auch für den Bombenkrieg fallen auf den letzten Abschnitt des Krieges. Ich habe mich aus Gründen der Chronologie der vorhandenen Geschichten dafür entschieden, die Vertreibungsverbrechen zuerst zu behandeln. Dabei setzt der Bericht der ersten Zeitzeugin, die eine Fluchtgeschichte erzählt, einen weiteren Schwerpunkt auf den Beginn des Krieges, während der letzte, der eine Bombenkriegsgeschichte wiedergibt, den Fokus auf die allerletzten Tage des Dritten Reiches legt. Auch wenn die Schwerpunkte aller Geschichten das Kriegsgeschehen betreffen, so ist doch jede Zeitzeugin in ihrer gesamten Vita beschrieben. Bedeutende Rollen spielen dabei natürlich einerseits die jeweiligen Vorprägungen im Dritten Reich, andererseits auch die ersten Monate der Nachkriegszeit, die die Protagonistinnen als Mädchen beziehungsweise junge Frauen schildern. Zu Beginn und am Ende der einzelnen Episoden werfe ich einen Blick auf die Zeitzeugin in ihrem heutigen Alter und nehme retroperspektivische Ansichten auf die Zeit des Nationalsozialismus mit auf.

Insgesamt habe ich 23 professionelle *Vollinterviews* mit einzelnen Zeitzeuginnen geführt, die teilweise persönliche Treffen an mehreren Tagen erforderten. Mindestens ein Dutzend weitere Interviews oder Vorgespräche habe ich telefonisch abgehalten. In diesen Fällen ist es nicht zu einem Treffen gekommen, entweder weil das Erlebte einer bereits für das Buch eingeplanten Geschichte zu sehr ähnelte oder an gleichem Ort spielte, oder es war mir durch die Bestimmungen der Corona-Krise nicht möglich, diese Frauen zu treffen. Das war für mich, besonders aber für die Damen, die sich gerne persönlich verabredet hätten, mehr als ärgerlich. Teilweise waren Interviews in Seniorenresidenzen bereits vorbereitet und konnten dann aufgrund der fortschreitenden Pandemie und der erteilten Besuchsverbote nicht realisiert werden. Die Frauen, die ich für dieses Buch persönlich treffen konnte, lebten alle allein oder zusammen mit Angehörigen. Infolge der Krise waren teilweise lange Vorbereitungen und verlässliche Absprachen mit den jeweiligen Familienangehörigen notwendig, um Abstands- und Sicherheitsregeln garantieren zu können. Unter den 23 Vollinterviews, die ich mit Zeitzeuginnen des Zweiten Weltkriegs geführt habe, sind einige, die Jahre zurückreichen. Von den 13 Frauengeschichten, für die ich mich letztendlich entscheiden musste, stammt aber lediglich eine aus meinem Zeitzeugenarchiv von 2016. Die anderen 12 Zeitzeuginnen habe ich erst dieses Jahr kennengelernt beziehungsweise interviewt.

Noch nie habe ich in einem so kurzen Zeitraum ein ganzes Buchprojekt realisiert. Möglich war dies durch den Corona-bedingten Ausfall sämtlicher Lesungen, Veranstaltungen und Messen; außerdem habe ich andere Projekte zurückgestellt. Dies hielt ich für wichtig, denn die Zeit drängte. Ich wollte dieses Mal auch, dass möglichst alle interviewten Frauen das fertige Buch noch in den Händen halten und lesen können. Während der etwa drei Jahre, die ich an meinem Zeitzeugenband über die letzten Soldaten des Zweiten Weltkriegs gearbeitet habe, sind sechs von dreizehn Männern verstorben. Mit Stand der Manuskriptabgabe werden elf der hier dargestellten Zeitzeuginnen die Veröffentlichung erleben, zwei sind gestorben. Elf der Frauen, die ich hier porträtiere, waren am Ende des Krieges zwischen 17 und 25 Jahre alt, sozusagen erwachsen. Sie entstammen den Jahrgängen 1920 bis 1928. Jeweils eine Protagonistin aus jedem Teil ist jünger, weil ich auch eine Perspektive des Krieges aus der Sicht von Heranwachsenden suchte. Diese beiden Frauen sind in den Jahren 1931 und 1933 geboren. Alle Porträtierten sind demnach zwischen 87 und 100 Jahre alt.

Der Grundgedanke der Methode *Oral History* ist es, die Zeitzeugen frei erzählen zu lassen und möglichst nicht zu unterbrechen. Damit soll ein starrer Interviewcharakter vermieden werden. Ich halte ein Gespräch, in dem sich die Schwerpunkte von selbst ergeben, für die beste Zugangsweise. Dahingehend habe ich meinen Zeitzeuginnen freie Hand gelassen, aber durchaus nachgehakt, wenn mich ein Aspekt besonders interessierte. Das gemeinsame Anschauen von Fotoalben beispielsweise ist eine gute Möglichkeit, um aufziehende Emotionen einfangen zu können. Durch eine lebendige, auf einen Dialog auf Augenhöhe aufbauende Erinnerungsarbeit ergeben sich die authentischsten Erzählstränge. Von entscheidender Bedeutung ist es, zunächst eine Vertrauensbasis herzustellen und dann auf die Spontaneität der aufkommenden Erinnerungen zu setzen. Aus Gründen der besseren Lesbarkeit habe bei der Übertragung ins Schriftliche Dialekte, Füllwörter und Wortfindungsstörungen nicht berücksichtigt, Halbsätze logisch geschlossen oder an einigen Stellen das erzählende Perfekt ins Präteritum gesetzt. Längere, nicht tiefer erörterte Lebensabschnitte habe ich hin und wieder durch eine wahrheitsgetreue, dem Charakter des Gesprächs angemessene Nacherzählung zusammengefasst. Daneben ordne ich die Geschichten in den zeitlichen Kontext ein und liefere die zum Verständnis des Erzählten notwendigen historischen Fakten.

Für mich als männlicher Historiker waren die Gespräche mit den älteren Damen eine besonders spannende Herausforderung.

Dabei zeigte sich, dass Männer und Frauen der Kriegsgeneration sich in Inhalten und Gesprächsführung stark voneinander unterschieden. Während männliche Zeitzeugen in der Regel darauf bestanden, allein mit mir zu reden, war es bei den Frauen genau umgekehrt. Hier gab es immer eine – meistens ebenfalls weibliche – Begleitperson, eine Tochter, eine Cousine, eine Freundin, zumindest in den ersten Stunden des ersten Treffens. Möglicherweise wurde es dadurch für mich im Vergleich etwas leichter, Vertrauen zu den Zeitzeuginnen aufzubauen. Bei der Befragung der Soldaten drehten sich die Gespräche – durchaus aber nicht weniger emotional – fast ausschließlich um Erfahrungen aus dem brutalen Kriegsalltag, um Verwundungen, um militärisches Taktieren, Nahkämpfe, Beschreibung des Feindes, Einsatz von Waffen und Technik. Die Frauen hingegen legten ihren Fokus neben den für sie prägenden traumatischen Erlebnissen aus Bombenkrieg und Vertreibung besonders auch auf ihr Verhältnis zu Eltern und Geschwistern oder Lehrern. Sie erzählten von der ersten großen Liebe, von Schwärmereien, von Freundschaften, Essenszubereitung, Schwangerschaft, Mode und Veränderungen und davon, wie sie den Alltag gemeistert haben. So hörte ich unverhofft auch spannende und dramatische Familien- oder Liebesgeschichten, von denen ich hier ebenfalls erzählen will. Fast unwirklich kam es mir manchmal vor, wenn mir die Frauen lustige, romantische oder idyllische Fotos von Festen, dem Besuch von Badeanstalten oder aus dem Urlaub zeigten und ich mir ausrechnete, was um die jeweilige Zeit gerade an der Ostfront passierte. Bis Mitte 1944 war es vielen möglich – sieht man von den Einschränkungen ab, die die Diktatur mit sich brachte, von Lebensmittelrationierung, Verdunklungspflicht oder harter Arbeit in der Industrie –, in der Freizeit ein Alltagsleben fernab vom Kriegsgeschehen zu führen, vor allem in den Ostgebieten. Viele haben bis zum Schluss der NS-Propaganda vertraut, dass ihnen nichts geschehen würde. Sie alle kamen dann jedoch an einen Punkt, der alles veränderte, nämlich als sie den Krieg so hautnah erlebten wie kaum ein Frontsoldat. Sie unterschied grundsätzlich von den Männern, dass sie weder bei Bomben- oder Tieffliegerangriffen noch bei Misshandlungen und Vergewaltigungen die Chance hatten, sich zu wehren. Der Soldat an der Front behielt selbst während heftigster Kämpfe oftmals das Gefühl der Kontrolle, weil ein Rückzug möglich war, eine Änderung der Strategie oder das Abwehren von Angriffen mit der eigenen Waffe. Dieses Sicherheitsgefühl hatten Frauen nicht. Sie waren in jedem Fall der Willkür des Feindfeuers oder der einmarschierenden Soldaten schutzlos ausgeliefert. Sie erlebten einen gänzlich anderen Krieg als ihre Männer an der Front. Nicht selten bemerkten sie das im Rahmen der Heimaturlaube ihrer Väter, Brüder oder Freunde, die schon bei leichten Bombenangriffen in Luftschutzkellern in Panik gerieten, während sie selbst in Fliegeralarmroutine weiter strickten oder in ihren Büchern lasen.

Den Berichten der Zeitzeuginnen ist neben den beiden Teileinleitungen ein weiteres gesamteinleitendes Kapitel vorangestellt, das auch eine Übersicht über den aktuellen Forschungsstand zum Thema liefert. Die Literaturrecherchen haben mich erstaunt und oft kopfschüttelnd zurückgelassen. Deutsche Frauen im Zweiten Weltkrieg, das ist im Jahr 2020 ein weitestgehend unerforschtes Feld. Bisher hat man es sich offenbar leisten können, diesen Teil unserer Geschichte ohne eine umfassende weibliche Sicht auf den Krieg zu erklären. So gut wie kein männlicher Historiker interessiert sich für diese Perspektive. Die bisherige Forschung wurde und wird von Frauen selbst betrieben, darunter weniger von Historikerinnen als vielmehr von Sozialwissenschaftlerinnen im Rahmen der Geschlechter- und Frauenforschung, die sich allerdings nahezu ausschließlich auf die Täterinnenperspektive konzentriert und hier nicht bestrebt ist, zu differenzieren, sondern immer mehr auch unverdächtige Frauengruppen in den Kreis der Täter oder Mittäter stellt. Da ist es umso tragischer, dass die betroffenen Frauen zu selten persönlich in die Debatte einbezogen wurden. Es fehlt an vernünftigen *Oral-History*-Projekten, die man zuhauf hätte realisieren können. Und man muss, was schon bei der männlichen Kriegsgeneration mehr schlecht als recht funktionierte, auch die Frauenperspektive auf den Krieg als desaströs ansehen. In der einschlägigen Literatur wird über sie gesprochen, nicht *mit* ihnen. Eine der ganz großen Ausnahmen bilden die Arbeiten von Margarete Dörr; sie hat 2007/2008 in drei Bänden über 500 Berichte von Frauenerleben im Zweiten Weltkrieg herausgebracht, die auf *Oral-History*-Interviews und Auswertungen von Briefen beruhen.[10] Allerdings entstammt die Historikerin selbst der Frauenkriegsgeneration und hatte so vermutlich das nötige Einfühlungsvermögen, das späteren von jüngeren Historikerinnen angestrebten *Oral-History*-Projekten wie beispielsweise eines über Wehrmachtshelferinnen von Franka Maubach[11] gänzlich fehlte.

Im zweiten Teil der allgemeinen Einleitung stelle ich die wichtigen Frauenorganisationen vor, von denen die Zeitzeuginnen in ihren Geschichten berichten beziehungsweise bei denen sie Mitglied waren. Von der Jungmädelschaft über den BDM, das Werk Glaube und Schönheit bis zum Pflichtjahr und dem Reichsarbeitsdienst der weiblichen Jugend (RADjW). Ein Schwerpunkt liegt hier bereits auf dem Kriegseinsatz, also auf den sogenannten Kriegshilfsdienstmaiden des Reichsarbeitsdienstes (RAD), den Wehrmachtshelferinnen, den notdienstverpflichteten Rüstungsarbeiterinnen und den vielen Alternativtätigkeiten, die die Nazis erfanden, um die Frau in den Kriegsdienst einzubinden beziehungsweise hineinzuzwingen.

2. FRAUEN IM ZWEITEN WELTKRIEG: VERFUHRT, VERBRAUCHT, VERRATEN UND VERTRIEBEN

STIGMA MITTÄTERIN – LÜCKEN IN DER HISTORISIERUNG, FEHLER IN DER FRAUENFORSCHUNG

Zigtausende Sachbücher und Romane, Kinofilme und Dokumentationen sowie andere Medienbeiträge sind in den letzten 75 Jahren über den Zweiten Weltkrieg erschienen. Auffällig daran ist nicht nur, dass der überwältigende Teil dieser Produktionen von männlichen Autoren erstellt worden ist, sondern auch, dass die vermittelte Sicht des Krieges im Wesentlichen eine maskuline ist. In unseren Köpfen waren und sind bewaffnete Kampfhandlungen Männersache. Dabei haben kaum weniger Frauen als Männer den Zweiten Weltkrieg erlebt, in ihm gewirkt und ihn durchlitten. Über die grausamen Erfahrungen deutscher Frauen während Flucht und Vertreibung einerseits und in den Bombennächten andererseits lernen wir größtenteils aus Frauenbiografien, von denen viele sehr erfolgreich waren und sind und es durchaus schaffen, neben der eigenen Geschichte die generelle Lebenswelt von Frauen im Zweiten Weltkrieg oder im Dritten Reich darzustellen. Beeindruckende Beispiele stammen hier von Melita Maschmann[12], Margarete Hannsmann[13] oder ganz besonders von Eva-Sternheim Peters[14]. Diese autobiografischen Werke werden aber in der Regel von keinem Wissenschaftler bewertet und einsortiert, und somit besteht hier thematisch eine Forschungslücke.

Statistisch gesehen und sowohl soziologisch als auch biologisch erklärbar, sind Frauen ungleich häufiger Opfer von modernen Kriegen als Männer. Das können wir mit Sicherheit für den Zweiten Weltkrieg annehmen. Bis Ende der 1960er-Jahre blieb die große Pauschalisierung der Männergeneration als Täter aus. Die deutsche Zivilgesellschaft wusste zu unterscheiden zwischen NS-Funktionären oder freiwilligen KZ-Wächtern einerseits und den einfachen Soldaten andererseits, die in der absoluten Mehrheit weder Kriegsverbrechen begangen noch sich am Holocaust beteiligt haben. Die durch radikale Vertreter der 68er-Bewegung entstandene Kollektivtäterthese deutscher Männer des Zweiten Weltkriegs gipfelte Mitte der 1990er-Jahre in einer manipulativen und unwissenschaftlichen Wehrmachtsausstellung, die genau diese untermauern wollte und so prägend war, dass bei vielen das Bild des bösen deutschen Soldaten heute noch Gültigkeit hat.

Die deutschen Frauen des Zweiten Weltkriegs hingegen waren sogar von Anfang an einer Pauschalisierung unterworfen, man konnte sie nie korrekt einordnen. Nur hat sich bei der Bewertung ihrer Rolle das Bild einmal um 180 Grad gedreht – vom Opfer zur Täterin. Umso bedauerlicher ist es, dass sich dabei wieder der unbefriedigende Forschungsstand bemerkbar macht. Während es Dutzende Arbeiten über Männer gibt, muss die Militärgeschichte, die sich mit weiblichen Lebensläufen befasst, bis heute mit einem einzigen Standardwerk auskommen. In ihrem 1969 erschienenen Buch *Frauen im Kriegsdienst*[15] stellt Ursula von Gersdorff wertfrei und umfassend die Situation von Wehrmachtshelferinnen und Frauen im Kriegshilfsdienst dar. Ein weiteres umfangreiches Buch, das sich explizit mit der weiblichen Gefolgschaft im Dienst der Wehrmacht beschäftigt, erschien von Franz Seidler 1979 unter dem Titel *Blitzmädchen*.[16] Die übrige, ebenfalls überschaubare wissenschaftliche Literatur thematisiert fast ausschließlich die Rolle der Frau innerhalb der nationalsozialistischen Ideologie.

Die Forschung über die Frau im NS-System begann erst spät und kam weitestgehend ohne Beteiligung männlicher Historiker aus. Geführt wurden die Debatten zur Rolle der Frau im Dritten Reich seit Ende der 1970er-Jahre von der feministischen Frauenforschung, die von der neuen Frauenbewegung ausgegangen ist. Bis Mitte der 1980er-Jahre wurde die Frau im Nationalsozialismus fast nur in einer Opferrolle beschrieben. Das ist im Wesentlichen der Frauenbewegung geschuldet, die gegen die männlich dominierte Wissenschaft rebellierte. Allerdings betrachteten die Autorinnen ihre Müttergeneration darin nicht etwa als Opfer des Bombenkrieges oder als Vertreibungsopfer durch die einrückende Sowjetarmee, sondern schlicht als Geschädigte eines patriarchalen NS-Systems. Vorgelegt hatte die Psychoanalytikerin Margarete Mitscherlich in ihrem Buch *Die friedfertige Frau*[17]. Darin diskutiert sie Antisemitismus vornehmlich als eine »Männerkrankheit«, die Frauen der NS-Zeit als Opfer ihrer eigenen Männer und als Folge ihrer Angst vor Liebesverlust angenommen hätten:

> *Frauen neigen natürlich, wie alle Schwachen und Unterdrückten einer Gesellschaft, dazu, sich mit dem Aggressor zu identifizieren, sich seiner Meinung zu unterwerfen und sie zu teilen, auch – oder gerade – wenn sie dadurch selbst entwertet werden.*[18]

Mitscherlich beschreibt die Frau im Dritten Reich psychoanalytisch als schwaches Wesen ohne eigenen durchsetzbaren Willen. Sie habe einfach alles akzeptiert, was ihr der von Männern gemachte Nationalsozialismus diktiert habe, sei dadurch Opfer und nicht Täterin geworden und könne sich selbst antisemitische Vorurteile höchstens über den Mann gebildet haben:

Ihre Überich-Strukturen prädestinieren die Frau nicht zum Antisemitismus. Ihre Abhängigkeit von der Anerkennung ihrer Umwelt, von den herrschenden männlichen Wertorientierungen, kann sie allerdings dazu veranlassen, gängige Vorurteile zu übernehmen.[19]

Während selbstverständlich heute die These, eine Frau könne nicht selbst antisemitisch sein, gänzlich absurd erscheint, begann die Frauenforschung erst Mitte der 1980er-Jahre, sich für die Rolle der Frau als Unterstützerin von NS-Verbrechen zu interessieren. Zunächst in abgeschwächter Form. Christina Thürmer-Rohr entwarf das Mittäterinnenkonzept, nach dem die Frau im Nationalsozialismus ihre Rolle selbst gewählt und gewollt und somit das Patriarchat unterstützt habe.[20] Die amerikanische Historikerin Claudia Koonz pflichtete ihr 1986 bei und bezichtigte Frauen im Dritten Reich, die nationalsozialistische Ideologie selbst überzeugt vorangetrieben zu haben, nicht unbedingt inhaltlich, sondern weil sie sich dadurch einen gewissen Freiraum in der Entfaltung einer eigenständigen Weiblichkeit in einem von Männern dominierten NS-Staat erhofft hätten.[21]

Die sozialwissenschaftliche Frauenforschung radikalisierte sich in den 1990er-Jahren fortlaufend. Man thematisierte nun gar nicht weiter Frauen als Opfer und zunehmend auch nicht mehr als Mittäterinnen, sondern forderte die Anerkennung der Frau als »gleichberechtigte Täterin«. Auf dem Symposium *Beteiligung und Widerstand. Thematisierungen des Nationalsozialismus in der Neueren Frauenforschung,* das mit etwa 60 Diskutantinnen vom 5. bis 7. Januar 1990 in Würzburg stattfand, versicherte die Soziologin Lerke Gravenhorst, der Kampf gegen das Patriarchat werde selbstverständlich im Interesse aller weitergeführt, allerdings stehe die Anerkennung der Mittäterschaft der Frauen im Dritten Reich ab sofort über jedem Streit des patriarchal organisierten Schuldunterschiedes.[22] Die Soziologin Dagmar Reese erinnerte an die helle Begeisterung, mit der so viele Mädchen dem BDM beigetreten waren[23], die Psychotherapeutin Ruth Waldeck erkannte in bedeutender Frauenliteratur der Kriegszeit ein kollektives Muster deutscher Schuldbewältigung auf Kosten »realer Opfer« der NS-Zeit[24], und die Sozialwissenschaftlerin Karin Windhaus-Walser verlangte abschließend eine Radikalisierung der Begrifflichkeit von der Mittäterin hin zur Täterin. Die Verbrechen des Nationalsozialismus seien Ergebnis eines gemeinsamen Interaktionsprozesses beider Geschlechter gewesen, und historisch gesehen habe es keine Situation gegeben, in der Männer unbeeinflusst von Frauen hätten agieren können.[25]

Nach der tendenziösen Wehrmachtsausstellung und den wirren, von Historikern zu Recht heftig kritisierten Tätervolk- und Zustimmungsthesen des amerikanischen Erfolgsautors Daniel Goldhagen[26] (*Goldhagen-Debatte*) schwappte die Lust an der kollektiven Verurteilung auch auf die Frauenforschung über. Kathrin Kompisch beklagt sich 2008 in ihrem Buch *Täterinnen. Frauen im Nationalsozialismus*[27], dass zu wenig Frauen – und wenn überhaupt, dann nur Extremtäterinnen – verurteilt worden sind. Man habe vergessen, die vielen Wehrmachtshelferinnen und Behördenmitarbeiterinnen unter die Lupe zu nehmen. Die Historikerzunft habe die weibliche Schuld bedauerlicherweise einfach nicht beachtet.[28] Kompisch bedauert, dass es für die Anwendung von echten juristischen Urteilen eben zu spät sei, aber an Ideen für eine moralische Verurteilung in der »Rückschau« mangelt es ihr dennoch nicht. So nennt sie als weitverbreitete Straftatbestände der deutschen Frauen im Dritten Reich etwa *Unterlassene Hilfeleistung* durch das Wegsehen und nicht Einschreiten bei der Deportation von Juden und *Beihilfe zum Mord* wegen des Scheidenlassens von jüdischen Ehepartnern.[29]

Als »Totschlagargument« wirft sie dann dem Leser doch tatsächlich die Frage hin: »Oder trägt etwa niemand außer Hitler Verantwortung?«[30]

2009 stellen die Kunstwissenschaftlerin Elke Frietsch und die Soziologin Christina Herkommer fest, »[...] dass diese Frauen nicht ausschließlich Opfer einer patriarchalen Politik bzw. Gesellschaft waren, sondern in weiten Teilen das mörderische System des Nationalsozialismus gestützt haben.«[31]

2011 versucht die Historikerin Franka Maubach, die Täterinnen-Thesen der Frauenforschung auf die Beurteilung der Wehrmachtshelferinnen zu übertragen, denn weibliche Kriegshilfe hätte ihrer Ansicht nach nur erfolgreich sein können, wenn diese nationalsozialistisch durchformt und effektiviert gewesen wäre.[32] Maubach erkennt zwar richtig, dass die Forschung über die »ganz normale Frau« im Zweiten Weltkrieg fehlt, missinterpretiert aber schon im Vorfeld die Rolle des »ganz normalen Mannes« im Zweiten Weltkrieg, den sie zum Beispiel in der Wehrmachtsausstellung oder in einer nicht auf die Allgemeinheit übertragbaren Einzelgruppenuntersuchung von Christopher Browning[33] als gut dargestellt ansieht.[34] Eine schlechte Ausgangslage für die Untersuchung der Frauen dieser Zeit. Leider geht die Autorin zudem bereits mit Vorurteilen an die Befragung ihrer ehemaligen Wehrmachtshelferinnen heran, denn ihr Buch vermittelt den Eindruck, als wolle sie vor allem Täterinnen darstellen. Doch dafür scheinen sich die Zeitzeuginnen, die sie findet, nicht so recht zu eignen, auch wenn sie fast alle zum Führungspersonal der Wehrmachtshelferinnen gehören. Die Historikerin traut ihren Zeitzeuginnen nicht und wittert kameradschaftliche Netzwerke, die sie nach eigener Aussage erst mal kappen und im Kleinen zerschneiden musste[35]. Da sich auch auf Zeitungsannoncen kaum jemand Geeignetes meldet, findet Maubach schließlich einen Teil ihres »Samples« von 15 interviewten Wehrmachtshelferinnen durch

Vermittlung von Bekannten aus ihren »universitären Zusammenhängen«[36]. In einem Interview mit dem *Deutschlandfunk* spricht Maubach über ihre Ergebnisse, in dem sie zum Beispiel erklärt, was eine Flakhelferin tat:

> *Das waren diejenigen Frauen, die die Scheinwerfer ausrichteten, um die Flugzeuge der alliierten Bomber anzustrahlen, damit sie abgeschossen werden konnten. Das kann man ganz klar als Tötungsassistenz beschreiben, auch wenn sie im Nachhinein sagen, wir haben nur geleuchtet. [...] Hier haben sie ganz klar eine Tötungsassistenz geleistet und sie wurden auch mit Pistolen und Granatwerfern ausgestattet, um die Stellung und sich selbst verteidigen zu können.*[37]

Am Ende ist es kein Wunder, dass Maubachs Vorurteil, mit dem sie an ihre Studie herangegangen ist, sich in ihrem Urteil widerspiegelt, in dem sie mit pauschalen Vertuschungsversuchen argumentiert:

> *Das fing schon 1945 an, dass die Frauen oder die Helferinnen die Möglichkeit hatten, ihre Geschichte vergessen zu machen. Sie konnten ihre Uniform ausziehen oder die militärischen Insignien ablegen, ein Kleidchen anziehen und dann waren sie wieder Zivilistinnen und hatten so eine Unschuldsvermutung auf ihrer Seite. Und auch danach wurden sie mehr oder weniger in Ruhe gelassen.*[38]

Maubachs Buch hätte eine interessante Studie über Wehrmachtshelferinnen werden können, die sicherlich spannend aus ihrer Zeit berichtet haben. Bedauerlicherweise transkribiert die Historikerin aus ihren Interviews nur wenige, aus dem Zusammenhang gerissene O-Töne, meist von sich und ihren Interviewpartnerinnen, in denen durch die gestellten Suggestivfragen häufig deutlich wird, wohin sie ihre Zeitzeugen lenken möchte.

Mit Leonie Treber versucht sich eine weitere Historikerin an der Revision der Leistungen derjenigen Frauen, die man im Nachkriegsdeutschland geehrt hat: den sogenannten Trümmerfrauen. An ihnen arbeiten sich immer wieder Aktivisten und Politiker ab, um einer vermeintlichen Heroisierung dieser Frauen entgegenzuwirken. Treber lieferte, und es wundert nicht, dass ihre 2014 veröffentlichte Dissertation[39] in auffallend häufiger Regelmäßigkeit von den Medien hervorgeholt wird, um den angeblichen Mythos Trümmerfrau zu widerlegen. Trebers Buch ist eine empfehlenswerte Lektüre für alle, die sich einen Überblick über das Ausmaß der Zerstörung von Städten und über die Organisation und die verschiedenen Perspektiven der Aufräumarbeiten machen wollen. Nur eines, und zwar das, was es eigentlich ankündigt, schafft das Buch nicht: einen Mythos der Trümmerfrau zu entlarven. Grundlegend stellt die Historikerin drei Thesen auf, mit denen sie beweisen will, dass die Frauen bei der Enttrümmerung nur eine untergeordnete Rolle gespielt haben. Die Rechnung kann natürlich angesichts des Wegfalls von über 16 Millionen gefallenen oder gefangenen genommenen Männern im arbeitsfähigen Alter nicht aufgehen. Detailliert betrachtet, sind Trebers Thesen für sich gesehen nicht mal aufsehenerregend. Erstens hätten eben Männer sowie professionelle Firmen und technisches Großgerät geholfen – was allen Zeitzeugen auch vor dem Erscheinen des Buches bewusst und den Historikern bekannt gewesen sein dürfte. Zweitens hätte nicht jede Trümmerfrau freiwillig mitgemacht, sondern einige seien als »Sühneleistungen« von Alliierten dazu gezwungen worden. Auch nichts Neues, denn die Frauen haben über Monate und Jahre Mörtel von Steinen geklopft, in erster Linie, weil sie dadurch Lebensmittelkarten und ein kleines Gehalt erhielten, damit sie sich und ihre Familien am Leben erhalten konnten. Dennoch fanden sie es aller Wahrscheinlichkeit nach auch sinnvoll, dass mit den von ihnen gesäuberten und geschichteten Steinen wieder Wohnraum entstehen konnte. 400 Millionen Kubikmeter Schutt boten jedenfalls genug Arbeit. Drittens will Treber eine beträchtliche Anzahl von Bildern von »gut gelaunten« Trümmerfrauen, die sich geschminkt und modisch herausgeputzt in Trümmern haben fotografieren lassen, als gestellt entlarvt haben. Tatsächlich hat die Presse damals wirkungsvoll Fotos inszeniert und sich nicht allein auf Schnappschüsse verlassen, sondern auch Fotomodelle eingesetzt, um ansprechende Bilder für die Leserschaft zu bekommen. Das alles ist heute immer noch Redaktionsalltag der Boulevardpresse und bedarf keiner großen Enthüllung. Und sicher ist es auch nicht die Schuld der aller Voraussicht nach meist von Kopf bis Fuß verschmutzten Hunderttausenden einfachen Trümmerfrauen, dass die Presse damals nicht sie für ein Hochglanzfoto ausgewählt hat.

Trebers Argumentation sprang allerdings auch nur auf eine weitere populistische Täterinnen-These auf, die bereits 2008 von der Historikerin Anna-Sophia Pappai aufgeworfen worden war, nach der die deutsche Trümmerfrau eine gezielt heroisierende Projektion der frühen BRD gewesen sein soll, um damit von der Schuld der Frauen am Nationalsozialismus ablenken zu können.[40] Bei all dem *heutigen medialen* Hype um die angebliche Entlarvung der Mythen um die Trümmerfrauen bleibt allerdings unerörtert, welche Schuld wie viele von ihnen auf sich geladen haben sollen, und auch, warum eine mutmachende Symbolik, die möglicherweise durch einen *damaligen medialen* Hype erzeugt wurde, überhaupt verwerflich sein sollte. Es könnte ja sein, dass eine gewisse Aufbruchsstimmung dafür gesorgt hat, dass Land und Leute wieder auf die Beine kamen – woran schnell auch allen Besatzungsmächten für ihren Teil Deutschlands gelegen war.

Die Erforschung der Rolle der Frau im Zweiten Weltkrieg bleibt bis heute fest in weiblicher Hand. Doch eine neue Generation Autorinnen und Historikerinnen nähert sich langsam den relevanten Schicksalsthemen der Frauen dieser Zeit an, ohne nach Sündenböcken zu suchen. In den letzten 15 Jahren werden die Schicksale von Kindern und jungen Mädchen im Zusammenhang mit Vertreibungsverbrechen, Bombenkrieg und Kriegstraumata umfassend behandelt. Hier sollte man auf die beliebten Bücher von Sabine Bode[41] verweisen, die es eindrücklich und würdevoll schafft, die verdrängten Traumata der jüngeren Kriegsgeneration und die Folgen für die Nachkriegsgenerationen aufzuspüren, und die dabei gänzlich ohne zwanghafte *Political Correctness* auskommt. Und auch die erwachsene Frau rückt als Opfer alliierter Kriegsverbrechen in das Forschungsinteresse. So bilanziert Ingeborg Jacobs in ihrem Buch *Freiwild*[42] die Vergewaltigung deutscher Frauen durch Angehörige der Sowjetarmee, und Miriam Gebhardt thematisiert in *Als die Soldaten kamen*[43] 2015 erstmals umfassend auch ein vermeintliches Tabu-Thema – die Vergewaltigung deutscher Frauen durch westalliierte Armeeangehörige.

VOM HERD AN DIE FLAK: DER WEG DER FRAU IN DEN KRIEGSDIENST

Nach der nationalsozialistischen Ideologie kam der deutschen Frau die Rolle der Mutter zu, das heißt der Gebärenden und Erzieherin. Der NS-Anspruch auf Lebensraum im Osten – und der damit einhergehende Traum von einem sich beständig ausweitenden Großdeutschen Reich – verlangte zu seiner Selbsterfüllung nach immer neuem Nachwuchs. Ansonsten blieben Frauen lediglich die sozialen Arbeitsfelder. Führungspositionen sollte sie nicht innehaben, einige Berufe wie Richterin oder Anwältin waren Frauen grundsätzlich verboten. Das passive Wahlrecht stand nicht mehr zur Debatte, und auch eine Wehrdienstpflicht schien mit den NS-Vorstellungen über die deutsche Frau unvereinbar zu sein. Das Bild der aufopferungsvollen Mutter oder pflichtbewussten Expertin für Erziehungs- und Gesundheitsfragen, wie es von der NS-Frauenschaft – die zentrale Frauenorganisation der NSDAP – zum Beispiel in der zweiwöchig erscheinenden Zeitschrift *NS-Frauenwarte* zelebriert wurde, stand allerdings in völliger Dissonanz zu dem, was die Frauen tatsächlich während des Zweiten Weltkriegs leisten und ertragen mussten. Schon vier Jahre nach Hitlers Machtergreifung sah sich die Naziführung selbst gezwungen, ihr gewähltes Klischee zu überdenken und es immer radikaler an die Kriegsvorbereitungen bzw. den Kriegsalltag anzupassen und umzuformen.

Dabei war alles so penibel vorbereitet worden. In den Friedensjahren des Dritten Reiches schien der Weg des Mädchens hin zur Mutter straff durchorganisiert und einfach geebnet. Nach den nationalsozialistischen Erziehungsvorstellungen sollten Mädchen mit zehn Jahren dem Jungmädelbund (JM) beitreten und mit 14 für zwei Jahre in den Bund Deutscher Mädel (BDM) aufgenommen werden. Zunächst konnten sie sich beiden Unterorganisationen der Hitlerjugend (HJ) aus freien Stücken anschließen, ab dem 1. Dezember 1936 wurden mit dem Gesetz über die Hitlerjugend und untermauert durch das Gesetz der Jugenddienstpflicht vom 25. März 1939 JM und BDM verpflichtend. Während sich nicht Interessierte bis dahin relativ problemlos drücken konnten, wurde nun aufgepasst, und die Nichtteilnahme am Dienst konnte berufliche Konsequenzen bedeuten. Mädchen, die sich dennoch verweigerten – meist stammten diese aus einem oppositionellen Haushalt –, wurden von ihren Schulen zum politischen Sonderunterricht verdonnert, der vom BDM organisiert wurde. Auf freiwilliger Basis blieb lediglich der Eintritt in das BDM-Werk Glaube und Schönheit, der für junge Frauen zwischen 17 und 21 Jahren angedacht war. Während beim BDM noch die allgemeine charakterliche Förderung und der Kameradschaftsgeist im Vordergrund standen, konzentrierte sich Glaube und Schönheit auf die Formung der Jugendlichen hin zur Frau nach NS-Vorstellungen. Bei den wöchentlichen Treffen lernten die Mädchen Haushaltsführung, Kochen, gesunde Ernährung, Vorratshaltung, Einkauf, Körper- und Schönheitspflege, ferner Erste Hilfe, Kranken- und Säuglingspflege. Sportveranstaltungen und Gymnastik fanden ebenso regelmäßig statt wie Arbeitsgemeinschaften, die von *Stricken und Nähen* über *geschmackvolle*

Kleidung bis hin zu *Modellieren und Malen* oder *Schönheit des Wohnens* reichten. Die meisten Mädchen erlebten – wie auch viele Jungen die Hitlerjugend – ihre BDM-Zeit als spannend, lehrreich und abenteuerlich. Sport, Liederabende, Fahrten und Ausflüge ins In- und Ausland vermittelten gar das Gefühl von Freiheit und Unabhängigkeit. Im Gegensatz zur HJ gab es im BDM aber weitaus seltener politische Schulungen. Rassenlehre oder antisemitische Hetze standen in aller Regel nicht auf dem Programm, weil sie abgelehnt wurden oder nicht interessierten. Die BDM-Führerinnen hatten relativ freie Wahl, was die Schulungsinhalte betraf. Wichtig war allerdings der Personenkult um Adolf Hitler, der von vielen Mädchen wie ein Filmstar angehimmelt wurde. Ihnen wurde suggeriert, dass ihr Führer für den Frieden einstehe. Mit Kriegsbeginn schwand daher bei nicht wenigen die Begeisterung, und sie fielen buchstäblich vom Glauben ab.

Im Kern drehte sich in den Jugendorganisationen für Frauen alles um Kameradschaft und um Gleichwertigkeit aller sozialen Schichten, um Gemeinnützigkeit und Hingabe an ein gemeinsames, geliebtes Vaterland. Die Mädel sangen vor Soldaten, halfen auf den Feldern bei der Ernte, bastelten für das Winterhilfswerk, belegten Gesundheitskurse und Erste-Hilfe-Schulungen, kümmerten sich um Alte und Gebrechliche. Bei allen Unternehmungen spornte der Wettkampfgedanke zusätzlich an. Das Sammeln von Auszeichnungen und Ehrenabzeichen motivierte zu Höchstleistungen. Über die ihnen zugedachte Mutterrolle dachten junge Mädchen kaum nach. Ihre Mütter zu Hause erlebten sie meist als zufrieden. Keineswegs hatten sie das Gefühl, ihnen würde die Rolle des Heimchens am Herd aufgedrängt. Im Gegenteil, für die meisten Hausfrauen bedeutete es einen Luxus, dass sie zu Hause bleiben konnten und nicht arbeiten mussten wie in Zeiten der Wirtschaftskrise. Sie kümmerten sich gerne um Haushalt und Kinder. Viele junge Mädchen hatten jedoch bereits Mitte der

1930er-Jahre zunächst andere Vorstellungen von ihrer Zukunft. Sie wollten Sängerinnen oder Schauspielerinnen werden, studierten, wurden Lehrerinnen, Ärztinnen oder Forscherinnen. Die Mädchen des BDM waren selbstbewusst und dachten nicht daran, sich von gleichaltrigen Jungen etwas sagen zu lassen.

Ab dem 15. Februar 1938 mussten ledige Frauen zwischen 17 und 25 Jahren auf Geheiß von Reichswirtschaftsminister Hermann Göring, der auch Beauftragter für den Vierjahresplan war, sich nach ihrem Schulabschluss oder nach Beendigung ihrer Lehre für ein sogenanntes Pflichtjahr bereitstellen, das gleichzeitig Voraussetzung wurde, um überhaupt in einer Anstellung arbeiten zu dürfen. Etwa 300 000 Frauen jährlich absolvierten dieses, wobei sie häufig in einem privaten Haushalt bei einer Familie mit mehreren Kleinkindern oder in der Landwirtschaft zur Entlastung kinderreicher Bauersfamilien auf dem Feld mithalfen. Ausgewählte Mädchen aus ländlichen Gegenden wurden zur Vorbereitung auf einen Beruf auf einem Bauernhof bereits nach der Volksschule in ein Lager für ein Landjahr herangezogen. Davon konnten sie sich sechs Monate für das Pflichtjahr anrechnen lassen.

Schon seit dem 26. Juni 1935 war der Reichsarbeitsdienst für alle jungen Männer zwischen 18 und 25 Jahren verpflichtend geworden. Für Frauen dieser Altersklasse war er zunächst freiwillig, ab dem 4. September 1939 wurde er ebenfalls verbindlich. Durchschnittlich 150 000 junge Frauen wurden für den RADwJ verpflichtet. Die Auswahl erfolgte im Grunde willkürlich. Die abgeleistete Dienstzeit konnten sie auf das Pflichtjahr anrechnen lassen oder es später dadurch ganz ersetzen. Der sechsmonatige RAD sollte die Arbeitsmoral der jungen Menschen stärken, Disziplin fördern und ein auf der NS-Ideologie basierendes klassenloses Zusammengehörigkeitsgefühl weiter verfestigen. Während die männliche Jugend vornehmlich für Bauvorhaben herangezogen wurde, etwa für die Errichtung von Autobahnen und Befestigungsanlagen, wurden die weiblichen Schützlinge fast ausschließlich auf landwirtschaftliche Höfe verbracht. Hier halfen die jungen Frauen bei Feld- und Küchenarbeiten, versorgten die Tiere und beaufsichtigten die Kinder. Auch diesen Tätigkeiten kamen die meisten Frauen gerne nach. Sie erlebten Abenteuer auf dem Land, lernten neue Freunde kennen und gingen Beziehungen mit jungen Soldaten ein. Sie genossen es, erobert zu werden, ließen sich Zeit und spielten mit ihren Verehrern. Sie kauften sich schöne Kleider von ihrem ersten selbst verdienten Geld. Sie schminkten sich und griffen auch mal zu Wein und Zigarette, obwohl das nach NS-Vorstellungen nicht für sie vorgesehen war. Gewisse nonkonforme Verhaltensweisen konnte der Nationalsozialismus tolerieren; sie waren sogar förderlich, um den Mädchen ein Gefühl der Entscheidungsfreiheit und Mündigkeit zu suggerieren, wodurch man sie noch gefügiger und moralisch erpressbarer machte. In Wahrheit nämlich schränkten die Spielregeln der Diktatur jeden Deutschen zu jeder Zeit ein. Über gewisse Dinge durften sowohl Männer als auch Frauen öffentlich nicht reden oder sie gar hinterfragen, das war allen Mädchen bewusst. Das Klima der Angst wurde auch für Frauen im Hintergrund immer aufrechterhalten und durch Gleichschaltung und Bespitzelung überwacht. Jederzeit konnte ein neues Gesetz sie so formen, dass sie sich fügten und in das NS-System einfügten. Die Frauen hatten sich dem Vaterland unterworfen, und wenn es den Kriegseinsatz von ihnen erwartete, dann taten sie es. Ob überzeugt oder erzwungen, spielte letztendlich keine entscheidende Rolle mehr.

Nach dem RAD absolvierten die Männer ihren zunächst einjährigen, ab 1936 zweijährigen Wehrdienst, der mit dem Gesetz für den Aufbau der Wehrmacht vom 21. Mai 1935 und der Wiedereinführung der allgemeinen Wehrpflicht im Deutschen Reich beschlossen worden war. Frauen blieben vom Wehrdienst befreit und mussten zunächst auch keinen Ersatzdienst leisten. Jedoch wandten sich die Bestimmungen des Gesetzes schon 1935 bereits an sie: »Im Kriege ist über die Wehrpflicht hinaus jeder deutsche Mann und jede deutsche Frau zur Dienstleistung für das Vaterland verpflichtet.«[44]

Durch die Hintertür und ohne dass dies im Volk, das noch lange nicht an einen Krieg glaubte, großartig bemerkt worden wäre, hatten sich die Nazis ein Schlupfloch für den verpflichtenden Einsatz der Frau geschaffen. Während die vor dem Volk geheim gehaltenen Kriegsvorbereitungen weiter fortschritten, erkannte Reichsarbeitsminister Franz Seldte 1938, dass Deutschland bei Mobilmachung auf keinen Fall auf die Arbeitskraft rund der Hälfte der Bevölkerung verzichten konnte. In den geheimen Richtlinien für die Beschäftigung von Frauen im Mobilmachungsfall vom 16. September 1938 merkte er indes noch an:

Im Kriege müssen in weitestem Umfange Frauen in Wirtschaft und Verwaltung eingesetzt werden, um wehrfähige Männer für den Kampf mit der Waffe freizustellen. Doch muss auch im Kriege die Frauenarbeit dort ihre Grenzen finden, wo sie den Lebensquell der Nation bedrohen würde. Frauen dürfen deshalb auch im Kriege nicht Gesundheitsschädigungen ausgesetzt werden, durch welche früher oder später die Erfüllung der Aufgabe der Mutterschaft gefährdet würde. [...] *Frauen dürfen nicht mit Arbeiten beschäftigt werden, die ernsthafte Gesundheitsschädigungen mit sich bringen* [...] *Frauen sollen nicht mit Arbeiten beschäftigt werden, die besondere Geistesgegenwart, Entschlusskraft und schnelles Handeln erfordern* [...] *Frauen sollen nicht mit Arbeiten betraut werden, die besonderes technisches Verständnis und technische Kenntnisse erfordern.*[45]

All diese Absichten, ob nun gut gemeint oder der Ideologie geschuldet, wurden in den folgenden Jahren kriegsbedingt eine nach der anderen über Bord geworfen. Die Notdienstverordnung des Deutschen Reiches vom 15. Oktober 1938 schaffte schließlich die gesetzliche Grundlage, nach der jeder Bewohner des Reichsgebietes, männlich oder weiblich, nach Vollendung des 15. Lebensjahres zu beliebigen, vom Staat bestimmten Diensten herangezogen werden konnte. Dazu zählten auch militärische Aufgaben.

Die Notdienstpflicht zur Heranziehung der Arbeitskraft von erwachsenen Frauen konnte rechtzeitig noch vor Kriegsbeginn zusätzlich durch die Verordnung zur Sicherstellung des Kräftebedarfs für Aufgaben von besonderer staatspolitischer Bedeutung vom 13. Februar 1939 legitimiert werden. Notdienstverpflichtet konnten theoretisch alle beim Arbeitsamt meldepflichtigen Frauen zwischen vollendetem 17. und 45. Lebensjahr werden; ab Juli 1944 wurde dies bis zum abgeschlossenen 50. Lebensjahr erweitert. So ersetzten Frauen nach Kriegsbeginn den Mann überall dort, wo er fehlte, weil er als Soldat an die Front ziehen musste. 1939 waren damit schon drei Millionen mehr Frauen berufstätig als 1933. Während die Verbrauchsgüterproduktion drastisch zurückgeschraubt worden war, brauchte man sie vor allem in der Rüstungsindustrie. Schon im ersten Kriegsjahr arbeiteten nahezu 15 Millionen Frauen in Fabriken.

Konnte die NS-Führung während des Polen- und Westfeldzuges noch auf Schwerstarbeit für Frauen weitestgehend verzichten, so verlangten die gewaltigen Materialschlachten des Russlandfeldzuges nach allen Ressourcen und den damit verbundenen Arbeits- und Dienstleistungen. Das Lohnniveau der notdienstverpflichteten Frauen wurde dem der Männer gleichgesetzt. Sie arbeiteten oft über 50 Stunden in der Woche.

Die Luftwaffe hatte bereits im ersten Kriegsjahr um freiwillige Helferinnen, die in der Regel ledig sein mussten, für den Luftnachrichtendienst geworben, damit man das Nachrichtennetz in den annektierten Gebieten personell überhaupt aufrechterhalten konnte. Im Glauben, etwas Sinnvolles zu tun und ihre Väter und Brüder im Krieg zu unterstützen, meldeten sich viele Tausend freiwillig. Am 29. Juli 1941 bestimmte ein Erlass Hitlers über den Reichsarbeitsdienst der weiblichen Jugend, dass Frauen zusätzlich zu den sechs Monaten RAD ein weiteres halbes Jahr Kriegshilfsdienst zu leisten hatten, der von etwa 150 000 Frauen jährlich erfüllt wurde. Bevorzugt sollten diese sogenannten Kriegshilfsdienstmaiden ihren Dienst bei zivilen oder der Wehrmacht unterstellten Behörden sowie in Krankenhäusern versehen. Da der Bedarf aber auch mit notdienstverpflichteten Frauen nicht gedeckt werden konnte, wurden Kriegshilfsdienstmaiden oftmals gleich in der Rüstungsindustrie und bei Verkehrsbetrieben aller Art eingesetzt. Schon ab Mitte 1940 vermittelten Arbeitsämter Frauen als Zivilangestellte an die Wehrmacht. Bis zum Kriegswinter 1942/ 1943 taten 300 000 dieser sogenannten Wehrmachtshelferinnen Dienst beim Heer, bei der Luftwaffe und bei der Marine, die Hälfte von ihnen war notdienstverpflichtet. Sie erhielten keinen offiziellen militärischen Status, es gab keine Fraueneinheiten, weiblichen Offiziere oder Aufstiegsmöglichkeiten. Formal blieben die Wehrmachtshelferinnen Zivilisten, die allerdings unter die Militärgerichtsbarkeit und die Wehrmachtsdisziplinarstrafverordnung fielen. Ihre Zugehörigkeit war nicht konform geregelt, sie trugen keine oder zumindest nicht einheitliche Uniformen. Nach einer meist mehrwöchigen Ausbildung oder Schulung, häufig bei der Truppe, arbeiteten Kriegshilfsdienstmaiden und Wehrmachtshelferinnen in verschiedenen Bereichen. Als Nachrichtenhelferinnen zum Beispiel in der Funktion einer Telefonistin, Fernschreiberin oder Horchfunkerin. Erkennbar waren diese durch das auf der Uniform angebrachte Symbol der Nachrichteneinheiten: den Blitz. Dies brachte zunächst ihnen, später auch dem gesamten weiblichen Wehrmachtsgefolge den Spitznamen *Blitzmädel* ein, der unter pubertierenden Soldaten gerne synonym für *leichtes Mädchen* verwendet wurde. Stabshelferinnen wurden in den Büros der Kommandostäbe als Maschinenschreiberinnen, Stenotypistinnen, Dolmetscherinnen oder Botinnen, im späteren Kriegsverlauf auch als Küchenhilfen und Reinigungskräfte eingesetzt. Im Sanitätswesen, vor allem in Lazaretten arbeiteten Kriegshilfsdienstmaiden und Wehrmachtshelferinnen als Hilfsschwestern oder Hilfsapothekerinnen. Luftwaffenhelferinnen leisteten verschiedene Hilfsdienste bei der Luftwaffe. Sie taten Dienst vor allem im Luftschutz-, Flugmess- oder Wetterdienst. Als Flakwaffenhelferinnen wurden sie in der Flugabwehr für die Bedienung von Scheinwerfern oder Messgeräten gebraucht. Auch Marinehelferinnen konnten neben Nachrichten- und Stabshilfsdiensten an die Flak der Küstensicherung kommandiert werden.

Mit dem Verlust der Lufthoheit der Wehrmacht über den deutschen Städten und dem totalen Kriegseinsatz an der Ostfront ab Sommer 1943 stieg die Anzahl der Flakwaffenhelferinnen auf bis zu 200 000 an. Etwa 120 000 von ihnen wurden aus dem Kriegshilfsdienst rekrutiert. Wehrmachtshelferinnen und Kriegshilfsdienstmaiden des RAD galten ab 1944 als Wehrmachtsbehelfspersonal. Bis Kriegsende wurden noch einmal bis zu 150 000 Frauen notdienstverpflichtet, sodass man davon ausgehen kann, dass die Wehrmacht während des ganzen Krieges insgesamt über mehr als eine halbe Million Helferinnen verfügte. Daneben arbeiteten im Kriegseinsatz mehr als 400 000 Frauen für das Rote Kreuz (RK), und rund 280 000 waren als Amtsträgerinnen im Reichsluftschutzbund (RLB) organisiert. Auch die SS verfügte über eigene Helferinnen, allerdings ausschließlich auf freiwilliger Basis. Die sogenannten SS-Maiden unterstanden der Weisung der SS, auch sie blieben formal Zivilangestellte. In der Waffen-SS erledigten sie ähnliche Aufgaben wie die Wehrmachtshelferinnen. Nur etwa 2400 Frauen standen in den Diensten der Waffen-SS, ca. 3500 weitere entschlossen sich, als SS-Helferinnen in Konzentrationslagern zu arbeiten. Sie übernahmen vornehmlich die Bewachung weiblicher Insassen.

Im Februar 1945 verwarf Hitler alle Ideale und ordnete die Formierung eines Frauenbataillons an. Hitlers Privatsekretär Martin Bormann vermerkte dazu:

> *Außerdem habe der Führer, wie mir ja genau bekannt ist, die probeweise Aufstellung eines Frauenbataillons genehmigt. Die Frauen sollen so rasch wie möglich tadellos ausgebildet werden. Aufstellung des Frauenbataillons in Verbindung mit der Reichsfrauenführung. Bewährt sich dieses Frauenbataillon, sollen sofort weitere aufgestellt werden.*[46]

Die Aufstellung des Bataillons für Frauen kam nicht mehr zustande, man hatte nur noch die Zeit, teils schon versprengte Wehrmachtshelferinnen und Kriegshilfsdienstmaiden zu einem Wehrmachtshelferinnen-Korps zusammenzuschließen. In den letzten Monaten kamen Tausende Arbeitsmaiden und BDM-Mädel dazu. Für ihren Einsatzbereich blieb nur noch der Volkssturm. Die Auswahl der Frauen, die notverpflichtet wurden, erfolgte nach einem kaum mehr erkennbaren Muster. Oft entschieden Zufälle, Willkür oder die Stelle, die zuerst eine Einberufung schickte. Hatte die NS-Führung in den ersten Jahren des Deutsch-Sowjetischen Krieges noch über die eigenartige Grausamkeit des Gegners gespottet, dass dieser Frauen mit regulären Waffen kämpfen ließ, machte ein Befehl des Oberkommandos der Wehrmacht (OKW) vom 23. März 1945 deutlich, dass auch deutsche Frauen und scharfes Kriegsgerät grundsätzlich nicht mehr auseinandergehalten wurden:

Zur Bedienung von Feuerwaffen zum Kampf dürfen Frauen und Mädchen im Allgemeinen nicht herangezogen werden (Ausnahme: die vom Führer genehmigten Flakbatterien ferner zum freiwilligen Einsatz sich ausdrücklich anbietende). Ausstattung mit Handfeuerwaffen für den persönlichen Schutz, soweit im Einzelfall erforderlich, auch mit der Panzerfaust pp. ist zulässig. Soweit Frauen und Mädchen im Heimatkriegsgebiet zum Wachdienst eingesetzt sind, wird Ausstattung mit Handfeuerwaffe genehmigt.[47]

Der von so vielen Frauen geliebte und verehrte Hitler machte im März 1945 in einer sogenannten Mittagslage unmissverständlich klar, dass er seine Prinzipien verworfen hatte und für ihn eine Frau nicht mehr und nicht weniger schützenswert war als der Mann, der sich für ihn aufopferte: »Ob Frauen oder Mädchen ist ganz wurscht: Eingesetzt muss alles werden.«[48] Zehn Jahre zuvor hatte sich Hitler in einer Rede vor der NS-Frauenschaft noch wie folgt geäußert: »Es gibt Dinge, die macht der Mann und für die steht er allein ein. Ich würde mich schämen, ein deutscher Mann zu sein, wenn jemals im Falle eines Krieges auch nur eine Frau an die Front gehen müßte.«[49]

Die chaotischen Zustände bei Kriegsende führten dazu, dass Frauen im Kriegseinsatz vergessen oder zurückgelassen wurden oder sich niemand für ihre Evakuierung verantwortlich fühlte. Zehntausende Frauen im inoffiziellen Kriegsdienst der Wehrmacht wurden am Ende des Krieges regelrecht verheizt und starben durch Kampfhandlungen oder Bombardements. Mindestens 20 000 uniformierte Wehrmachtshelferinnen gerieten in sowjetische Gefangenschaft. Zigtausende mischten sich in den letzten Wochen vor dem Zusammenbruch unter die Flüchtlinge, die aus dem Osten aufgebrochen waren. Mit ihnen wurden sie von Sowjetsoldaten vergewaltigt, von Partisanen und Tieffliegern beschossen, von Panzern überrollt.

Ob Helferin der Wehrmacht, Kriegshilfsdienstmaid oder Volkssturmfrau: Am Ende bleibt festzuhalten, dass im Grunde jede Frau des Zweiten Weltkriegs in irgendeiner Weise für den Krieg eingesetzt wurde und organisiert war. Der überwiegende Teil der Frauen, bis zu 15 Millionen, wurde als Rüstungsarbeiterinnen eingespannt und blieb durch den Bombenkrieg an der Heimatfront bedroht.

3.
FLUCHT UND VERTREIBUNG AUS DEN DEUTSCHEN OSTGEBIETEN

EINLEITUNG – EINE HISTORISCHE ANALYSE DER VERTREIBUNGS-VERBRECHEN GEGEN DIE DEUTSCHE BEVÖLKERUNG

Politiker und Präsidenten sagen viel: Schlechtes, Gutes, Wichtiges oder Unwichtiges. Oftmals entscheiden die Medien, welchen Reden besondere Aufmerksamkeit zuteilwerden soll. So kommt es vor, dass bedeutsame, mahnende Worte überhört werden und notwendige Diskussionen zu bestimmten, als schwierig geltenden Themen den Weg in die Öffentlichkeit gar nicht finden. Wer hat denn schon mitbekommen, dass 2015 zum ersten Mal ein offizieller bundesweiter Gedenktag für die deutschen Vertreibungsopfer des Zweiten Weltkriegs stattgefunden hat? Der ehemalige Bundespräsident Joachim Gauck fand in seiner kaum wahrgenommenen Rede würdige Worte den Opfern gegenüber:

> *Erst flohen sie vor dem Krieg. Bei eisiger Kälte quälten sich Trecks mit Frauen und Kindern und Alten über verstopfte Landstraßen und brüchiges Eis, beschossen von Tieffliegern und überrannt von der Front. Völlig überladene Flüchtlingsschiffe versanken nach Torpedo- und Bombentreffern in der Ostsee. Ungezählte Frauen wurden vergewaltigt. Dann wurden viele von denen, die zurückblieben in der alten Heimat, Opfer von Hass und Vergeltung: entrechtet, enteignet, verhaftet, miss-*

handelt, auf Todesmärsche geschickt, ermordet, interniert, herangezogen zur Zwangsarbeit [...] ›Sofern das Gewissen der Menschheit jemals wieder empfindlich werden sollte‹, erklärte ein großer Humanist, der britisch-jüdische Verleger Sir Victor Gollancz 1947, ›wird diese Vertreibung als die unsterbliche Schande all derer im Gedächtnis bleiben, die sie veranlasst oder die sich damit abgefunden haben. Die Deutschen wurden vertrieben, aber nicht einfach mit einem Mangel an übertriebener Rücksichtnahme, sondern mit dem denkbar höchsten Maß an Brutalität.‹[50]

Nach unterschiedlichen Schätzungen wurden von 1945 bis 1950 zwischen 12 und 16 Millionen Deutsche aus ihrer Heimat in Ost- und Mitteleuropa vertrieben. Der grobe Mittelwert von 14 Millionen erscheint realistisch, aber eine genaue Anzahl lässt sich nicht oder nicht mehr ermitteln. Klar ist allerdings, dass die Vertreibung der Deutschen im Verlauf des Zweiten Weltkriegs und der Neuordnung danach die größte Völkervertreibung der Menschheitsgeschichte darstellt. Der Großteil der Opfer stammte aus Ostpreußen, Schlesien, Ostbrandenburg, Westpreußen, Posen, Pommern, Danzig, Pommerellen oder dem Memelland, außerdem aus den von Nationalsozialisten besetzten Gebieten, in denen deutsche Gruppen zuvor, teilweise Jahrhunderte, als Minderheit gelebt hatten. Beispiele sind die Sudetendeutschen aus der ehemaligen Tschechoslowakei, die Baltendeutschen aus Lettland und Estland, die Litauendeutschen, die Karpatendeutschen aus der Slowakei, die Donaudeutschen aus Ungarn, Rumänien oder Jugoslawien sowie auch die Bessarabiendeutschen aus der Republik Moldau und der Ukraine. Nicht zu den Vertriebenen zählen Statistiker etwa eine Million in den asiatischen Raum der Sowjetunion verschleppte Russlanddeutsche, für die eine Flucht ins Ausland zu spät kam beziehungsweise eine Vertreibung dorthin nicht vorgesehen war. Etwa 350 000 von ihnen starben in Arbeitslagern infolge Zwangsarbeit, Hunger und Krankheiten.

Am 19. Oktober 1944 gelang es sowjetischen Truppen zwischen Ebenrode (*Nesterow*) und Rominenter Heide (*Puszcza Romincka*), erstmals deutsches Reichsgebiet zu betreten. Am weitesten wagte sich die 11. Gardearmee vor, die am 21. Oktober das kleine Örtchen Nemmersdorf (*Majakowskoje*) im ostpreußischen Kreis Gumbinnen (*Gussew*) besetzte. Zwar konnten die auf deutscher Seite kämpfenden Einheiten der 4. Armee die durchgebrochenen Panzerverbände und sowjetischen Truppen nach tagelangen heftigen Kämpfen zurückschlagen, doch da waren bis zu 30 Bewohner von Nemmersdorf hingerichtet worden. Man fand ermordete alte Männer, Kinder und Frauen, die zuvor vergewaltigt und deren Körper geschändet worden waren. Die internationale Presse griff Fotos von erschlagenen Säuglingen und Augenzeugenberichte von an Scheunentore genagelten nackten Frauenkörpern auf, um vor der Brutalität der Soldaten der Sowjetarmee zu warnen. Während die Nazi-Propaganda versuchte, das Massaker zum Anlass zu nehmen, um noch einmal Engländer und Amerikaner von der notwendigen gemeinsamen Bekämpfung Russlands zu überzeugen, dabei die Opferzahlen noch in die Höhe trieb, wussten fortan die Zivilisten der deutschen Ostgebiete, was ihnen blühen würde, wenn die Rote Armee auf breiter Linie durchbrechen sollte. Doch die NS-Führung verbot die Flucht, mahnte zum Ausharren, und auch eine Vielzahl der Ostdeutschen wollte weiter an die Wunderwaffen glauben, die Stalins Soldaten noch aufhalten sollten. Das Unvermeidliche geschah ab Mitte Januar 1945. Zwischen Ostseeküste und Karpaten brach die deutsche Ostfront zusammen, und die Soldaten der Sowjetarmee überrollten förmlich die ihnen schutzlos ausgelieferte deutschstämmige Bevölkerung. Für die meisten kamen die in den letzten Stunden eingeleiteten Evakuierungsmaßnahmen durch die Wehrmacht viel zu spät.

Millionen packten innerhalb von Minuten das Notwendigste zusammen und flohen in völlig überfüllten Zügen, in bis zu 15 Kilometer langen Trecks mit Pferdewagen, Handkarren, Schlitten, mit Fahrrädern oder zu Fuß über vereiste Landstraßen gen Westen. Dies waren fast ausschließlich Frauen, Kinder und Minderjährige unter 16 Jahren, Senioren und einige Zwangsarbeiter, die ebenfalls Angst vor den anstürmenden Sowjets bekamen. Schwerkranke, verletzte oder resignierte Menschen blieben in ihren Dörfern und Städten zurück und ihrem weiteren Schicksal überlassen. Für sie und bis zu 100 000 Ostpreußen und Schlesier, deren Vorsprung zu knapp war, endeten bereits die ersten Tage nach dem Einmarsch der Roten Armee tödlich.

Die ersten grausamen Details der Vertreibungsverbrechen offenbarte bereits 1954 eine Dokumentation vom ehemaligen Bundesministerium für Vertriebene, Flüchtlinge und Kriegsgeschädigte: *Die Vertreibung der Deutschen aus Ost-Mitteleuropa.*[51] Bis 1960 erschienen mehrere Bände und Teile, die Millionen von Vertriebenen im neuen Deutschland Hoffnung auf Verständnis machten. Eine fundierte umfassende Analyse wurde allerdings erst am 16. Juli 1969 von der Bundesregierung in Auftrag gegeben; mit der Auswertung betraute man das Bundesarchiv Koblenz. Die Forscher werteten dafür bis 1974 über 10 000 im Bundesarchiv unter dem Namen »Ostdokumentation« gesammelte Erlebnisberichte aus, die auf mehr als 13 Millionen geschriebenen Seiten vorliegen. Außerdem flossen in die Untersuchung 18 000 offizielle Berichte aus betroffenen Gemeinden und 12 000 Einwohnerlisten ein sowie auch die umfangreichen Sammlungen und Darstellungen des Suchdienstes des Deutschen Roten Kreuzes und der katholischen Diözesanarchive. Der zusammengestellte Abschlussbericht schaffte ungeschminkte Tatsachen von einer solchen Tragweite, dass die SPD/FDP-geführte Bundesregierung eine Veröffentlichung der Auswertung untersagte und die Berichte unter Verschluss stellte. Zu groß erschien den verantwortlichen Politikern die Sorge, die Deutschen könnten durch das zur Verfügung gestellte Wissen über die Brutalitäten gegen ihr eigenes Volk die Verbrechen der Nazis während des Zweiten Weltkriegs relativieren und somit den gerade erworbenen Frieden zu den europäischen Nachbarstaaten und die jüngst geschaffenen Bündnisse gefährden. Doch der Druck der Vertriebenenverbände und auch die allgemeine Nachfrage in der Öffentlichkeit ließen nicht nach, sodass sich 1982 die neue CDU-geführte Bundesregierung unter Kanzler Helmut Kohl dazu entschloss, die Berichte dem Gemeinwesen zugänglich zu machen. Der damalige Innenminister Friedrich Zimmermann begründete das wie folgt:

> *Eine verantwortungsbewußte Verarbeitung des Themas Vertreibung und Vertreibungsverbrechen braucht den Vorwurf nicht zu scheuen, sie könne das Verhältnis zu anderen Staaten belasten und Entspannung verhindern. Wie könnte Entspannung dauerhaft sein, wenn sie das Verschweigen oder die Verfälschung geschichtlicher Ereignisse in Kauf nimmt? [...] Vorgänge solchen Ausmaßes dürfen nicht aus dem Bewußtsein eines Volkes verdrängt werden. Findet eine wissenschaftliche Aufarbeitung nicht statt, die sich von unbestechlicher Wahrheitsliebe leiten läßt, so entstehen verzerrte Bilder der Vergangenheit und entstellende Legenden. Damit ist niemandem gedient.*[52]

Erst 47 Jahre nach Ende des Zweiten Weltkriegs sollten sich die Deutschen nun über das Ausmaß des Schicksals ihrer Familien informieren dürfen. Eine erste zusammenfassende Veröffentlichung der Analyse brachte 1989 die Kulturstiftung der deutschen Vertriebenen heraus. Das Buch mit dem Titel *Vertreibung und Vertreibungsverbrechen 1945 – 1948* legt den Schwerpunkt auf die Verbrechen von Sowjetsoldaten und polnischen Milizen in den

Gebieten östlich von Oder und Neiße sowie auf diejenigen, die an der deutschen Minderheit in der Tschechoslowakei und in Jugoslawien begangen wurden. Die Mindestanzahl der durch direkte Gewalteinwirkung umgekommenen – erschossen, erstochen oder erschlagen – Deutschen in diesem Raum liegt nach der Analyse des Bundesarchivs demnach bei sicheren mehr als 600 000[53] Todesopfern. Dabei wird eingeräumt, dass diese Zahl nur einen Bruchteil darstellen könne. Nicht einwandfrei und eindeutig konnte in der Abhandlung zum Beispiel der Beschuss von Flüchtlingstrecks durch sowjetische Tiefflieger zugeordnet werden, deren Piloten sich teilweise auf Befehle berufen, auf die Trecks zu schießen, weil sich deutsche Soldaten bei ihnen befanden. Das Versenken von Flüchtlingsschiffen, die unter Order der deutschen Marine standen, blieb ebenso eine Grauzone wie das Überfahren von Menschen auf Landstraßen durch sowjetische Panzer, die den Befehl hatten, möglichst schnell voranzukommen.

Mit Sicherheit nicht eingerechnet in die Zahl der Todesopfer von geschätzten mehr als 600 000 (in den untersuchten Gebieten Oder/Neiße mehr als 400 000[54], Tschechoslowakei ca. 130 000[55] und Jugoslawien mehr als 80 000[56]) sind all diejenigen, die an den *Folgen* der Vertreibung gestorben sind, beispielsweise durch Hunger, Erfrierungen und Krankheiten, oder die Selbstmord begangen haben. Diese inkludiert und auf alle deutschen Vertreibungsgebiete erweitert, gibt das Statistische Bundesamt eine Anzahl von insgesamt 2,2 Millionen Toten als »ungeklärte Fälle« von Vertreibungsverbrechen an.[57] Das Deutsche Rote Kreuz schätzt nach eigenen Archiven die Menge der Getöteten durch Vertreibung und Verschleppung auf 2 251 500.[58]

Stalins schlecht ausgebildete Soldaten machten bei der Wahl ihrer Opfer keine Unterschiede. Ihr Hass erfasste Uniformträger (meist Feuerwehrleute oder Eisenbahner, den allermeisten Parteioffiziellen war die rechtzeitige Flucht gelungen) und ausgemachte

Kapitalisten genauso wie Bauern, Arbeiter, Obdachlose, Zwangsarbeiter und KZ-Insassen. Er schlug alten Männern, Frauen und Kleinkindern entgegen. Selbst Tausende völlig überraschte deutsche Antifaschisten, die der Roten Armee mit Sowjetflaggen entgegenliefen, um ihre Befreier und vermeintlichen Brüder im Geiste zu begrüßen, wurden gnadenlos ermordet.

Ein besonders grausames Kapitel unter den Vertreibungsverbrechen bildet die Vergewaltigung und Schändung deutscher Frauen aller Altersgruppen. Im April 1945 fanden Soldaten der Wehrmacht das Tagebuch des gefallenen Offiziers Jurij Upenski, der beim Einmarsch seiner Division in Ostpreußen die ersten gewalttätigen Ausschreitungen und Plünderungen gegen die einheimische Bevölkerung erlebte. Zunächst hatte er eine schlüssige Erklärung dafür: »Gewiß, es ist unwahrscheinlich grausam, Kinder zu töten, aber die deutsche Kaltblütigkeit in Maidanek ist hundertmal schlimmer gewesen.«[59] Als er kurz darauf sah, wie seine Kameraden anfingen, Minderjährige zu vergewaltigen, änderte sich seine Meinung grundlegend: »Man soll sich rächen, aber nicht mit dem Penis, sondern mit den Waffen. (...) Die Vergewaltigung von Mädchen – nein, das ist nicht zu billigen![60]« Bis zu seinem Tod versuchte Upenski, bei seinen Vorgesetzten zu intervenieren, und verzweifelte daran, dass er kein Gehör fand.

Ohne eine konkrete Zahl der Vergewaltigungsopfer zu nennen, zieht die Kommission des Bundesarchivs eine Analyse der ausgewerteten Dokumente:

> *Es handelt sich bei den Vergewaltigungen von Frauen und Mädchen durch sowjetische Soldaten und Offiziere nicht etwa um Einzelfälle, sondern um ein Massenvergehen. Sie sind als eine der grauenhaftesten völkerrechtswidrigen Gewalttaten zu verzeichnen. Sie haben in massenhaftem Ausmaß bei und nach der Besetzung der östlichen Reichsgebiete stattgefunden. [...] Sie vollzogen sich oft in brutalster und schamlosester Weise,*

insbesondere, wenn die Täter unter Alkoholeinfluß standen. Nicht verschont blieben Schwangere, Minderjährige, Insassinnen von Altersheimen, Schwestern in Krankenhäusern und in Klöstern. Viele Frauen mussten in vielfacher Folge nacheinander Vergewaltigung erdulden, selbst bis zur Todesfolge. Auch wurden Frauen nach der Vergewaltigung getötet und ihre Leichen in sadistischer Weise geschändet. Viele Frauen sind durch Geschlechtskrankheiten infiziert worden. In erheblicher Zahl haben die Frauen Selbstmord verübt, um den wiederholten Vergewaltigungen zu entgehen.[61]

Die meisten Historiker schätzen die Anzahl der durch Soldaten der Roten Armee vergewaltigten deutschen Frauen zwischen Ende 1944 und Ende 1945 auf zwei Millionen ein. Der Experte für Bevölkerungsverluste und Statistiker Gerhard Reichling schlüsselte diese Zahl in einer groß angelegten Studie auf. Danach seien 1,4 Millionen deutsche Frauen in den östlichen Vertreibungsgebieten vergewaltigt worden, davon mit Todesfolge 180 000, und in der sowjetischen Besatzungszone 500 000, davon mit Todesfolge 50 000. Für Berlin errechnet Reichling eine Vergewaltigungszahl von mindestens 100 000 Frauen, an deren Folgen 10 000 gestorben sind.[62] Insgesamt könnten 292 000 Kinder aus allen Vergewaltigungen hervorgegangen sein.[63]

Außer Kleinkindern wurde kein weibliches Wesen verschont. In den meisten Fällen waren die Täter stark alkoholisiert. Vergewaltigungen fanden in Scheunen statt, am Straßenrand oder auch vor Zuschauern auf öffentlichen Plätzen. Männliche Angehörige, die ihre Frauen schützen wollten, wurden häufig auf der Stelle erschossen. In zahlreichen Fällen wurden die Opfer mehrfach vergewaltigt und von mehreren Tätern hintereinander. Frauen konnten sich nur retten, indem sie sich gut versteckten. Manche entkamen dadurch, dass sie sich die Haare abschnitten und als

Junge ausgaben, mit Kopftüchern eine alte Frau mimten, ihr Gesicht mit Schmutz einrieben oder bemalten, um eine ansteckende Krankheit vorzutäuschen.

Die Gruppen der Vertriebenen flüchteten meist planlos und einfach nur in Richtung Westen. Von Gerüchten geleitet, wo das nächste Schiff, der nächste Zug abgehen sollte, welche Brücke noch steht, wo die Wehrmacht weiter Schutz bietet, zerstreuten sich die Trecks, kreuzten einander auf den verschiedensten Marschrouten. Die Ostpreußen versuchten vor allem, zu den großen Häfen von Danzig (*Gdansk*), Gotenhafen (*Gdynia)* oder Pillau (*Baltijsk*) zu kommen, um über das Wasser fliehen zu können. Bereits zehn Tage nach dem Durchbruch der Sowjetarmee erreichten ihre Verbände schon die Küstenstadt Elbing (*Elbląg*) und versperrten die Fluchtwege. In ihrer Not trieb es Hunderttausende Ostpreußen auf das zugefrorene Frische Haff, ein Gewässer von etwa 80 Kilometer Länge und 30 Kilometer maximaler Breite. Dahinter trennt die Halbinsel Frische Nehrung (*Mierzeja Wiślana*) das Haff von der Ostsee. Dieser Weg bot den Flüchtlingen die einzige Möglichkeit, noch zu einem der Ostseehäfen zu gelangen und von dort mit einem Schiff nach Westen zu entkommen. Bei Eiseskälte und Temperaturen von bis zu minus 25 Grad, unter Schneestürmen und heftigen Beschuss sowjetischer Tiefflieger machten sie sich mit Schlitten und Pferdekarren auf den Weg. Tausende brachen im Eis ein und ertranken. Selbst diejenigen, die noch eine Schiffspassage erreichen konnten, waren damit noch nicht in Sicherheit. Mit den Rettungsschiffen wurden in den letzten Kriegsmonaten zwar insgesamt eine Million Menschen über die Ostsee gebracht, mindestens 40 000 aber ertranken nach dem Abschuss ihrer Schiffe. Der bekannteste Fall darunter ist der Untergang der *Wilhelm Gustloff*, die am 30. Januar 1945 um 13.10 Uhr mit über 10 582 Menschen an Bord von Gotenhafen aufgebrochen war. Mit auf dem Schiff waren 8956 Flüchtlinge aus Ostpreußen, Westpreußen, Danzig und Pommern, unter ihnen 5000 Kinder. Am selben Abend wurde das Schiff um 21.16 Uhr von drei sowjetischen U-Boot-Torpedos getroffen und sank etwa eine Stunde später. Mit 9343 bestätigten Toten zählt der Untergang der *Gustloff* heute als das größte Schiffsunglück aller Zeiten. Wenige Tage danach wurde das für Flüchtlinge freigegebene Lazarettschiff *General von Steuben* durch einen sowjetischen Torpedo versenkt, mehr als 4000 Menschen starben beim Untergang. Das Frachtschiff *Goya* erlitt am 17. April ein ähnliches Schicksal. Von zwei Torpedos getroffen, sank es innerhalb von nur sieben Minuten; 6800 Passagiere ertranken.

Auch unter den Flüchtlingen, die aus Schlesien kommend auf dem Landweg unterwegs waren, starben Tausende an Unterkühlung und Erfrierungen oder an Unterernährung beziehungsweise an Krankheiten wie Hungertyphus. Weitere Tausende Erschöpfte und Verängstigte erschossen sich selbst, erhängten sich oder schluckten Zyankali-Kapseln, die sie sich zumeist privat organisiert hatten. Wer zögerte, wartete oder zurückblieb, weil ihn die Kräfte verließen, der geriet in die Hände der Sowjetarmee und hatte kaum eine Überlebenschance. Zigtausende wurden verschleppt und kamen während der Deportation oder der Zwangsarbeit in sowjetischen Gefängnissen und Lagern in Sibirien um.

Die Flüchtlinge, die es schafften, den Westen und die sicher geglaubte amerikanische Besatzungszone zu erreichen, fanden sich bei Kriegsende in einem von jahrelangen Bombenangriffen verwüsteten Deutschland wieder. Der Verkehr in und zwischen den Städten war durch gesprengte Brücken und Schienen nahezu zum Erliegen gekommen, das Post- und Telekommunikationswesen zusammengebrochen, die Versorgung mit Wasser und Lebensmitteln, Heizmaterialien und Strom lahmgelegt. Die Menschen in Westdeutschland harrten in Häuserruinen, Kellern und Luftschutzbunkern aus, bettelten um Brot oder versuchten, auf dem Schwarzmarkt Lebensmittel und Kohle einzutauschen. Flüchtlinge und Vertriebene mischten sich unter eine auseinandergerissene Bevölkerung, die selbst nicht wusste, wie es weitergehen sollte. Alliierte Besatzungstruppen suchten die Ruinenstädte nach deutschen Soldaten ab, nahmen sie gefangen und sperrten sie in riesige provisorische Sammellager, wo Zigtausende von ihnen verhungerten. Sie entdeckten von Nazis errichtete Konzentrationslager mit unzähligen bereits verhungerten oder ermordeten Häftlingen, die Opfer einer nationalsozialistischen Rassenpolitik geworden waren. Millionen von nun freigelassenen ausländischen Zwangsarbeitern warteten auf ihren Rücktransport in die alte Heimat. Die Welt war aus den Fugen geraten. Wer noch lebte, war meist heimatlos, obdachlos, orientierungslos, entwurzelt. Das betraf ganz Mittel- und Osteuropa. Ehemals von Deutschland besetzte Länder jagten ab April 1945 in einer ersten Vertreibungswelle, der sogenannten Wilden Vertreibung, deutsche Bewohner aus Polen, Jugoslawien und Tschechien davon. Auch dabei kam es zu schweren Massakern, Rachemorden und Vergewaltigungen.

Eine Ordnung in das Chaos sollte die letzte Kriegskonferenz der bisherigen Verbündeten USA, England und Sowjetunion bringen, die vom 17. Juli bis 2. August in Potsdam stattfand. Neben dem Beschluss, die Vertreibungen, die von nun an immer öfter Umsiedlungen genannt wurden, humaner zu gestalten, war es Anspruch des Potsdamer Abkommens, das Besatzungsregime territorial und politisch abzustecken. Das gemeinsame und vorrangige Ziel des dafür eingesetzten Alliierten Kontrollrates war die vollständige Entmilitarisierung Deutschlands, die Ausschaltung der deutschen Kriegswirtschaft, die Festlegung von Reparationszahlungen sowie die Entnazifizierung und die Umerziehung des besiegten Volkes. Das Deutsche Reich wurde innerhalb seiner Grenzen von 1937 in vier Besatzungszonen aufgeteilt, alle danach annektierten Gebiete wie Österreich, das Sudetenland oder Westpreußen wurden abgetrennt. Die Sowjets ließen nicht mit sich verhandeln und zogen eine für ihren Einflussbereich geltende eigene Grenze. Dafür bestimmten sie die sogenannte Oder-Neiße-Linie, hinter der alle ehemaligen deutschen Gebiete entweder direkt unter die Verwaltung der Sowjetunion (nördliches Ostpreußen mit Königsberg) gestellt wurden oder Polen als Verwaltungsmacht eingesetzt wurde (südliches Ostpreußen, Schlesien, Ostbrandenburg).

Nach diesen Beschlüssen setzte in den ehemals von Deutschland besetzten osteuropäischen Ländern eine zweite große Vertreibungswelle ein, die sogenannte Geordnete Vertreibung. Doch auch hier waren Racheakte, Plünderungen, Raub, Vergewaltigung und Mord an der Tagesordnung. Besonders betroffen waren die Sudetendeutschen in Tschechien und die Deutschen in Jugoslawien. Engländer und Amerikaner reagierten mit Entsetzen auf die Vorkommnisse. Im gesamten Ausland gab es wütende Reaktionen. In einem Leserbrief in der Times vom 23. Oktober 1945 schrieb der britische Mathematiker und Friedensforscher Bertrand Russell:

In Osteuropa werden jetzt von unseren Verbündeten Massendeportationen beispiellosen Ausmaßes durchgeführt, und man hat ganz offensichtlich die Absicht, viele Millionen Deutsche auszulöschen, nicht durch Gas, sondern dadurch, dass man ihnen ihr Zuhause und ihre Nahrung nimmt und sie einem langen schmerzhaften Hungertod ausliefert. [...] Sind Massendeportationen Verbrechen, wenn sie von unseren Feinden während des Krieges durchgeführt werden, und gerechtfertigte Maßnahmen sozialer Anpassung, wenn unsere Verbündeten sie im Frieden veranlassen? [...] Soll das Kriegsrecht künftig das Töten feindlicher Staatsbürger rechtfertigen, nachdem der Widerstand des Feindes am Ende ist? [...][64]

Der Zeithistoriker Philipp Ther resümiert über die Vertreibungsverbrechen insgesamt: »Der Umfang, die Einseitigkeit und Totalität der ethnischen Säuberung der Deutschen in Ostmitteleuropa war einmalig«.[65]

Natürlich sind all die Morde, Vergewaltigungen und Misshandlungen völkerrechtlich gesehen schlimmste Kriegsverbrechen, sofern sie bis zum Kriegsende am 8./9. Mai geschahen. Für die unmittelbare Zeit danach sei der Begriff Nachkriegsverbrechen angebracht. Kaum bis gar nicht lässt sich hingegen die Anzahl der Täter errechnen, auch zu ihren Motiven gibt es unterschiedliche Erklärungsansätze und kontroverse Diskussionen. In Schulgeschichtsbüchern und Medien wird am häufigsten das Rachemotiv kolportiert: Die Rache der einfachen sowjetischen Soldaten, die erleben oder erfahren mussten, wie ihre Kameraden millionenfach in Gefangenschaft bei der deutschen Wehrmacht verhungerten. Männer, die gehört oder gesehen hatten, dass Einsatzgruppen des Sicherheitsdienstes (SD) und der Sicherheitspolizei (SiPo) die Zivilbevölkerung ganzer Ortschaften ausradiert haben. Möglicherweise haben sie Partisanen- und Geiselerschießungen beigewohnt oder bereits von dem Ausmaß der Morde in den NS-Vernichtungslagern erfahren. Mit Sicherheit waren Zigtausende von ihnen durch pausenlose, monatelange, zermürbende Schlachten gegen die Wehrmacht frustriert und verroht. Der Bericht des Bundesarchives merkt dazu allerdings an:

> *Daß etwa das Ausmaß der Übergriffe mit der Intensität der vorangegangenen Kampfhandlungen in Verbindung stand, läßt sich allgemein nicht nachweisen. Eine Anzahl von Gemeinden, die als Schwerpunkte des Geschehens zu verzeichnen sind, waren kampflos besetzt worden. Auch waren in einzelnen Kreisen, in denen der deutsche Widerstand relativ gering war, eine größere Anzahl an Schwerpunkten und Übergriffen*

gegenüber der Bevölkerung festzustellen als in solchen, in denen harte Kämpfe stattgefunden hatten.[66]

Wut und Rache für Naziverbrechen oder die eigene Verrohung allein reichen nicht aus, um die Dimension der Verbrechen an deutschen Zivilisten erklären zu können. Anders verhält es sich, wenn sich diese Erfahrungen mit rassistischer Propaganda mischen. Zwar verpflichtete Stalin nach dem Überfall der Wehrmacht auf sein Territorium zu jeder Zeit Männer aus allen Teilen der Sowjetunion, auch bei Androhung von Todesstrafe, zum Kriegsdienst, dennoch war Moskau daran gelegen, so viele Sowjets wie nur möglich freiwillig und überzeugt gegen den Feind antreten zu lassen. So entwickelte die Sowjetunion schnell eine Gegenpropaganda zu der antibolschewistischen Propaganda der Nazis, und beide Formen überboten und befeuerten einander die ganze Zeit des Deutsch-Sowjetischen Krieges über. Eine Reihe von populär gewordenen antideutschen Schriften und Zeitungsartikeln russischer Literaten wurde in der Sowjetunion als »Schule des Hasses« bezeichnet. Vertreter dieser Gräuelpropaganda waren beispielsweise Alexej Tolstoi, Konstantin Simonow oder Michail Scholochow. Am eindrücklichsten und bekanntesten wurden sicherlich aber die germanophoben und zigtausendfach in Flugblättern für die Armee verteilten Pamphlete des Schriftstellers Ilja Ehrenburg, dessen Propaganda unverhohlen zum Mord an jedem Deutschen aufrief. So äußerte sich Ehrenburg in einem Aufruf an die Rote Armee unmissverständlich auch über das andere Geschlecht:

»Was die deutschen Frauen angeht, so rufen sie in uns nur ein Gefühl des Abscheus hervor. Wir verachten sie, weil sie die Mütter, Frauen und Schwestern von Henkern sind.«[67]

Die kommunistische Ideologie, deren Kern der unbändige Hass auf den Kapitalismus ist, bietet eine Erklärung für die Zerstörungswut gegen deutsche Häuser und Geschäfte durch sowjetische Soldaten. Radios, Wasser- und Gasleitungen, kostbares Porzellan, feine Gardinenstoffe – das alles galt als kapitalistisches »Teufelswerk« und sollte daher vernichtet und verbrannt werden.

Doch auch Gräuelpropaganda oder kommunistische Ideologie reichen noch nicht aus als Bestimmung für das Ausmaß der Vernichtung. Ein psychologischer Erklärungsansatz für die abscheulichsten Morde ergibt sich letztendlich schlicht aus der Legitimation, töten zu dürfen. Dazu die Dokumentation des Bundesarchivs:

> *Von erheblicher Bedeutung für das Vorgehen der sowjetischen Truppen gegenüber der Bevölkerung war schließlich die Handlungsfreiheit, die den Truppen nach Besetzung eines Gebietes von der sowjetischen Führung für eine gewisse Zeit gewährt wurde.*[68]

Der Täterkreis lässt sich so zumindest für die Sowjetarmee grob eingrenzen. Verbrechen begangen wurden insbesondere durch die Einheiten der 1., 2. und 3. Weißrussischen Front, der 1. Ukrainischen Front und durch Truppen des Volkskommissariats für innere Angelegenheiten (NKWD).

In der Regel haben Pionier- und Panzereinheiten zwar geplündert und gebrandschatzt, aber nicht vergewaltigt und willkürlich gemordet. Es existieren einige Berichte von sowjetischen Panzersoldaten, die deutsche Zivilisten vor den nach ihnen kommenden, mit Kommunisten und Komsomolzen durchsetzten Schützen- und Maschinengewehrtruppen warnten und erklärten, dass diese schlecht seien und darüber hinaus »die besten Stalinschüler«.[69] Auch versuchten Sowjetsoldaten Deutsche vor den brandschatzenden und mordenden Horden ihrer eigenen Armee zu schützen.

In der Tat rekrutierte Stalin die Nachschubtruppen gerade am Ende des Krieges, als der Verschleiß unmenschliche Größenordnungen annahm, aus dem tiefsten asiatischen Raum. Ein Grundpfeiler seiner erfolgreichen Kriegsstrategie war das schier unaufhörliche »Menschenmaterial«, das er sich zu eigen machte. Die ethnischen Gruppen jenseits des Urals, die in der Sowjetarmee kämpften, sahen sich nicht als Russen und wurden auch von den Russen nicht als solche betrachtet. Diese Kämpfer aus dem Hinterland, meist aus Sibirien oder der Mongolei stammend, bekamen zwar eine harte propagandistische Schulung, waren militärisch allerdings kaum bis gar nicht geschult, und die Zeit dafür reichte auch nicht aus. Zigtausende wurden aus Fabriken oder von Feldern geholt und teilweise ohne Gewehr an die Front getrieben. Waren sie nicht schnell genug, erschossen sie die eigenen Kommissare von hinten. Diese Männer waren meist arm und kannten nicht die zurückgelassene Zivilisation, die sie in den deutschen Städten vorfanden, in die sie gedrängt wurden. Ihnen war es erlaubt, Beute zu machen und zu plündern; daher rissen sie alles an sich, was einen materiellen Wert hatte. Ausgehungert durften und sollten sie sich auch von den verbliebenen deutschen Vorräten ernähren. Sie betrachteten Frauen ebenfalls als ihre legitime Kriegsbeute, und da niemand sie hinderte, zumindest auch am Anfang die eigenen Offiziere nicht, taten sie es immer wieder, nahmen sich, was sie wollten. Sie hatten nichts zu verlieren, vergewaltigten und mordeten aus Frust, Langeweile oder Abenteuerlust. Sie taten es, weil sie es durften. Sie taten es so lange, bis es von der Sowjetarmee unter Strafe gestellt wurde. Da war es für rund zwei Millionen Frauen bereits zu spät, aber immerhin hatte die sowjetische Führung nach Kriegsende ein Einsehen und richtete in ihren besetzten Gebieten zunehmend Kommandanturen ein, die Vergewaltigungen unter harte Strafen stellten und diese durch regelmäßige Patrouillen auch aktiv verhinderten.

GISELA UND DIE SCHÜSSE AUF DIE WESTERPLATTE

Gisela lebt allein in einer Etagenwohnung im niedersächsischen Wallenhorst. Ihr Ehemann ist seit 24 Jahren tot, eigene Kinder hat sie nie bekommen. Dafür hat sie die Welt gesehen. »Ich war in fast allen Ländern der Erde«, sagt sie. »Das ist meine Bestimmung. Es ist meine persönliche Freiheit, dahin reisen zu können, wohin ich will. Das ist das Gegenteil von Flucht. Die Heimat in Danzig habe ich 1945 verloren, aber nie meine Wurzeln und meine Kultur vergessen. Ich trage sie im Herzen und mit in die Welt hinaus.«

Im vergangenen Jahr hat Gisela eine Schifffahrt entlang der französischen Atlantikküste unternommen, im Frühjahr 2020 macht die Corona-Krise der 94-Jährigen einen Strich durch ihre Reisepläne ins Baltikum. »Ich hoffe, ich kann noch ein paar Mal in die Welt hinaus, bevor ich meine letzte Reise antrete.« Giselas zweites großes Hobby ist das Lesen. Fast jede Wand ihrer vier Zimmer ist bis unter die Decke mit Büchern vollgestellt. Neben historischen Reiseführern enthält der Großteil ihrer Sammlung Werke aus Philosophie und Theologie. Die Frage, warum es das Böse in der Welt gibt, scheint Gisela am heftigsten umzutreiben.

Um der Antwort näher zu kommen, liest sie sich durch heilige Schriften, beschäftigt sich mit verschiedenen Auslegungen von Christentum, Judentum, Islam und Buddhismus oder liest sich in Religionen von Naturvölkern ein. Sie selbst ist katholisch und gläubig, ist dabei aber immer kritisch und offen für moderne, alternative Wege geblieben. Eine ganze Zeit lang hat sie sich mit dem Thema Feminismus im Christentum auseinandergesetzt, aber das ist ihr zu anstrengend geworden. Gisela kämmt sich durch die fast weißen, ordentlich gesteckten Haare und drückt dann einen Knopf an ihrem Hörgerät. Es fiept, sie verzieht die Stirn. »Ich höre immer schlechter, das ist das Einzige, das mich nervt. Schließlich war ich mal eine wichtige Ohrenzeugin.«

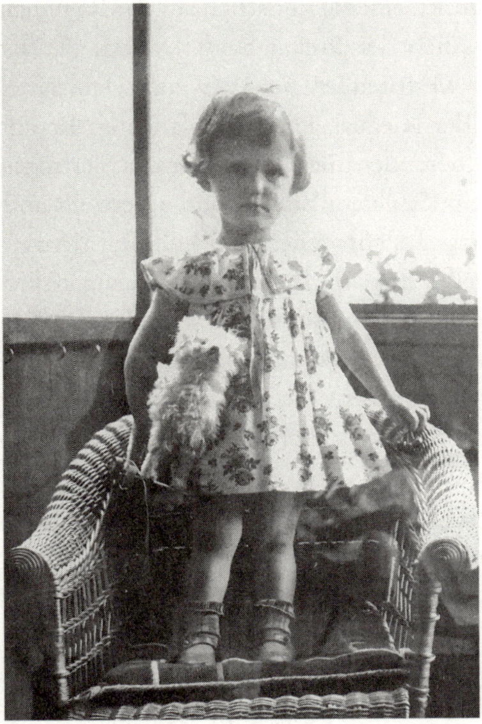

Gisela 1927 im Alter von drei Jahren

Gisela wird 1925 als drittes Kind ihrer Eltern in Danzig (heute *Gdansk)* geboren und wächst im Vorort Langfuhr (*Wrzeszcz,* Stadtteil von *Gdansk*) auf. »Wir Geschwister waren je etwa anderthalb Jahre auseinander. Nach mir war erst mal Schluss, denn meine Mutter war so klein und zierlich und ihr Hausarzt machte sich ernsthafte Sorgen darüber, dass sie eine weitere Schwangerschaft nicht überleben könnte. Nach langer Diskussion mit ihrem Beichtvater erhielt sie die Erlaubnis, sich vom Arzt eine Spirale zur Verhütung einsetzen zu lassen. Da sie die nach sieben Jahren körperlich nicht mehr vertrug und sie wieder entfernt werden musste, durfte ich mich über vier weitere Geschwister freuen. 1943 ist mein jüngster Bruder Christian geboren.«

Giselas Mutter entstammt einer preußischen Familie; ihr Vater kommt aus der Kaschubei, einem Landstrich auf der Pommerschen Seenplatte südwestlich der Freien Stadt Danzig, die als Hauptstadt der Provinz Westpreußen bis 1919 zum Deutschen Reich gehört hat. Nach der Niederlage Deutschlands im Ersten Weltkrieg und den resultierenden Bestimmungen des Vertrages von Versailles wird Danzig 1920 dem Völkerbund unterstellt und bildet einen eigenen Staat, der sprachlich und kulturell vorwiegend deutsch geprägt bleibt. Etwa 90 Prozent der Danziger sind zu diesem Zeitpunkt deutscher Herkunft. Die Heimat der Kaschuben, einem westslawischen Volk mit eigener Sprache und Kultur, liegt in Pommerellen an der Ostseeküste, ein Gebiet, das – vorher preußisch – nach dem Versailler Vertrag an Polen abgetreten werden muss. Pomerellen ist Teil des sogenannten Polnischen Korridors, der das deutsch gebliebene Ostpreußen vom Rest des Reiches abtrennt.

»Bis 1938 trugen wir einen polnischen Namen«, erzählt Gisela. »Mein Vater sprach kaschubisch, polnisch und deutsch fließend. Die Danziger Verwaltungsbehörde machte damals den in der Stadt lebenden Kaschuben das Angebot, ihren Namen eindeutschen zu lassen. Mein Vater war dagegen, beugte sich aber dem Willen seiner Kinder, die es mehrheitlich leid waren, ihren langen polnischen Nachnamen ständig buchstabieren zu müssen, weil ihn auf Anhieb keiner verstand. Wir bekamen drei neue Familiennamen zur Auswahl und konnten uns schnell einigen. Ein kurzer, einprägsamer und traditionsreicher Name, der auch Vaters Kollegen und Kunden gefiel. Er arbeitete nämlich als Postbeamter bei der Deutschen Post.«

Giselas (2. von rechts) Familie im Jahr 1943

Giselas Mutter verkauft in einer Nebenbeschäftigung bis 1939 Tabakwaren in einem jüdischen Geschäft, bevor es von den Nazis geschlossen wird. »Die meisten Danziger Juden waren wohlhabende Kaufleute, Anwälte oder Ärzte. Ich erinnere mich zum Beispiel gerne an meinen Kinderarzt Doktor Zitron, der wie wir in Langfuhr wohnte. Er hatte in seiner Praxis mal einen echten Affen aufgenommen. Da verlor jedes Kind gleich die Angst vor Spritzen und bitteren Tabletten. Zitron hat auch Erwachsene behandelt, war beliebt im Großraum Danzig. Er musste im März 1939 die Stadt verlassen und ist, soweit ich das später mitbekommen habe, nach Schweden emigriert und hat dort eine Praxis aufgemacht.«

Bis zur Machtergreifung leben laut Giselas Erinnerung Deutsche, Polen, Juden, Kaschuben und andere Minderheiten in Danzig relativ harmonisch zusammen. »Die Kaschuben kamen an den Wochenenden vom Land auf den Marktplatz und verkauften frisches Obst und Fleisch. Mein Vater hatte familiär bedingt ausgezeichnete Beziehungen und kriegte vieles günstiger. Uns ging es gut, wir hatten immer genug zu essen, auch als Danzig Ende der Zwanzigerjahre durch schärfer werdende Zollbestimmungen wirtschaftliche Probleme bekam.«

Nach der Machtergreifung der Nazis in Deutschland ändert sich die Stimmung in Danzig zunächst nicht merklich. Bis 1937 ist die dortige NSDAP nicht in der Lage, eine Regierungsmehrheit zu generieren. Aber auch in Danzig lassen ansässige Nazis die einheimischen Juden spüren, dass sie nicht gewollt sind. »Wir wohnten am Mirchauer Weg«, erzählt Gisela. »Ein paar Häuser weiter stand die Langfuhrer Synagoge, ein kleines, in eine Häuserreihe eingebautes Gotteshaus. Am Abend des 9. Novembers 1938 hörten meine Geschwister und ich lautes Gebrüll von da kommen. Mein Bruder und ich wollten nachschauen, was da passierte, aber Mutter hat es verboten. Ich war wie immer zu neugierig. Deswegen bin ich am nächsten Morgen nicht direkt den Weg zum Bahnhof gegangen, von dem ich jeden Tag mit der Bahn nach Danzig zur Schule fuhr, sondern lief extra die andere Straßenseite runter und an der Synagoge vorbei. Ich weiß noch, der Anblick hat mich fürchterlich erschreckt. Die Fassade war verkohlt, die Tür eingeschlagen und das Innere verwüstet. Mir war sofort klar, dass das nur Nazis gewesen sein konnten. Sie hatten zum Glück aber nicht vermocht, die Synagoge vollständig abzubrennen, weil sonst die

Häuser nebenan mit in Flammen aufgegangen wären. Die Große Synagoge in Danzig blieb in der Nacht verschont, da es der jüdischen Bevölkerung in der Stadt gelungen war, eine Miliz aufzustellen, die das Gotteshaus während der Pogromnacht noch verteidigen konnte. Im Mai 1939 ließen die neuen Machthaber sie dann aber einreißen.«

Seit Frühsommer 1939 spitzten sich die Spannungen zwischen Deutschland und Polen immer weiter zu. Hitler verlangt nach dem Anschluss Österreichs im März 1938 und der Besetzung der Tschecho-Slowakei ein Jahr später offen Danzig zurück. Auch Polen hat ein lang gehegtes Interesse an der Einverleibung der Stadt. In der Folge stockt die sich unter Druck gesetzt fühlende polnische Regierung im Sommer 1939 die vom Völkerbund erlaubten Soldaten an ihrem militärischen Stützpunkt auf der Westerplatte – eine Halbinsel, auf der vor dem Ersten Weltkrieg ein beliebter Badestrand für die Danziger angesiedelt war – von 88 auf 240 Mann auf. Außerdem lässt der polnische Generalstab, der die Westerplatte und die polnische Post zu Zentren des Widerstandes erklärt, ein mächtiges Arsenal an Waffen und Munition auf die Halbinsel verladen, die von einer riesigen roten Backsteinmauer abgeschirmt wird. Beide Seiten rüsten zum Krieg. Albert Forster, der Gauleiter der NSDAP in Danzig, lässt Kolonnen seines SS-Heimwehrverbandes durch die Straßen ziehen, die Danziger Polizei kontrolliert die Grenzen, deutsche Weltkriegsveteranen besetzen Brücken und Kreuzungen und legen sich auf die Lauer. Polen fühlt sich durch die zugesagte Unterstützung Englands im Falle eines deutschen Angriffes gewappnet. Ein Trugschluss, denn als Hitler am 1. September 1939 ohne Kriegserklärung Polen angreifen lässt, erklären Briten wie auch die Franzosen am 3. September zwar Deutschland den Krieg, schreiten aber militärisch nicht ein, weil Hitler und Stalin kurz zuvor, am 23. August 1939, einen Nichtangriffspakt geschlossen haben und Churchill sich sorgt, er könne sich dadurch mit beiden Mächten gleichzeitig anlegen. Die polnische Regierung wird von allen Verbündeten im Stich gelassen und in den nächsten Monaten geopfert.

Die damals fast vierzehnjährige Gisela erinnert sich an den Tag des Kriegsausbruches: »In der Nacht zum 1. September schreckte ich in meinem Bett hoch. Es knallte mehrmals hintereinander so gewaltig, dass der Fußboden wackelte und die Fensterscheiben zitterten. Wir Kinder liefen alle ins Elternschlafzimmer.« Giselas Vater läuft aufgeschreckt im Zimmer hin und her, tobt und ruft: »Ich habe es euch doch gesagt, immer habe ich es beschworen, dass dieser Hitler einen Krieg anfangen wird. Den haben wir jetzt, und er ist direkt vor unserer Haustür.« Um 10 Uhr haben alle Gewissheit. Giselas Familie sitzt gebannt vor dem Volksempfänger in der Küche und hört die berühmt gewordene Rede Hitlers, die über Wochenschau und Radio live aus dem Reichstag gesendet und fortlaufend wiederholt wird:

> *»...Polen hat heute Nacht zum ersten Mal auf unserem eigenen Territorium auch mit bereits regulären Soldaten geschossen. Seit 5.45 Uhr wird jetzt zurückgeschossen! Und von jetzt ab wird Bombe mit Bombe vergolten ...«*

Wie Gisela wundern sich zu diesem Zeitpunkt vermutlich alle Danziger Ohrenzeugen, warum der Führer von 5.45 Uhr spricht. Die Schüsse des Schulschiffes Schleswig-Holstein, an dessen Bord sich 230 Soldaten einer Marinestoßtruppkompanie befinden, werden nämlich um 4.45 Uhr abgegeben. Tatsächlich vertut Hitler sich einfach in der Zeit. In seiner Rede spricht er von gleich 14 gewalttätigen Grenzvorfällen, die am Morgen von Polen ausgegangen sein sollen. Als historisch gesichert gilt, dass eine halbe

Stunde früher Flugzeuge der Wehrmacht Bomben über der zentralpolnischen Kleinstadt Wieluń abwerfen und etwa zeitgleich mit dem Angriff auf die Westerplatte die SS ein polnisches Attentat auf den Radiosender der Stadt Gleiwitz (*Gliwice*) fingiert. Diese drei Ereignisse zusammen stehen heute maßgeblich für den Beginn des deutschen Überfalls auf Polen, den Hitler bereits am 3. April 1939 der Wehrmacht unter dem Decknamen *Fall Weiß* zu Befehl gegeben hat.

»Müssen wir heute denn überhaupt zur Schule?«, fragt die junge Gisela, die im Gegensatz zu ihrem Vater keine Ahnung hat, was der Kriegsausbruch zu bedeuten hat. »Ihr bleibt hier, ich gehe zur Arbeit«, raunt der Vater, zieht sich an und verlässt das Haus. »Für ihn war der 1. September der schlimmste Tag seines Lebens«, erzählt Gisela. »Ich habe meinen Vater nie weinen sehen, aber als er an diesem Abend nach Hause kam, hat er sich bei uns am Küchentisch bis spät in die Nacht die Seele aus dem Leib geheult und sich nicht mehr eingekriegt. Er hat so laut gebrüllt, dass meine Mutter alle Fenster schloss und ihn bekniete, ruhig zu sein. Sie hatte schon da unglaubliche Angst, dass uns jemand verrät, denn Vater hatte oft laut über Hitler geschimpft. Und alle wussten, dass es spätestens jetzt, wo Danzig zu Deutschland gehören würde, für ihn gefährlich werden konnte. Vater hatte drei Jahre im Ersten Weltkrieg gekämpft, für ihn war ein weiterer Krieg das Schlimmste, das er sich vorstellen konnte.«

Den Soldaten der Wehrmacht gelingt es nicht wie erwartet, die Westerplatte innerhalb eines Tages einzunehmen; sowohl die Versuche der Landungsboote der Schleswig-Holstein als auch die Angriffe der Pioniereinheiten von der Landseite aus werden abgewehrt. Etwa 50 deutsche Soldaten sterben im Sperrfeuer, das aus den vielen Bunkern des polnischen Militärstützpunktes abgegeben wird. Währenddessen beobachtet Giselas Vater die Kämpfe um die Poststelle, die nicht weit von seinem Arbeitsplatz, der Deutschen Post, entfernt liegt. Am Abend erzählt er der Familie, was er gesehen hat.

Am Morgen des 1. September marschieren Männern der SS-Heimwehr und der Landespolizei Danzig auf, um die polnische Post zu stürmen. Sie werden heftig beschossen. Aus den Fenstern stößt Maschinengewehrfeuer, Handgranaten fliegen auf die Straße. Selbst mit Panzerwagen gelingt es zunächst nicht, die Post einzunehmen. Die Polizei lässt alle umliegenden Häuser räumen, Giselas Vater kann aus sicherer Entfernung das weitere Vorgehen beobachten. Schwere Geschütze feuern eine halbe Stunde lang Granaten auf das rote Backsteingebäude, das bereits von Kugeln durchsiebt ist. Und obwohl schon ganze Mauern herausbrechen, hält es weiterhin stand. Wieder wird mit Maschinengewehren aus Kellern und Fenstern geschossen. Die Granaten der deutschen Geschütze reißen daraufhin das halbe Gebäude ein. Der Widerstand der etwa 60 polnischen Freischärler, unter ihnen bewaffnete Postbeamte, hält bis 19.30 Uhr an. Dann treten der Leiter des polnischen Post- und Telegraphenamtes Danzig und Kommandant des Gebäudes Józef Wąsik sowie der Direktor der Post Jan Michoń mit weißen Flaggen aus dem Gebäude, um sich zu ergeben. Beide werden sofort erschossen, bevor die anderen Männer gefangen genommen werden und auf dem Dach der Post die Hakenkreuzfahne gehisst wird. Sechs weitere Polen sterben an ihren durch die Kämpfe erlittenen Verletzungen, darunter die erst elfjährige Erwina Borzychowska, eine Adoptivtochter des Hausmeisters.

»Das hat meinem Vater den Rest gegeben«, sagt Gisela. »Er ist dageblieben, bis sie alle abtransportiert hatten. Dann erst kam er zu uns und weinte. Er hatte wohl einige der Widerständler gekannt.«

28 polnische Männer, die in Gewahrsam kommen, werden später erklären, sie haben sich deswegen so heftig gewehrt, weil ihnen gesagt worden ist, dass die gesamte Kavallerie ihres Landes kurz vor dem Sturm auf die Stadt stehe. Im Oktober 1939 werden die Gefangenen als Partisanen zum Tode verurteilt und hingerichtet.

Die Schleswig-Holstein beschießt am Morgen des 1. September 1939 die polnische Stellung auf der Westerplatte.

Den Kampf um die Westerplatte beobachten Gisela, ihr Bruder Gerhard und ihre Schwester Luzia vom Dach des Flachdaches ihres Mietshauses aus. »Am frühen Abend des 2. Septembers flogen die Stukas über unsere Köpfe hinweg, unser Haus lag inmitten der Einflugschneise. Wir sahen erstaunt zu, wie sie weiter hinten ihre Bomben auf die Westerplatte abwarfen, die gewaltigen Feuerschweife in den Himmel stießen und Rauchschwaden über das Wasser zogen.«

Fast eine Stunde lang greifen 60 Flugzeuge des Schlachtgeschwaders 2 Immelmann mit Sprengbomben und Bordwaffen die Befestigungsanlagen an. Doch der Widerstand hält. Die Kämpfe um die Westerplatte dauern bis zum 7. September an. Als sich die Polen mit weißen Flaggen ergeben, ist Danzig längst offiziell vom Deutschen Reich annektiert worden. 200 polnische Soldaten werden gefangen genommen, 15 sind zuvor gefallen.

Insgesamt lassen etwa 3400 Wehrmachtssoldaten bei den Kämpfen im Danziger Raum ihr Leben. Gleichzeitig beginnt der brutale und schnelle Feldzug gegen Gesamtpolen. Als Warschau am 6. Oktober kapituliert, haben 70 000 polnische und 11 000 deutsche Soldaten den Tod gefunden. England hat nicht eingegriffen. In einem geheimen Zusatzprotokoll des am 23. August 1939 geschlossenen sogenannten Hitler-Stalin-Paktes haben Deutschland und die Sowjetunion vereinbart, Polen unter sich aufzuteilen. Am 17. September marschiert daher auch die Rote Armee von Osten her ins Nachbarland ein. Nach dem Abkommen von Brest-Litowsk am 8. Oktober 1939 reintegriert das Deutsche Reich seine nach dem Versailler Vertrag abhandengekommenen Gebiete und besetzt außerdem Ost- und Südpolen, das zum Generalgouvernement erklärt wird. Die Sowjetunion verleibt sich wie abgemacht den Rest Polens ein. Die polnische Republik existiert nicht mehr.

Giselas Bruder Gerhard wird noch 1939 von der Wehrmacht eingezogen, ihr Vater muss mit seinen 46 Jahren nicht an die Front. Er zieht mit seiner Familie Anfang 1940 in den Badeort Adlershorst (heute Teil von *Orłowo*) an der Ostseeküste, einem Vorort der Großstadt Gotenhafen, wo er eine Stelle bei der ansässigen Post annimmt. Dort werden Beamte mit polnischen Sprachkenntnissen dringend für Übersetzungstätigkeiten gebraucht. »Mein Vater kam etwas zur Ruhe, weil er in der Freizeit mit seinen Landsleuten in der Kaschubei zusammen war. Er brachte häufig frisches Essen mit nach Hause. Die Kaschuben unterstützten einander, wo immer sie konnten.«

Bis März 1945 können die Danziger relativ normal leben. Die Stadt wird erst spät bombardiert, vom Krieg bekommen die Zivilisten nur das mit, was ihnen von ihren Angehörigen, die eingezogen worden sind, erzählt wird, wenn sie auf Heimaturlaub sind. Gisela besucht ab 1936 die Oberschule für Mädchen in Danzig, fährt jeden Morgen mit der Bahn von Adlershorst ab. Ihre Freizeit verbringt sie gerne am Ostseestrand oder in den Wäldern. Die Heimatabende des BDM, in den sie eingegliedert wird, findet sie langweilig und sucht schnell nach Wegen, daran nicht mehr teilnehmen zu müssen. Ein paar Freundinnen haben sich in der Danziger Rundfunkspielschar des BDM organisiert und erzählen, dass sie dort weder über Politik reden noch Uniformen tragen müssten, nur eine weiße Bluse und einen Rock. Da Gisela Spaß am Singen hat, schließt sie sich an und besucht regelmäßig den Chor, der im Rundfunkgebäude am Danziger Winterplatz probt. »Das war eine unvergleichliche Zeit mit guten Kameradinnen. Wir haben für das Radio Lieder aufgenommen, und meine Eltern konnten mich hören. Außerdem traten wir bei Festen der Hitlerjugend auf und auch vor jungen Soldaten, die an die Front mussten, um sie zu motivieren. Den Applaus habe ich genossen.«

Gisela bleibt neugierig, ihre Sinne sind geschärft. Sie traut der vermeintlichen Ruhe nicht, auch weil sie ihren Vater belauscht, wenn er sich mit engen Freunden im Herrenzimmer zum Biertrinken und Skatspielen trifft. »Sie nannten Hitler nie mehr beim Namen, sondern haben von ihm immer nur als *Der Verbrecher* gesprochen. Sie hörten gemeinsam den Feindsender über unseren Volksempfänger ab. Meine Mutter hat dann gezittert vor Angst und Sorge. Es wurde gefährlich um uns herum. Im Landkreis gab es das Konzentrationslager Stutthof, das zwar hermetisch abgeschirmt war vor der Bevölkerung, aber jeder ahnte, dass hinter den Mauern schlimme Dinge passierten. Das KZ sollte natürlich auch der Abschreckung dienen, und das tat es. Offiziell hieß es, dahin kämen Verbrecher, Kommunisten und Oppositionelle. Und wer bereits als Oppositioneller galt, war eben Auslegungssache. Daher kann ich die Angst meiner Mutter wegen Vater verstehen. Dass in Stutthof Menschen durch Zwangsarbeit und Seuchen starben, ist wohl niemandem entgangen. Aber weiter fragte keiner, Antworten hätte es auch nicht gegeben, schlimmstenfalls wäre man selbst dort eingekerkert worden. Die allermeisten Danziger Juden sind meines Wissens nicht dorthin gekommen. Die waren gut informiert, sind rechtzeitig gewarnt worden und nahezu alle mit Kontingenten noch vor Kriegsausbruch emigriert. Aber nach Stutthof sind Juden aus anderen Gebieten deportiert worden, mit Zügen, klammheimlich und nachts an der Stadt vorbei. Das haben wir nach dem Krieg erfahren, geahnt hat das niemand. Auch dass dort eine Menge katholischer Priester ermordet worden sind, bekamen wir erst viel später mit. Manchmal frage ich mich heute, ob ich davon hätte etwas merken können. Es hätte zwar nichts geändert, aber es bleibt ein komisches Gefühl, weil man so dicht dran war.«

Das KZ Stutthof liegt 37 Kilometer von Danzig entfernt und wird zwischen dem 2. September 1939 und dem 9. Mai 1945 von der Danziger Geheimen Staatspolizei (Gestapo), die dem Reichssicherheitshauptamt unterstellt ist, betrieben. Während dieser Zeit werden hier 110 000 Menschen inhaftiert, die für die deutsche Kriegswirtschaft arbeiten müssen. Etwa 65 000 kommen dabei um. Im KZ Stutthof gibt es eine Genickschussanlage und eine kleine Gaskammer, in der nach historischen Schätzungen bis Kriegsende unter strengster Geheimhaltung vermutlich über 1000 Menschen mittels Zyklon B ermordet werden.

In den Ferien fährt Gisela oft mit ihrer Schwester zu ihrem Onkel Hanni, der als Pfarrer in dem abgeschiedenen Ort Groß Lesewitz (*Lasowice Wielkie*) in einer kleinen Gemeinde tätig ist. »Wenn da schlechtes Wetter war, konnte man kaum etwas unternehmen, aber ich liebte seine Karl-May-Bücher-Sammlung. Er hatte auch ein Auto, und wenn schönes Wetter war, fuhr Hanni mit uns manchmal nach Steegen (*Stegna*). Das war ein Ostseebad, östlich von Stutthof, wo wir dann vorbeimussten. An der Stelle wurde Hanni immer merkwürdig still, und ich merkte, dass da was nicht stimmte. Einmal fragte ich danach, und mein Onkel antwortete, dass da drinnen Böses geschehe, von dem ich aber nicht wissen dürfe. Und ich solle auch nie wieder fragen.«

Heute weiß Gisela, dass ihr Onkel sich zeitweise im Widerstand organisiert hat. Ohne es zu merken, ist sie in ihrer Jugend selbst näher an Widerstandskämpfern gewesen, als sie geahnt hat. »Ich hatte damals eine echte Freundin, die Bärbel Pfürtner. Mein Bruder Gerhard war total in sie verschossen. Ihr Bruder wiederum war der Klassenkamerad von meinem.«

Gisela spricht von Stephan Hubertus Pfürtner, der 1944 drei Jüdinnen aus dem KZ Stutthof befreit und versteckt, dafür 2007 in Yad Vashem als Gerechter unter den Völkern geehrt wird. Die geretteten Frauen haben den Nationalsozialismus überlebt. Pfürtner hat vor seinen Rettungstaten eine sechsmonatige Haftstrafe abgesessen, da man ihn mit den Lübecker Märtyrern in Verbindung bringen konnte, drei Geistlichen, die 1943 als Widerständler hingerichtet worden sind.

»Seine Mutter Maria war Fluchthelferin«, erzählt Gisela »Und auch Bärbel hat sich beteiligt. Sie hat geholfen, den Jüdinnen gefälschte Ausweise zu besorgen. Sie wusste, dass sie zum Schweigen verurteilt war, um ihrer Familie das Leben zu retten. Meine Güte, wie oft ich bei denen zu Hause war; ich habe nie damit gerechnet. Aber später nach dem Krieg hat Bärbel mir alles erzählt, auch von ihrer schrecklichen Angst, die sie hatte. Bis vor einigen Jahren hatte ich noch Kontakt zu ihr, jetzt weiß ich nicht, wo sie ist oder ob sie noch lebt.«

Am 6. August 1944 fällt Giselas Bruder Gerhard als 21-jähriger Leutnant der Panzerwaffe bei den Rückzugskämpfen der Wehrmacht im litauischen Kowno. »Sein Major kam selbst zu uns und überbrachte die Nachricht persönlich an meine Mutter«, sagt Gisela. »Er nahm kein Blatt vor den Mund. Gerhard war von einem Granatvolltreffer erwischt worden, und sein Körper war so zerfetzt, dass man seine Leiche nicht hatte bergen können. Mutter war mit den Nerven am Ende und in Tränen aufgelöst. Meine Schwester Luzia und ich haben sie die ganze Nacht im Arm gehalten und selbst bitterlich geweint um unseren toten Bruder. Jetzt hatte uns der Krieg persönlich erwischt.«

Im November 1944 wird Gisela zum Reichsarbeitsdienst eingezogen und dafür in die westpreußische Kleinstadt Freystadt (*Kisielice*) im Kreis Deutsch-Eylau (*Iława*) geschickt. Sie wohnt dort mit etwa 300 anderen Mädchen in einem Barackenlager. »Man hat uns gemustert, sortiert und für bestimmte Arbeiten eingeteilt. Ich hatte wahnsinniges Glück, dass ich nicht als Flakhelferin ausgesucht worden bin. Unsere Führerin hat alle verschont, die von der Oberschule kamen. Die mit Volksschulabschluss wurden ohne Auswahlmöglichkeit als Flakhelferinnen gemustert und direkt zu Schulung und Einsatz an die Front geschickt. Ich denke nicht, dass von den Mädels je eine wiedergekommen ist. Wir anderen sollten auf den umliegenden Höfen arbeiten. Das war natürlich völliger Blödsinn, da zogen nämlich schon die Flüchtlinge aus dem Osten an uns vorbei, teilweise standen die Höfe komplett leer. Wir hörten bald auch die russische Artillerie, die immer näher rückte. Wir übrig gebliebenen Mädchen hatten Angst und fragten uns jede Nacht, wann wir endlich aus diesem Lager rauskommen würden. Unsere Stammführerin machte keine Anstalten. Im Gegenteil, sie betonte immer wieder, wie nah doch der Endsieg wäre, von dem wir allerdings gar nichts zu spüren vermochten. Niemand von uns Maiden wollte den Russen in die Hände fallen. Es hatte sich längst herumgesprochen, was durchbrechende Sowjetsoldaten mit Frauen und Mädchen anstellen.«

Die ersten Maiden türmen Anfang des Jahres auf eigene Faust. Am 20. Januar 1945 schließlich gibt die RAD-Führerin die Erlaubnis zur Flucht; auf einmal kann es ihr gar nicht schnell genug gehen: »Los, los! Zack auf die Fahrräder, die Russen kommen. Wir müssen über die Weichsel!«

»Möglich, dass sie das auf eigene Faust entschieden und uns dadurch noch gerettet hat«, sagt Gisela. »Die Russen, die bald kamen, haben fürchterlich gewütet und so ein RAD-Lager voller junger Maiden – die hätten uns nicht leben lassen und vorher Abscheuliches mit uns getan. Mitten in der Nacht zogen wir uns also dick an, schnallten unsere Affen, wie wir die Tornister nannten, auf den Rücken, stopften sie mit Lebensmitteln voll und sprangen auf die Fahrräder. Und dann jeder so schnell er konnte einfach nur weg in Richtung Dirschau (*Tczew*), wo es noch eine Brücke über den Fluss geben sollte. Die Angst vor den Russen saß uns so im Nacken, dass ich die Eiseskälte erst gar nicht merkte. Und ständig fiel ein Mädchen vom Fahrrad und rief um Hilfe, es war ja alles mit Eis und Schnee bedeckt und spiegelglatt. Wir fuhren zwei Tage lang durch, die meisten von uns erreichten die Weichselbrücke. Wir überquerten den Fluss und hielten dahinter an einer Schule an, wo sich schon Maiden aus anderen RAD-Gruppen gesammelt hatten. Dirschau diente als großer Eisenbahnknotenpunkt. Dort wurden wir in einen Güterzug gesteckt, mit dem wir drei weitere Tage unterwegs waren. Der Zug hielt an verschiedenen Ortschaften an, wo wir notdürftig mit Wasser, Suppe und Brot versorgt wurden. Die Kälte wurde bald unerträglich.«

Giselas Zug erreicht die Küste vor Rügen. Die Maiden des dort gelegenen RAD-Lagers sind über die Ankunft ihrer Kameradinnen informiert und stellen ihnen ihre Betten zur Verfügung. Gisela schläft zwölf Stunden, bevor sie in den nächsten Zug steigt, der die Maiden bis nach Lübz im Kreis Parchim bringt. »Wieder waren wir in einem Barackenlager und natürlich mussten wir jetzt auch wieder arbeiten, wir waren ja immer noch im Pflichtdienst. Die Mädchen, die in diesem Lager lebten, taten ihren Dienst allesamt in Krankenhäusern, die zu Kriegslazaretten umgerüstet worden waren. Das wurde dann auch meine Aufgabe. Mich traf zunächst der Schlag, alle Zimmer und Räume waren vollgestopft mit verwundeten deutschen Soldaten. Auf der einen Seite wurden die Toten rausgetragen, auf der anderen schleppten wir neue Schwerverletzte wieder rein. Wir holten sie auf Tragen aus den Zügen ab, die direkt von der Ostfront kamen. Die mir zugeteilten Patienten lagerte ich dort, wo ich Platz fand. Ich tat, was ich tun konnte, schaute mir alles von anderen Hilfsschwestern ab, eine Ausbildung hatte ich ja nicht. Aber man kann sowieso nur das Nötigste tun. Wer nicht gleich starb, dem half ich, zu essen und zu trinken, ich wechselte seine Verbände, erneuerte Pflaster und Binden und hörte den Männern zu, die alle nur noch nach Hause wollten. Jeder, wirklich jeder, der zu uns kam, wusste, dass der Krieg verloren war. Wir erwarteten die Amerikaner von Westen. Aber es dauerte. Mitte April 1945 brach noch mal Panik unter den Schwestern aus, weil sich herumsprach, dass die Russen ebenfalls auf uns zumarschierten und womöglich schneller da sein würden als die Amerikaner. Viele von den Maiden hatten einfach keine Kraft mehr und resignierten. Die verletzten Soldaten konnten nicht weggebracht werden, und einige Schwestern entschieden sich, bei ihnen zu bleiben. Meine Freundin, die ich zu der Zeit hatte, tat das auch. Falls die Russen zuerst da seien und nicht die Amerikaner, wollte sie sich umbringen, bevor man sie vergewaltigen würde. Von ihrem Vater, der Arzt war, hatte sie zwei Zyankali-Kapseln bekommen. Die zeigte sie mir, bot mir eine an und versuchte, mich zum Bleiben zu überreden. Ich wurde richtig sauer. Ich hatte nicht vor zu sterben und sagte ihr, dass ich an Gott glaube und so etwas für mich nicht infrage käme. Ich habe sie nach dem Krieg gesucht, doch sie hat nicht überlebt. Zwar waren dann doch die Amerikaner vor den Russen in Lübz, aber meine Freundin hat sich trotzdem umgebracht.«

Gisela flüchtet mit dem Großteil der Schwestern und Hilfsschwestern, die nicht in die Hände der Feinde geraten wollen. Sie steigen in einen Zug, der sie bis nach Schwerin bringt. Dort erreicht sie die Nachricht vom Tod Hitlers, um den sich aber niemand mehr Gedanken macht. »Außer unsere Führerin, sie schien damit am Ende zu sein und hatte jeden Glauben verloren. Sie war kaum ansprechbar und erklärte jeder, die fragte, wie es weiterginge, wir seien aus dem Pflichtdienst entlassen und könnten jetzt hingehen, wohin immer wir wollten. Es gäbe nichts mehr zu tun für Deutschland.«

Gisela weiß aber gar nicht, wohin sie gehen soll, ob sie noch weiter fliehen soll oder sich doch wieder irgendwo zu melden hat. »Ich hatte ja auch kein Zuhause mehr«, sagt sie. »Ich wusste nicht, ob meine Eltern und Geschwister noch lebten, konnte aber nicht nach Danzig zurück. Ich wollte nur nicht in die Hände der Russen fallen, das war mein einziger Anspruch, den ich noch hatte. Also beschloss ich, weiter nach Westen zu fahren, irgendwann musste man ja mal auf die Amerikaner treffen.«

Gisela besteigt einen Zug, der überfüllt ist mit abgekämpften Flüchtlingen aus dem Osten, und fährt so lange mit, bis er von Tieffliegern angegriffen wird. »Das Maschinengewehr schoss durch das Dach, die Menschen schrien und fielen der Reihe nach um. Ich konnte mich im wahrsten Sinne des Wortes durchboxen, drückte mich durch die Tür und schmiss mich während des Beschusses in einen Graben. Die Kugeln tackerten an mir vorbei und schlugen in die Bäume und in den Boden ein. Aus dem Zug fielen Tote, andere krabbelten verletzt auf der Erde herum. Ein paar standen nicht mehr auf, zuckten, bluteten. Es kam mir alles so unwirklich vor. Ich geriet in Panik und bin dann einfach nur noch gerannt, sehe mich über Wiesen und Felder laufen, wollte auf keinen Fall mehr in einen Zug einsteigen. Mein Zeitgefühl war weg.«

Irgendwann trifft Gisela an einer Landstraße auf einen langen Flüchtlingstreck, in den sie sich einreiht und stur mitläuft. Nach ein paar Stunden Marsch wird sie von einem Mann angesprochen.

»Der Krieg ist aus, Fräulein«, sagt er mit freundlicher Stimme und englischem Akzent.

»Stimmt das wirklich?« Gisela hebt den Kopf und erkennt, dass der Mann eine Uniform trägt; es ist keine deutsche.

»Ja, es wird überall im Radio verkündet«, antwortet der Fremde, der sich als kanadischer Sanitätssoldat vorstellt.

»Sie haben ein Rotkreuz-Emblem auf ihrer Bluse.«

»Tatsächlich«, sagt Gisela. »Ich habe in einem Lazarett gearbeitet und wohl keinen Sinn darin gesehen, sie abzumachen.«

»Das ist gut so.« Der Soldat lächelt sie an. »Ich stelle Ihnen eine direkte Frage, wenn Sie erlauben. Wenn Sie nicht wissen, wo Sie hinsollen: Könnten Sie sich vorstellen, mit mir nach Kanada zu kommen? Um ganz ehrlich zu sein, gefallen Sie mir sehr gut.«

Für Gisela klingt das so absurd, dass sie zum ersten Mal seit Langem wieder lacht. Sie lehnt das Angebot ab, denn sie hat andere Pläne. Der Kanadier will ihr trotzdem helfen und bietet ihr an, sie in Mölln, wo der Treck vorbeikommt, in ein Wehrmachtslazarett zu bringen, das unter britischer Militärverwaltung steht und in dem man jede Hand gebrauchen könne. Gisela erklärt sich bereit und stellt sich in dem Kloster, in dem das Lazarett liegt, der Oberin vor. Die erkennt, wie schlapp und ausgemergelt sie ist, und befiehlt ihr, sich erst einmal auszuruhen.

»Ich habe mich geborgen gefühlt. Zum ersten Mal seit einer gefühlten Ewigkeit. Ich bekam zu essen, konnte mich waschen und dann brachte die herzliche Oberin mich in ein Zimmer. Ich sollte schlafen und zu Kräften kommen. Als ich das nächste Mal meine Hilfe anbot, sagte sie erneut, ich sei noch zu schwach. Sie merkte aber, dass ich unbedingt etwas tun wollte, und so ließ sie mich zunächst ein paar Tage mit ihrem Hund Gassi gehen, dann die Schürzen der Schwestern waschen und bügeln.«

Der Krieg ist schon eine Woche aus, als Gisela endlich ihre Arbeit im Lazarett antreten kann. »Die Oberin führte mich in eine riesige Halle mit schwerstverwundeten deutschen Soldaten, die hier auf Notbetten dahinvegetierten. Nun wusste ich, warum sie mich so lange geschont hatte. Ein paar Tage früher, und ich wäre sicher schon vom bloßen Anblick dieses Elends umgekippt. In der Halle stank es fürchterlich nach Blut und Eiter. Vielen Männern fehlten Gliedmaßen, manche hatten gar keine Beine. Ihre Schreie waren kaum erträglich. Die Arbeit war trotz meiner Erholung hart für mich. Ich musste Wunden säubern, Medikamente verteilen und Patienten mit Wasser versorgen. Am anstrengendsten war das Bettenmachen, weil man die Soldaten kaum hochbekam. Ich wusch ihnen mit Petroleum die Haare gegen die quälenden Läuse, aber es half nicht, ich kriegte sie nur selbst. Bei uns arbeiteten deutsche Ärzte und ein paar russische, die nach dem Krieg in Deutschland geblieben waren, um sich bei den Engländern etwas Geld zu verdienen. Auch der Apotheker, von dem ich Medikamente für meine Patienten holte, war Russe, der ganz gutes Deutsch sprach. Er merkte mir an, dass ich erschöpft war, und fragte mich, ob ich nicht bei ihm arbeiten wolle. Ich habe zugesagt. Kurz darauf kam es mir allerdings komisch vor, weil ja gar nicht lange her die Russen meine größte Angst waren. Es arbeitete noch ein anderes Mädchen aus Ostpreußen in der Apotheke. Die Tätigkeit war sauber und angenehm. Vor allem hielt mich die Beschäftigung vom Denken ab. Der Apotheker brachte uns jeden Tag Vokabeln bei, bis ich bald sogar eine russische Zeitung lesen konnte. Er nahm mich ein paar Mal mit auf kleine Feiern seiner Landsleute, alles medizinisches Personal. Da wurde unglaublich viel Wodka getrunken, aber nie hat mich jemand angerührt. Alle haben sich freundlich benommen, und wenn sie betrunken genug waren, erfuhr ich von dem ein oder anderen, der deutsch konnte, warum. Sie erzählten dann aufgeregt, wie sehr sie sich dafür schämten, was Landsleute in meiner Heimat für schlimme Dinge mit deutschen Frauen getan hatten.«

Gisela möchte keine Details hören, denn noch weiß sie nichts über das Schicksal ihrer Familie. Im August 1945 wendet sie sich an das Rote Kreuz und gibt dort die einzelnen Namen ihrer verbliebenen Familienangehörigen durch. Sie erfährt so, dass ihre Schwester Luzia mit einem Kriegsschiff aus Danzig entkommen ist und in einem Flüchtlingslager in Schleswig-Holstein lebt. »Ich schrieb sie an, und sie besuchte mich kurz darauf in Mölln«, sagt Gisela. »Luzia erzählte mir, dass meine Mutter und die jüngeren Geschwister in Halle an der Saale bei Verwandten seien. Ich war so unfassbar froh, als ich das hörte. Sie lebten. Mein Vater hatte sie alle bei Kriegsende bei einem kaschubisch-stämmigen Polen bei Zoppot (*Sopot*) untergebracht. Zum Glück, denn Danzig brannte lichterloh.«

Bald sieht Gisela ihre Familie wieder und ist überglücklich. Unter dem Schmerz, dass ihr Vater nicht dabei ist, wird sie aber noch lange leiden. Ihre Mutter setzt sie über sein Verschwinden in Kenntnis. Er habe geglaubt, er könne mit der Familie in Pommern bleiben und dass die Polen, unter denen er so viele Freunde hatte, sie vor den Russen schützen würden. Die Brutalität der Sowjetsoldaten habe ihn völlig überrascht. Kein Pole habe ihn retten können, denn auch ihre Wohnungen seien geplündert und ebenso ihre Frauen vergewaltigt worden.

»Meine Mutter und meine jüngere Schwester waren nicht im Haus, als die Russen kamen«, sagt Gisela. »Sie konnten sich in der Nähe in einer Scheune verstecken. Als die Soldaten weitergezogen waren, fanden sie meinen kleinen, gerade mal anderthalbjährigen Bruder Christian völlig verstört und alleine in der Unterkunft vor. Eine Nachbarin, die alles mit angesehen hatte, erzählte Mutter, dass die russischen Soldaten meinen Vater aufgefordert hätten, ihnen seinen elektrischen Rasierapparat zu geben. Als er sich geweigert hatte, haben sie ihn auf die Ladefläche eines Lkw geprügelt und mitgenommen. Ein paar Monate später ist mein Vater in einem sibirischen Arbeitslager verstorben. Das erfuhren wir erst Jahre nach dem Krieg. Zum Glück aber hatten wir unsere Mutter wieder. Wir rückten als kleiner gewordene Familie noch näher zusammen. Bald darauf zogen wir nach Emsdetten, um neu anzufangen.«

Die Herzlichkeit der Ordensschwestern hat Gisela nachhaltig beeindruckt, auch die Zeit auf einer Klosterschule in Münster, wo sie ihre Abiturprüfung ablegt. Danach entschließt sie sich, selbst dem Orden der *Schwestern der Göttlichen Vorsehung* beizutreten. Sie bleibt dort, bis sie beim Schwimmen einen Mann kennenlernt, der seine Frau durch eine schwere Krankheit verloren hat. Aus Freundschaft wird Liebe, Gisela heiratet und studiert in Münster Lehramt. Ihr heute verstorbener Ehemann hat vier erwachsene Kinder hinterlassen, sie selbst bekommt keine eigenen. Sie findet ihre Berufung als Gymnasiallehrerin und begeistert sich nach ihrer Pensionierung für das Reisen, das sie, sobald das Ende der Corona-Krise es zulässt, so schnell wie möglich wieder aufnehmen will.

Gisela trat unerwartet bereits am 22. Juli 2020 ihre letzte Reise an. Sie starb zwei Tage nach ihrem 95-jährigen Geburtstag.

JUTTA UND DIE ODYSSEE DURCH SCHLESIEN

Jutta lebt gemeinsam mit einem ihrer Söhne in einer Mietwohnung in Köln. Auf ihrem Tisch stehen eine Kerze, eine goldene Buddha-Figur, eine Packung Schokoladenkekse und ein Stövchen mit einer dampfenden Kanne darauf. »Schwarzer Tee«, sagt die 91-Jährige. »Ich habe nie Kaffee getrunken. Neben Wasser ist Tee mein Lebenselixier. Vielleicht hat mich da die Kindheit vorgeprägt. Ich bin an einem echt exotischen Ort geboren worden, würde ich behaupten. Nicht weit davon entfernt, wird der Tee angebaut, den ich heute trinke. Alles ein Stück Kindheitserinnerung.«

Jutta wird 1929 auf Sumatra geboren, nahe der Stadt Medan. »Mein Vater stammt aus Posen und war Oberstleutnant im Ersten Weltkrieg. Nach Kriegsende wurden viele Offiziere arbeitslos, weil sie sonst nichts studiert oder gelernt hatten. Damals liefen Werber für niederländische Handelsgesellschaften durch Deutschland. Auf der Suche nach Verwaltern für Plantagen in Übersee. Mein Vater fand das spannend und ließ sich von der holländischen Tabakgesellschaft *Deli Maatschappij* anstellen. Er war dann zuerst auf einer Kolonialschule in Amsterdam, um zu lernen, wie man eine Plantage kaufmännisch und wirtschaftlich führt. 1921 ist er nach Indonesien ausgewandert und hat seitdem eine beachtenswert große Tabakplantage beaufsichtigt. Er lebte dort lange als Junggeselle, was ihm auf Dauer zu langweilig wurde. Während eines Urlaubs in der Heimat im Jahre 1927 fragte er seinen Vetter, ob er nicht ein geeignetes Mädchen kennen würde, das er heiraten und mitnehmen könnte. Der Cousin empfahl also meine damals sehr junge Mutter. Er hatte anscheinend einen guten Riecher, denn tatsächlich verliebten sich beide schwer. Und obwohl alle Freundinnen und Bekannten meine Mutter warnten, das zu tun, heiratete sie meinen Vater und ging mit ihm nach Sumatra, denn sie war genauso abenteuerlustig wie er. Die Eingewöhnung war aber sicher trotzdem nicht leicht. Ich wuchs in einem Holzhaus am Rande des Urwaldes auf. Es war auf Pfählen gebaut, damit die Tiger, die wir täglich sahen, nicht hochspringen konnten. Die Möbel, die wir besaßen, bestanden alle nur aus Rattan; es gab keine Fenster, alles war offen, kein fließendes Wasser und keinen Strom. Dafür aber jede Menge Ameisen, die durch unser Haus wanderten, und Moskitos, die vom Schein der Petroleumlampen angezogen wurden. Die brachten auch die Malaria mit, an der meine Eltern mehrmals erkrankten. Unsere Toilette bestand aus einem Loch zwischen den Holzbalken des Hausbodens. So machten wir in den Dschungel, zum Säubern hatten wir eine Schüssel mit Wasser. Es kamen immer wieder Schlangen in unser Haus, meine Mutter musste da höllisch aufpassen, dass die mich und meinen zwei Jahre jüngeren Bruder Klaus, den ich noch kriegte, nicht bissen. Ich erinnere mich unglaublich gerne an das alles. Unsere Kindheit in so schlichten Verhältnissen war außergewöhnlich gut; vielleicht ist das so, wenn man nichts anderes kennt. Welches Kind hat schon einen Zoo direkt vor der Nase? Da brauchte ich kein Bilderbuch. Ach, was habe ich den Affen gerne zugeschaut, wenn sie Alarm schlugen und sich von Ast zu Ast schwangen. Wir lebten zwar in einem vom Militär abgesperrten

Bezirk für Kolonialherren, aber die Eingeborenen kamen zur Arbeit in unser Haus. Wir hatten einen malaiischen Chauffeur, Mutters Koch war ein Batak, ein christlicher Indonesier, es kam ein Boy, der sauber machte, und um mich und Klaus kümmerte sich ein javanisches Kindermädchen, meine *Babu*, die ich geliebt habe. Mutter war den Angestellten gegenüber sehr aufgeschlossen, was nicht selbstverständlich war unter den Kolonisten. Sie hatte gleich Indonesisch gelernt, mein Vater sprach es ja lange schon fließend. Mutter schätzte die Ratschläge aus einer anderen Kultur immer, auch in Sachen Kindererziehung. Zur Folge hatte das jedoch, dass bei uns zu Hause eben nur indonesisch gesprochen wurde. Ich konnte, bis ich in Deutschland war, gar kein Deutsch.

Die nächste Großstadt war jedenfalls Medan, wo unser Chauffeur uns immer am Wochenende hinfuhr. Ein interessantes Völkergemisch, Christen und Muslime lebten friedlich zusammen. Die Ausländer, also wir Weißen, trafen sich immer mit anderen Familien im Hotel de Boer. Das war ein Highlight, weil wir dort mit Kindern von europäischen Besitzern oder Pflanzern in Kontakt kamen.

Im Hotel de Boer traf Jutta mit Kindern anderer europäischer Pflanzer zusammen.

Manchmal fuhren wir raus zu den Vulkanen, wo es klimatisch angenehmer war, und ritten mit meinem Vater auf einem Sumatrapferd durch die blühende Landschaft. Ein wahres Urlaubsparadies. Chinesen vermieteten dort Bungalows für Touristen. Auf der Plantage meines Vaters arbeiteten auch nur Chinesen, die sogenannten Kulis. Da ging ich gerne mit hin, um herumzutoben. Ich liebte den Geruch der in den Scheunen aufgehängten, frischen Tabakblätter. Geraucht habe ich nie, aber meinem Vater, der das ohne Ende tat, sein ganzes Leben, habe ich gerne dabei zugeschaut. Es hatte etwas Gemütliches.«

Nach dem Ersten Weltkrieg werden die kaiserlichen Streitkräfte in Deutschland aufgelöst. Die als Berufsarmee der Weimarer Republik 1921 neugegründete Reichswehr unterliegt scharfen Restriktionen der Siegermächte des Krieges. Nur 100 000 Landsoldaten und 15 000 Marinesoldaten dürfen Teil der gestatteten sieben Divisionen sein. Eine Luftwaffe zu unterhalten ist den Deutschen ebenso verboten wie der Besitz von Großkampfschiffen, U-Booten oder Panzern. Hitler treibt nach der Machtübernahme die Revision der Beschränkungen für die Reichswehr voran und führt die allgemeine Wehrpflicht wieder ein.

Juttas Vater erkennt die Chance, beim Aufbau des Waffenträgers eines neuen Deutschlands zu helfen und wieder eine Arbeit als Berufsoffizier zu finden. Er entschließt sich, Sumatra zu verlassen.

»Wir sind im September 1933 von Indonesien aus bis nach Deutschland gefahren«, erzählt Jutta. »Mit einem riesigen Passagierschiff, auf dem Deutsche, Niederländer und Schweizer mitgereist sind. Das war wieder ein wahnsinniges Abenteuer für uns Kinder. Wir haben alles erkundet, sind im Maschinenraum und im Heizraum herumgeturnt und haben von Deck aus Delfine, Thunfische und Haie beobachtet. Zwischendurch hatten wir

Landgänge, wenn das Schiff neu beladen werden sollte zum Beispiel. So durften wir in verschiedenen indischen Häfen an Land, in Kalkutta und Bombay, und auch in Colombo auf Ceylon (Sri Lanka), wo ich das erste Mal auf einem Elefanten geritten bin. Ende November kamen wir im italienischen Hafen von Genua an. Das war ein Schock für mich. Ich lernte erstmals, was Scheißwetter ist. Tagelang Regen und Schnee, und alles war grau. Bald schon sehnte ich mich nach dem gemütlichen, warmen Dschungel zurück. Wir sind dann von Genua aus mit dem Zug bis Potsdam gefahren und fürs Erste bei meiner Großmutter untergekommen. Ich war damals fast sechs Jahre und mein Bruder bald vier. Wir konnten immer noch kein Deutsch; das war zunächst merkwürdig, niemanden zu verstehen. Aber da gab es so viele Kinder, mit denen wir spielten, und so sprachen wir nach ein paar Wochen bereits fließend, ohne richtig gemerkt zu haben, dass wir in einer neuen Sprache redeten.«

Im Sommer 1934 zieht die Familie ins niederschlesische Glogau (*Głogów)*, wo Juttas Vater als Hauptmann und Batteriechef in das neu aufgestellte Artillerie-Regiment Glogau eingegliedert wird, das ab dem 15. Oktober 1935 in Artillerie-Regiment 18 umbenannt und der 18. Infanterie-Division unterstellt wird.

»Ich kam da noch kurz in den Kindergarten. Das mochte ich gar nicht, es war ein Kulturschock, kann man sagen. Ich sah die vielen deutschen Kinder in einer Reihe auf einem Töpfchen sitzen und ihr Geschäft unter Aufsicht machen. Da wollte ich nie wieder hin, brauchte ich auch nicht, denn ich war schulreif. Ich ging also schon in Glogau in die Volksschule für Mädchen. 1936 wurde die Abteilung meines Vaters versetzt, und wir zogen nach Liegnitz (*Legnica*).«

Jutta lernt zu dieser Zeit einige hohe Generäle der Wehrmacht und ihre Familien kennen. Die damaligen Generalleutnante Hermann Hoth und Erich von Manstein zum Beispiel, die als Divisionskommandeure der 18. Infanterie-Division am alljährlichen Jagdreiten in der niederschlesischen Heide in Liegnitz teilnehmen. »Da kamen alle wichtigen Militärs zusammen, das waren große Ereignisse, und aufregende. Die Frauen der Generäle sind auch geritten, es wurde extra Damenreiten organisiert, hübsch und grazil anzusehen. Wir saßen dann mit den Familien bei Kaffee und Kuchen und haben uns bei immer herrlichem Wetter amüsiert.«

1939 wird Juttas Vater als Kommandeur der I. Abteilung des Artillerie-Regiments 18 nach Bunzlau (*Bolesławiec*) versetzt. »Hier kriegten wir eine große Mietwohnung im obersten Stock in der Poststraße am Rosengarten, nicht weit vom Bahnhof entfernt. In Bunzlau, der traditionsreichen Keramikstadt, war es für mich am schönsten von allen deutschen Orten, die ich bis dahin kennengelernt hatte. Dort wurde ich bei den Jungmädeln aufgenommen und mein Bruder Klaus beim Jungvolk der Hitlerjugend. Der Klaus hatte richtig Pech. Gerade als wir in Bunzlau waren, kamen Leute von der SS in seine Klasse und vermaßen die Jungen. Klaus entsprach ihrer Meinung nach optisch dem perfekten Arier, und so empfahl man meinem Vater, seinen Sohn auf eine Nationalpolitische Erziehungsanstalt (NPEA) zu schicken, und das tat er.«

NPEA – auch unter dem Namen Nationalpolitische Lehranstalt (Napola) bekannt, nennt man im Dritten Reich Eliteschulen für Jungen, die dort in Internaten untergebracht werden und rund um die Uhr politischer Indoktrinierung, hartem Drill und einem straffen Sportprogramm ausgesetzt sind. Insgesamt existieren bis Ende des Zweiten Weltkriegs 39 Napolas. Sie unterstehen formal der SA, daher fungiert auch immer ein SA-Mann als Direktor.

»Mein bester Spielkamerad war erst mal weg«, sagt Jutta. »Und es ging ihm da nicht gut. Einmal habe ich Klaus mit meinem Vater in der Napola in Potsdam besucht und kriegte mit, wie Vati sich mit dem Rektor stritt. Der Grund war, dass mein Bruder sich eingenässt hatte. Mein Vater hat dem Schulleiter ordentlich die Leviten gelesen, weil er Klaus vor der Klasse bloßgestellt hatte. Ich hoffte irgendwie für ihn, dass wir meinen Bruder mitnehmen würden. Aber er blieb bis Kriegsende ein drangsalierter Napola-Schüler. Vati wurde in der Zeit auch an die Front abkommandiert und konnte daher wohl keinen Einfluss mehr auf die Erziehungsmethoden der Schule nehmen. Ich selbst besuchte wieder eine Volksschule für Mädchen, hatte schnell viele Freundinnen, auch unter den Jungmädeln. Zu beidem bin ich gerne hingegangen. Die Politik bei den Mädeltreffen fand ich langweilig, alles beschränkte sich aufs stumpfe Auswendiglernen von Adolf Hitlers Lebenslauf. Es war wie Vokabeln lernen. Was ich aber in vollen Zügen genoss, war mit den Kameradinnen durch die Wälder zu ziehen, Blumen und andere Pflanzen zu bestimmen, an den Spielen und Wettkämpfen teilzunehmen. Unsere Gruppenführerinnen haben wir angehimmelt. Schattenseiten des Nationalsozialismus habe ich kaum mitbekommen beziehungsweise einigen Beobachtungen erst nach dem Krieg eine entsprechende Bedeutung beigemessen. In der Nähe von Bunzlau gab es ein Konzentrationslager, wo die Häftlinge für den bremischen Flugzeugbauer Focke-Wulf arbeiteten und Kupfer abbauten. Ich habe die ein paar Mal in Kolonne gesehen in ihrer Häftlingskleidung mit den verschiedenen bunten Wimpeln, von denen ich aber nicht wusste, was sie bedeuten. Es hieß, die meisten seien russische Kriegsgefangene gewesen. Ich habe auch mal eine Leiche von denen im Kupfersee gefunden. Es war klar, dass es diesen Leuten nicht gut ging im Lager. Ich muss aber auch anmerken, dass ich immer wieder Deutsche beobachtet habe, die den Gefangenen Brot zusteckten. Alle hatten Mitleid. Unsere Putzfrau hatte einen jüdischen Mann, sie hat irgendwann erzählt, dass er abgeholt worden war. Er kam nie wieder. Wir haben das nicht weiter diskutiert. Und ich erinnere mich, dass ich an der Wand liegend Vati belauscht habe, als er Anfang 1942 auf Urlaub bei uns war. Da hat er Mutter von einem schrecklichen Massaker erzählt, von dem er erfahren hatte, weil er in der Nähe stationiert war. Er erklärte, dass da viele Zivilisten von der SS erschossen worden waren. Mein Vater dachte soldatisch, für ihn war das ein Kriegsverbrechen, gegen das anzugehen er aber machtlos war. Er hat sich fürchterlich aufgeregt und musste es loswerden. Er wusste, dass Mutter schweigen kann wie ein Grab, hat ihr in der Nacht aber dennoch eingetrichtert, dass sie keine Silbe darüber erwähnen darf, da das lebensgefährlich war. So habe ich beide natürlich nicht darauf angesprochen. Lange nach dem Krieg habe ich recherchiert und bin heute ziemlich sicher, dass er damals von dem Massaker von *Babyn Jar* erzählt hat, wo Einsatzgruppen über 30 000 Juden getötet haben. Er war zu der Zeit in Kiew stationiert. Vati habe ich nur noch einmal wiedergesehen. Erst war er in Stalingrad, kam da nur noch mal raus, weil er dort erneut an Malaria erkrankte. Das muss man sich mal vorstellen: eine Tropenkrankheit aus Sumatra im russischen Winter. Er ist trotzdem im Krieg gefallen. Das wussten wir aber nicht, es kam ab Sommer 1944 einfach kein Brief mehr von ihm an. Man konnte sich so etwas ja denken, auch wenn man es nicht wahrhaben wollte. Ich habe erst 44 Jahre später über die Kriegsgräberfürsorge erfahren, wie und wo er gestorben ist. Er war Oberst und hat seine Batterie auf dem Rückzug über die Ukraine bis nach Moldawien gebracht. Mein Vater hat sich in der Stadt Jassy selbst erschossen. Es gab keinen Ausweg für ihn. Hunderttausend deutsche Soldaten waren während einer schweren Militäroffensive gefallen, über Hunderttausend weitere erwartete die Gefangenschaft. Das wollte er sich nicht antun. 1944 war ich in der zehnten Klasse, gerade fünfzehn, und schon zwei Jahre beim BDM, als man uns plötzlich alle vom Unterricht komplett befreite. Als Maiden sollten wir Kriegsdienst leisten und wurden klassenweise zum Schanzdienst eingezogen.«

Jutta gehört ab August 1944 dem sogenannten *Unternehmen Barthold* an. Ein Deckname für den Aufbau einer Verteidigungslinie im Großraum Breslau (*Wrocław*), deren Planung die Organisation Todt (OT) übernimmt, eine 1938 gegründete paramilitärische Bautruppe, benannt nach dem Namen ihres Führers Fritz Todt. Zum Bau der Anlagen werden schlesische Hitlerjugend-Verbände, Gruppen des BDM, Zivilisten und Zwangsarbeiter verpflichtet.

»Wir wurden nach Groß Wartenberg (*Syców*) ausgefahren und mit 35 Mädeln im Bahnhof einquartiert. Die Hitlerjungen haben Panzergräben und Schützengräben ausgehoben und Maschinengewehrnester gebaut. Alles in Vorbereitung für den Angriff der Roten Armee. Wir Mädel waren in der Kombüse tätig, um für die Verpflegung der Arbeiter zu sorgen. Die Kameradschaft war toll, wir hatten Spaß zusammen, haben uns gegenseitig motiviert und auch unser eigenes Lied komponiert, das wir so oft gesungen haben, dass ich es heute noch kann.« Jutta räuspert sich kurz und singt laut:

Wir Mädel von der Einsatzgruppe eins,
wir haben immer gute Laune.
Wir Mädel von der Einsatzgruppe eins,
man höre und man staune.
Wir schälen Kartoffeln und putzen Gemüse, wir haben immer gute Laune und sorgen für achttausend Mann.
Wir Mädel von der Einsatzgruppe eins, bei uns heißt es ran.

Leicht ergriffen von einer heraufziehenden Erinnerung setzt sich die 91-Jährige wieder, trinkt einen großen Schluck aus ihrer Teetasse, lächelt zufrieden und lässt sich in den Sessel zurückfallen.

»Nun ja, aufgrund meiner Gesundheitsdienstausbildung, die ich beim BDM schon absolviert hatte, wurde ich neben der Arbeit in der Küche auch im Krankendienst eingesetzt und hatte dadurch so etwas wie Abwechslung. Ich war dann verantwortlich dafür, die Wunden oder Erkältungen meiner Kameradinnen zu versorgen. Im Herbst wurden wir zurück nach Bunzlau geholt und gleich als Wehrmachtshelferinnen eingezogen. Ich kam ins Heeresproviantamt und habe Zwieback für die eiserne Ration der Soldaten gebrochen, die an die Front mussten. Da haben auch Zwangsarbeiter gearbeitet im Zwiebacklager, mit denen wir ein bisschen plaudern konnten. Meine Mutter war beim DRK, damit sie nicht der NS-Frauenschaft beitreten musste. Da hat sie im Winter 1944 Kaffee ausgeschenkt für die vielen Flüchtlinge, die ab Anfang Dezember in Strömen aus Ost- und Westpreußen auf ihren Schlitten durch Bunzlau zogen. Auch ein paar Einheimische haben sich angeschlossen – trotz Verbot, die Heimat zu verlassen, aber die meisten von uns sind geblieben. Wir fühlten uns sicher oder dachten, die Front würde einfach an uns vorbeiziehen. Im Februar 1945 wurde ich zum Volkssturm abkommandiert und habe Patronengurte geknüpft. Die Jungen mussten alle zur Flak. Nachts wurde kein Licht mehr angemacht. Eine gespenstische, düstere Ruhe, die nicht lange hielt. Denn die Tiefflieger griffen bald an, die sogenannten *Ratas* der Russen. Sie schossen mit Maschinengewehren in die Stadt, und es gab einige Tote. Unser Bürgermeister rief die Bunzlauer daraufhin zusammen und ordnete an, Bunzlau sofort räumen zu wollen. Die Russen standen kurz vor dem Einmarsch. Es war der 10. Februar 1945. Was folgte, sollte man am besten als eine Odyssee bezeichnen. Meine Mutter und ich konnten je einen Koffer mitnehmen, und wir haben uns dick angezogen. Sie hatte Geld von der Bank geholt und zeigte mir Zyankalikapseln, die wir nehmen wollten, falls es für uns zum Äußersten kommen sollte, sodass wir nicht mehr zu leiden bräuchten. Wir fuhren mit einem der letzten Züge vom Bunzlauer Bahnhof ab; der war total überfüllt, und wir kriegten nur noch

Platz auf der Plattform zwischen den Waggons. Die Menschen waren aber hilfsbereit, und man wechselte sich ab, damit keiner draußen erfror. Wir kamen erst nach zwölf Stunden Fahrt in Görlitz an, obwohl die Strecke nur vierundvierzig Kilometer lang war. Der Zug ist extrem langsam gefahren, damit er nicht entdeckt wird, und der Heizer musste Kohle sparen, hieß es.«

Jutta und ihre Mutter können bei einem Verwandten in Görlitz unterkommen. Nach vierzehn Tagen flüchten sie weiter mit dem Zug nach Halle an der Saale zu der Witwe eines Cousins von Juttas Mutter. Sie wohnen dort zwei Monate in einer leeren Wohnung, die der Familie gehört. »Die waren froh, dass sie uns bekamen«, sagt Jutta. »Die Menschen mussten da schon alle Wohnraum für die vielen Flüchtlinge aus dem Osten zur Verfügung stellen. Anfang April wollte meine Mutter weiter zu ihrer Schwester nach Berlin, da sie Angst hatte, sie nicht wiederzusehen. Dort verbrachten wir zwei Nächte im Luftschutzkeller ihres Hauses, weil die Amerikaner heftige Bombenangriffe flogen. Meine Tante war allerdings überhaupt nicht bei uns, da sie leidenschaftlich und engagiert als Luftschutzhelferin arbeitete und bei Fliegerangriffen immer raus musste, um Brandbomben einzusammeln und sie in Wasserkübeln zu löschen. Eine starke Frau, meine Tante, die nach dem Krieg lange als sogenannte Trümmerfrau mit angepackt hat.«

Juttas Mutter wird es in Berlin zu gefährlich. Ihr bleibt ein Bruder, der in Rahnsdorf wohnt; dort will sie mit ihrer Tochter unterkommen, bis der Krieg vorbei ist. »Das war ein Glück, dass sie sich dafür entschieden hat. In mehrfacher Hinsicht. Am S-Bahnhof Wannsee trafen wir nämlich völlig unerwartet auf meinen Bruder. Klaus stand da alleine auf dem Bahnsteig und wusste nicht, wohin er fahren konnte. Was für ein Kriegsglück! Die Lehrer der Napola in Potsdam hatten ihren Schülern einfach befohlen, sie sollten nach Hause gehen und nicht wiederkommen. Wir nahmen den verstörten Klaus mit nach Rahnsdorf. Dort hörten wir im Radio vom Tod Hitlers. Mir war klar, dass damit auch der ganze Krieg zu Ende ging. Das ständige Brummen der russischen T-34-Panzer, die über die Autobahn auf Berlin zu donnerten, ließ daran außerdem nicht den geringsten Zweifel. Es war nur noch eine Frage von Tagen. Und dann kamen schon sowjetische Offiziere in Jeeps angefahren und klapperten die Nachbarschaft ab. Meine Mutter und ihre Schwägerin haben schnell reagiert, sich und mir Kopftücher aufgesetzt und auf alt und krank gemacht, als sie reinkamen, da sind sie gleich wieder gegangen. Sie suchten nach *Werwölfen*, Partisanen aus Himmlers SS, die sich in der Gegend verschanzt hatten und noch Widerstand leisteten.«

Gleich nachdem der Krieg am 8. Mai für beendet erklärt ist, wird in Rahnsdorf ein kommunistischer Bürgermeister eingesetzt. Eine seiner ersten Amtshandlungen ist es, die sich in seinem Bezirk aufhaltenden Flüchtlinge wieder zu vertreiben. »Wir sollten zurück in unsere Heimat. Und das haben wir gemacht, was blieb uns übrig? Die Odyssee war längst nicht zu Ende. Mit anderen Flüchtlingen, die aus ihren westdeutschen Bezirken vertrieben worden sind, marschierten wir über die Autobahn zurück gen Osten. Wir hatten einen Handkarren von meinem Onkel bekommen und zogen bald mit unserem Treck an Küstrin (*Kostrzyn nad Odrą*) vorbei. Ein schrecklicher Ort, der mir ungeheure Angst machte. Überall lagen tote Menschen: deutsche Soldaten, russische Soldaten, Frauen, Kinder. Die Häuser und Höfe waren alle kaputt. Wir Flüchtlinge konnten uns immerhin Federbetten, Töpfe und Pfannen mitnehmen, die wir in den Ruinen fanden.«

Die vor dem Krieg florierende Residenz- und Garnisonsstadt Küstrin mit ihren mächtigen Befestigungsanlagen an der Oder ist als sogenanntes Tor nach Berlin von erheblicher strategischer Bedeutung sowohl für die verteidigende Wehrmacht als auch für die vorrückende Sowjetarmee. Nach zehn Wochen sowjetischer Bela-

Küstrin wurde bei den Kämpfen im März 1945 vollständig zerstört.

gerung und schwersten Kämpfen und Verlusten kapitulieren hier an der Mündung der Warthe die letzten deutschen Soldaten am 29. März 1945. Die Schlacht um Küstrin, in der über 40 000 Wehrmachtssoldaten und über 15 000 Soldaten der Roten Armee ihr Leben lassen, gilt der Sowjetarmee als gelungene Generalprobe für die unmittelbar danach startende Offensive auf das 80 Kilometer entfernte Berlin.

»Der Treck ging hinter Küstrin auseinander, alle sind in verschiedene Richtungen in ihre Heimatorte weitergezogen. Mutter, Klaus und ich sind alleine weitergelaufen. Ernährt haben wir uns von Obst oder wir warteten, bis eine freilaufende Kuh auf eine Mine trat. Das passierte nicht selten. Meine Mutter ist dann hin und hat Fleischbrocken eingesammelt oder aus dem Tier rausgeschnitten. Das haben wir uns bei anderen Flüchtlingen abgeschaut und klappte gut. Wenn man Hunger hat, denkt man über die Umstände, wie man sich sein Essen beschafft, nicht mehr nach. Da zählt nur noch, etwas im Magen zu haben. Das Fleisch haben wir über dem Feuer gegart. Ab und an kamen uns kleine Trecks entgegen mit deutschen Kriegsgefangenen, die schwer von den Russen misshandelt wurden. Die haben sie angebrüllt und wie Vieh ausgepeitscht, das konnte ich mir wiederum gar nicht gut anschauen. Es ging weiter durch die niederschlesischen Wälder bis zur sogenannten Oder-Neiße-Linie, wo die neue Grenze abgesteckt wurde. Aus einer Blockhütte trat ein polnischer Soldat mit einer Maschinenpistole auf uns zu, zeigte auf mich und rief: ›Komm mit, Frau!‹ Ich wusste gleich, was er vorhatte und warum er mich aussuchte. Er sprach gebrochen deutsch, hat mich in die Hütte gezerrt und auf eine schmutzige Liege geschmissen. Ich habe mich nur kurz gewehrt, als er mir den Rock ausgezogen hat. Dann ließ ich mich vergewaltigen. Mein einziger Gedanke dabei war, dass ich überleben wollte, damit lenkte ich mich ab, so tat es nicht so weh. Der Pole sagte in seinem gebrochenen Deutsch, während er sich an mir verging, dass seine Schwestern auch von deutschen Soldaten vergewaltigt worden wären und er das deshalb mit mir tun müsse. Ich hielt und halte das für eine Lüge und eine Ausrede. Aber er ließ mich leben, das hatte ich gewollt, die Ekelgefühle kamen erst später hoch. Meine Periode blieb allerdings aus, und ich befürchtete das Schlimmste. Doch ich wurde nicht schwanger. Ein Arzt erklärte mir einige Monate danach, dass das Ausbleiben meiner Regel in dieser Zeit mit Hunger und Stress zu erklären sei.«

Jutta, Klaus und ihre Mutter kommen Ende Mai in ihrer Heimat Bunzlau an. Sie finden auch ihre Stadt verwüstet vor, aber ihr Haus und ihre Wohnung sind intakt. »Die Möbel waren alle rausgeräumt worden, alles, was einen materiellen Wert hatte. Wir fanden noch persönliche Sachen, die wir zurückgelassen hatten, Dokumente und Bücher, auf einen Haufen geschmissen. Langsam kamen viele weitere Bunzlauer zurück, die wir kannten. Ich sah meine Klassenkameradinnen wieder, dann unsere Putzfrau mit ihrer Tochter, die ihr totes Baby mit sich trug. Es war auf dem Marsch gestorben, weil die Mutter nicht genug Muttermilch produzierte. Sie wollte es einfach nicht ablegen und hat es fest um ihren Bauch geklammert. Wir haben ihr alle zugeredet und das Kind dann beerdigt. Im Rosengarten, der nicht weit von unserem Haus entfernt lag, hatten russische Soldaten ein kleines Lazarett in der alten Sägerei eingerichtet. Die waren erstaunlich nett und gaben uns gleich etwas zu essen. Wir haben für sie deutsche Volkslieder gesungen, da waren die völlig begeistert von. So haben wir die nächsten Wochen überlebt. Wir durften für die Russen in der Lazarettküche kochen und erhielten dafür jeden Tag ein Mittagessen. Ein Soldat schenkte uns sogar eine alte Matratze, auf der wir in unserer Wohnung zu dritt schlafen konnten.«

Im Lazarett kümmert sich Jutta um sowjetische Soldaten, die an Tuberkulose leiden, hilft den dort arbeitenden Schwestern bei der Pflege und reicht den Patienten Essen an. »Einmal sah ich in der Lazarettküche ein Porzellanservice, das uns gehört hatte, und wusste nicht so recht, ob ich lachen oder weinen sollte. Man hatte die Küche wohl aus den Hinterlassenschaften der Bunzlauer gebaut und eingerichtet. Es kamen immer mal wieder neue Russen in die Stadt, und einige haben versucht, Mädchen zu vergewaltigen. Aber da wurde bereits aufgepasst. Zum Glück lag eine eingerichtete strenge Kommandantur ganz in unserer Nähe. Und wenn ein betrunkener Soldat sich eine Frau greifen wollte, musste diese ganz laut *Kommandantura* schreien. Meist wurde dann gleich wieder von ihr abgelassen. Aber wir hörten das oft. Meine Mutter hat es auch einige Male gerufen, wenn sich nachts jemand Zutritt zu unserer Wohnung verschaffen wollte. Sie hatte vor allem Angst um mich und hätte es nicht ertragen, wenn ihre Tochter ein weiteres Mal eine Vergewaltigung über sich hätte ergehen lassen müssen. Am 30. Juni 1945 kamen dann fürchterlich aggressive Polen in die Stadt und forderten alle Deutschen auf, *ihr* Land augenblicklich zu verlassen. Ansonsten hatten sie vor, jeden zu erschießen. Die Odyssee ging also wieder in die andere Richtung, es zerrte an den Nerven, ich konnte und wollte nicht mehr. Aber wir packten artig unseren Handwagen zusammen und liefen ohne konkretes Ziel nach Westen.

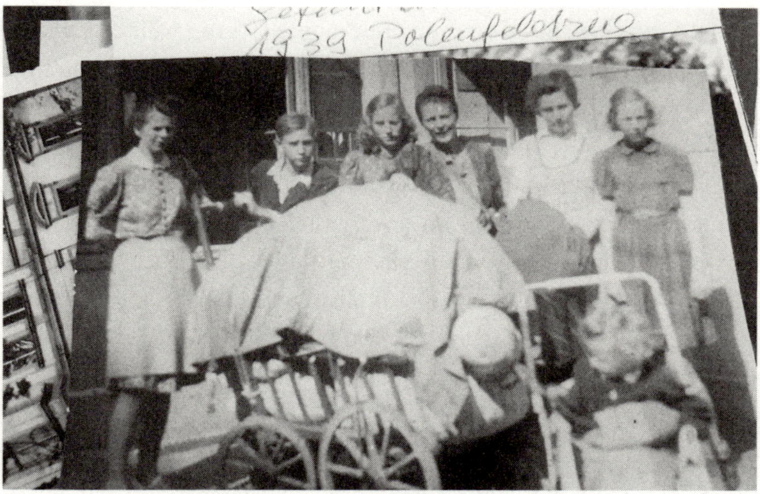

Jutta (3. von links) mit ihrer Tante, ihrem Bruder Klaus, ihrer Mutter und einer Frau mit zwei Kindern auf der Flucht nach Westen.

Zu Fuß kamen wir bis Bautzen, mit einem Viehwagen dann ins komplett zerstörte Dresden, von dort weiter bis nach Rügen und Rostock, wo wir bei entfernten Verwandten auf dem Land unterkamen. Da alle Zwangsarbeiter weg waren, nahmen sie uns mit Kusshand auf. Wir haben bei der Ernte geholfen und dort gewohnt, bis die deutschen Kommunisten den ganzen Hof enteignet haben. Wir wurden aufs Neue verjagt, sind dann auf gut Glück zurück nach Halle an der Saale, weil meiner Mutter einfiel, dass wir für die Wohnung, die wir im April verlassen hatten, noch über eine polizeiliche Meldung verfügten. Im September kamen wir dort an und kriegten die Bleibe wirklich zurück. Meine Mutter hat Arbeit gefunden, und ich ging wieder zur Schule, konnte 1948 Abitur machen und dann in der DDR an der Hochschule für Theater und Musik studieren. Als Tochter eines Kriegsverbrechers – so sahen die Kommunisten meinen Vater, weil er Offizier war – durfte ich mich nicht an einer Universität einschreiben und hatte nur eine ziemlich begrenzte Auswahl an Studienmöglichkeiten. Ich merkte schnell, dass ich in der nächsten Diktatur gelandet war, und ich wollte das einfach nicht mehr. Ich hatte noch keinen Frieden gefunden. An unserer Musikschule gab es Spitzel, es verschwanden Leute in Erziehungslagern, und ich musste in die FDJ (Freie Deutsche Jugend) eintreten, die sich außer in den Farben nicht von der HJ unterschied.

Jutta nach dem Krieg

Mir reichte das alles, ich sehnte mich nach Ruhe. Ich bin mit demselben Koffer, mit dem ich hin und her geflüchtet war, dann auch noch über die Grenze der DDR nach Westdeutschland abgehauen. Ich hatte einen Fluchthelfer in Helmstedt und habe mich in der Braunkohle-Lore einer Lok versteckt, bin so in den Westen gefahren. Ich fühlte mich erstmalig frei, als ich auf der anderen Seite war, und atmete durch. Zum Glück gab es damals noch keine Mauer, und eine Flucht war nicht allzu schwer.« Jutta kann später ein Zimmer in Hamburg organisieren und ihre Mutter benachrichtigen. 1951 flieht erst Klaus über die innerdeutsche Grenze, ein Jahr später auch Juttas Mutter mit dem Flugzeug aus Westberlin. »Wir wohnten zusammen. Meine Mutter hatte im Westen Anspruch auf eine recht gute Rente für meinen Vater. Sie unterstützte mich, und so konnte ich in Hamburg studieren: slawische Philologie, Germanistik und Musikwissenschaft. 1958 schloss ich mit einer Promotion ab. Während des Studiums wurde ich 1954 die erste Austauschstudentin des Deutschen Akademischen Austauschdienstes. Ich war ein Jahr auf dem Balkan in Belgrad. Das war eine grandiose Zeit, und bis zum Jugoslawienkrieg habe ich Verbindung mit Freunden gehalten, die ich dort liebgewonnen habe. Danach riss der Kontakt ab, und ich ahne, warum. Mein Entschluss, nach Belgrad zu gehen, war damals freiwillig. Ein neues, wahnsinnig beeindruckendes Gefühl. Freisein ist ein so hohes Gut, das wir schützen müssen. Wer nie unfrei war, wird Freiheit nicht so wertschätzen können wie wir so oft Vertriebenen. Mein kleiner Bruder Klaus ist wohl nie richtig freigeworden. Kaum war er geflohen, ließ er sich im Westen von den Franzosen für die Fremdenlegion anwerben. Während ich im Austauschjahr war, fiel er viel zu jung 1954 als Soldat im Indochinakrieg.« 1961 lernt Jutta in Hamburg ihren Mann kennen und zieht mit ihm nach Köln, wo sie bis zur Pensionierung als Gymnasiallehrerin arbeitet und Deutsch und Russisch unterrichtet. Ihr

Mann stirbt 1983. »Und hier sitze ich nun und trinke Tee aus Ceylon, wo ich als sechsjähriges Mädchen auf einem Elefanten geritten bin und nicht im Entferntesten geahnt habe, welche Odyssee mich in Deutschland erwarten würde. Ich habe zwei Söhne, eine Tochter und einen Haufen Enkel. Für die alle bin ich da, wie einst meine Mutter für mich, wenn sie das wollen, solange ich lebe.«

URSULA UND DIE BLUTENDEN PANJEPFERDCHEN

Ursula wohnt zusammen mit einer ihrer beiden Töchter in Berlin-Rudow. Die Sonne scheint, die Seniorin im geblümten weißen Sommerkleid sammelt ein paar heruntergefallene Zweige ihres Jasmin-Baumes auf, riecht an den Blüten, lacht verzückt und legt sie neben das Tablett auf den Tisch, über den ein breiter Sonnenschirm gespannt ist. Ihre zweite Tochter kommt später zum Treffen dazu. Die 91-Jährige hat Kirschkuchen gebacken. Die drei wollen heute bei Kaffee und Kuchen in Mutters Garten ihre anstehende Tour nach Guben (*Gubin*) besprechen, wo Ursula zu einer Lesung vom Gubener Heimatverein eingeladen worden ist. Einige der letzten Zeitzeugen der grausamen Schlacht um die Neißestadt, die zwischen 18. Februar und 24. April 1945 getobt hat, sollen dort zusammenkommen. Es leben nur noch eine Handvoll. Sie gehört dazu.

Ursula wird 1929 als Tochter eines Großbauern in Tzschernowitz (*Czarnowice*) geboren, ein Dorf mit etwa 430 Einwohnern. Sie hat zwei ältere Brüder. Alle Kinder helfen von Kindesbeinen an auf dem Hof mit. »Wir waren Vollbauern«, sagt Ursula. »Das heißt, wir haben die Familie mit allem selbst ernährt, die Felder bewirtschaftet und die Nutztiere versorgt: Kühe, Schweine, Hühner und auch Pferde.«

Zwei Jahre nach Ursulas Geburt nimmt ihr Vater nebenberuflich den Posten als Bürgermeister von Tzschernowitz an. »Ich kann mich an seine erste große Amtshandlung recht gut erinnern, obwohl ich so klein war, weil er es natürlich später ausführlich erklärte. Tzschernowitz war seit dem Mittelalter Sitz der Adelsfamilie von Kleist. Wir lernten die letzte Angehörige kennen: Gisela von Kleist. Sie verarmte wie die meisten brandenburgischen Adeligen, und ihre Landwirtschaft ging 1930 Konkurs. Sie kam nicht mehr oft auf die kleine Burg, wohnte bereits in Hannover. Auf ihrem großen Grund gab es eine Menge Platz, und es war bekannt, dass sie ihr Anwesen und ihre Ländereien verkaufen würde. Ihr Land verpachtete und versteigerte sie Anfang der 1930er-Jahre an verschiedene Interessenten. Zu der Zeit zogen noch viele Volksdeutsche aus Posen durch Brandenburg; sie wollten nicht mehr in ihrer Heimat bleiben, die nach dem Versailler Vertrag Polen zugesprochen worden war. Mein Vater hatte die Idee, dass die Gemeinde einen Platz bei den von Kleists mietete, wo sich die Siedler aus Posen Unterkünfte bauen könnten, und er schaffte es, die Gräfin zu überzeugen. Wenig später zogen die großen Planwagen mit deutschen Familien an unserem Hof vorbei, die sich auf dem Gelände ansiedelten. Mein Vater war richtig stolz darauf und hat mit angepackt. Ich war neugierig auf die Siedlerkinder und bin daher oft mit rüber, um Freundschaften zu schließen. Hier lernte ich später auch meine gleichaltrige Freundin Stanislawa kennen. Herr Jost, ihr volksdeutscher Vater, war nach dem Ersten Weltkrieg in der Ukraine geblieben als deutscher Kriegsgefangener, hatte dort eine Ukrainerin kennengelernt, geheiratet und viele Kinder bekommen. Sie waren fünfzehn Personen in der Familie, die dann als Siedler auf dem Hof der Gräfin lebten. Stanislawa war ein so wunderschönes Mädchen wie ihre Mutter auch und alle ihre Schwestern und Tanten. Sie wurden von allen im Dorf dafür bewundert.«

Mit der Machtergreifung Hitlers kommt Ursulas Vater nicht zurecht. Politisch sieht er sich deutschnational und patriotisch, kann dem Nationalsozialismus nichts abgewinnen. Deswegen lehnt er als Bürgermeister alle Angebote ab, in die Partei einzutreten, was ihm später zum Verhängnis werden sollte.

»Es hat sich schnell vieles verändert bei uns«, erzählt Ursula. »Ab 1937 nannten die Nazis sogar unser Dorf um. Also, es sollte plötzlich anders geschrieben werden. Mein Vater war nun Bürgermeister von Schernewitz, das klang angeblich deutscher. Ich erinnere mich gut an die Reichskristallnacht 1938. Dass die Synagoge in Guben brennt, sprach sich in den umliegenden Dörfern herum wie ein Lauffeuer. Ich habe meinen Vater noch nie so zornig erlebt. Er ist mit mir mit dem Fahrrad in die Stadt gefahren; er hat darauf bestanden, dass ich *alles* sehe. Das Gotteshaus war heruntergebrannt, es loderte und qualmte und stank fürchterlich. Kein Mensch traute sich dorthin. Mein Vater hat mich bei der Hand genommen, und wir sind direkt davor getreten. Seine Worte werde ich nie vergessen: ›Wie wird Gott das wohl vergelten? Das wird sich grausam rächen!‹ Er hat das immer wiederholt. Er hatte einen tiefen Gottesglauben, obwohl er kein großer Kirchgänger war. Zu Juden, zu den wandernden Tuchhändlern, die regelmäßig in die Stadt kamen, und auch zu denen, die sich niedergelassen hatten in Guben, pflegte er ein freundschaftliches Verhältnis. Es gab bei uns einen deutschen Ausstatter für Herren und Knaben, *Haake* am Markt 4, und einen jüdischen, *Meier* am Markt 37. Nach der Machtergreifung trauten sich immer weniger Gubener, bei Juden einzukaufen. Mein Vater brauchte einmal für eine anstehende Hochzeit zwei Anzüge für meine Brüder und trottete demonstrativ quer über den ganzen Marktplatz an Haake vorbei zum jüdischen Ausstatter. Er ließ vor murrenden oder erstaunten Bürgern verlauten, dass Beratung und Qualität bei Meier eben besser seien und dass da eine Religionszugehörigkeit keine Rolle spielen könne. Das war eine deutliche Ansage von einem Ortsbürgermeister, und das schmeckte schon vielen nicht. Ab da spätestens war der Ärger vorprogrammiert.«

Ursulas Vater ist wütend darüber, dass seine Tochter verpflichtend dem Jungmädelbund beitreten muss; seine Söhne hat er nicht zur Hitlerjugend gelassen, da die Teilnahme zu der Zeit noch freiwillig ist. »Er lehnte es ab, mir eine Uniform zu kaufen; meine Mutter hat dann etwas geschummelt und mir ein blaues Matrosenkleid umgenäht, so war es nicht ganz so peinlich für mich vor den anderen. Ich fand es eigentlich schön bei den Mädeln. Es kam halt immer drauf an, mal hatte ich Lust auf die Treffen, mal nicht, wie das als Kind so ist. Wenn wir Lieder einstudiert haben, die ich mochte, ging ich mit heller Begeisterung hin. Musik und Singen war mein großes Hobby. Ich sang fast ständig und überall.«

Ursulas Vater ist selten zum Singen zumute. Er eckt weiter an. Als sich Nachbarn während der Feldarbeit im Frühjahr 1938 über die Besetzung der Tschechei freuen, bricht er einen heftigen Streit vom Zaun und flucht lautstark über den Kriegstreiber Hitler. Das bleibt nicht ohne Folgen, denn es hat zu viele Ohrenzeugen gegeben. Ursulas Vater wird als Bürgermeister abgesetzt, noch bevor der Krieg ausbricht. »Das machte ihn allerdings noch trotziger«, sagt Ursula. »Und unvorsichtiger. Inzwischen hatte die Burg der von Kleists einen neuen Besitzer. Auf seinem Gelände lebten jugoslawische und russische Zwangsarbeiter. Im Herbst 1941 kam der Aufseher des Lagers zu uns und bat um Hilfe für die Gefangenen, denn er hatte nichts mehr zu essen für sie. Sie würden ihm verhungern, und er wisse nicht, an wen er sich wenden könne, es fühle sich niemand für die Verpflegung zuständig. Er schlug meinem Vater vor, dass er beim Gutsbesitzer um die Entleihung von

Kriegsgefangenen bitten könne, um ihnen dann wenigstens einmal etwas zu essen zukommen zu lassen. Vater willigte sofort ein. Da meine Brüder zu der Zeit beide an der Front waren, hatte er Argumente, warum er Hilfe bei der Rübenernte gebrauchen konnte. So kamen dann ein paar Tage später dreißig verschmutzte, völlig ausgemergelte Russen in Sträflingskleidung zu uns. Sie wurden von Wachmännern auf das Feld gebracht und stürzten sich sofort wie Tiere auf die Rüben.« Ursulas Vater erträgt den Anblick nicht und lässt seine Frau und Tochter eimerweise Kartoffeln kochen. »Wir brachten sie zu den Russen, und sie kloppten sich darum; die waren völlig ausgehungert, fraßen vom Boden und rissen sich gegenseitig die heißen Kartoffeln aus den Händen.«

Ursula mit ihrer Mutter (1943)

Innerhalb der nächsten Wochen kommt so immer mal wieder ein Trupp Kriegsgefangener auf den Hof, um zu essen, bis irgendjemand alles dem Ortsbauernführer steckt, der das Vergehen dann dem Landrat meldet. Nur weil der Ursulas Vater kennt und schätzt, meldet er ihn nicht vorschriftsgemäß unverzüglich bei der Gestapo, sondern macht ihm das Angebot, für das Winterhilfswerk zu spenden und sich so freizukaufen. Er macht ihm klar, dass es für ihn nicht um Ehre oder Freiheit geht, sondern um seinen Kopf. Eine sehr hohe öffentlich gemachte Spendensumme besänftigt den Ortsbauernführer und rettet Ursulas Vater vermutlich das Leben. Doch sein Ruf ist ohnehin ruiniert. Zum BDM braucht Ursula gar nicht mehr anzutreten, sie gilt als nicht mehr würdig. Als sie 1944 die Schule beendet und ihr Pflichtjahr absolvieren soll, meldet der Vater Eigenbedarf für seine Tochter an, sodass sie unter seinen Fittichen bleiben kann. »Viele sind in der Zeit umgeknickt oder haben sich aus Angst selbst verraten«, sagt Ursula. »Ein Lehrer meiner alten Volksschule, der auch mit meinem Vater befreundet war, ist bis zur Machtergreifung bei der SPD gewesen und hat die NSDAP ebenso verabscheut wie er selbst. Später ist er aus Angst, in den Krieg eingezogen zu werden, der SA beigetreten. Mein Vater hat ihm das übel genommen und nicht mehr mit ihm geredet. Er mochte keine Heuchler. Und es hat dem Lehrer eh nichts genutzt. Er wurde nämlich trotzdem eingezogen, dieser Angsthase. Ich merkte nicht als Erstes am Donnergrollen der russischen Artillerie, dass sich die Front auf uns zu bewegte, sondern weil ich in einer unserer Scheunen eben meinen alten Lehrer fand. Er flehte mich an, nichts zu verraten; ich merkte natürlich, dass da was nicht stimmte, und stellte beim Abendessen die Eltern zur Rede. Während meine Mutter noch versucht hat, mir weiszumachen, dass der Lehrer auf Urlaub sei, sagte mir Vater dann die Wahrheit, dass der Mann desertiert war und er sich habe breitschlagen lassen, ihn zu verstecken. Doch ein paar Tage später hat er ihm erklärt, dass er weg müsse. Es wurde für uns zu gefährlich. Wenn man einen Deserteur bei uns entdeckt hätte, und das noch bei der Vorgeschichte meines Vaters, wären wir alle dran gewesen. Anfang 1945 zogen Massen von Flüchtlingen aus Ostpreußen und Schlesien durch unser Dorf, wochenlang, es wurden immer mehr. Ich hatte noch nie so viele Menschen in Reihe gesehen und mir das nicht vorstellen können. Wir selbst durften auf Anweisung nicht fliehen, wir hatten aber merkwürdigerweise nicht mal Angst. Mein Vater beruhigte uns. Die Wehrmacht würde die Dörfer schon verteidigen, sagte er immer wieder, und falls der Russe doch durchkommen sollte, würde uns nichts passieren, denn er sei ja politisch sauber, das würden auch die Feinde schnell feststellen, wenn sie ihn befragen würden. Die zurückflutenden deutschen Truppen hetzten im Februar 1945 dann auch scharenweise durch Schernewitz. Es war das totale Chaos. Überall Fremde, Verwundete, Panzer, dazwischen immer wieder Trecks von Flüchtlingen. Soldaten liefen über unseren Hof, tranken aus den Wassereimern, melkten die Kühe und füllten ihre Feldflaschen mit Milch. Sie wirkten völlig verwirrt, abgeschlagen und aufgelöst. Die Kämpfe mussten schrecklich gewesen sein, das sah man jedem Einzelnen in den Augen an. Wir hofften zum ersten Mal, dass die Amerikaner bald von Westen kommen würden. Denen konnte doch nicht entgehen, was da hinter uns passierte.«

Die Amerikaner kommen nicht. Im März bleiben ihre Truppen bei Torgau an der Elbe stehen, lassen auch keine Flüchtlinge mehr in ihre Zone. Der alliierte Oberbefehlshaber Dwight D. Eisenhower schickt am 28. März ein Telegramm an Stalin mit dem Versprechen, dass die US-Armee zunächst nach Bayern vorrücken wolle. Eisenhower glaubt Gerüchten über eine Nazi-Festung in den Alpen. Stalin versteht dies als Übereinkommen darüber, dass die Sowjetarmee die deutsche Hauptstadt allein einnehmen dürfe. Amerikanische Truppen überqueren die Elbe also nicht mehr. Die Bilder von Soldaten der 1. US-Armee und der sowjetischen 5. Garde-Armee, die sich am 25. April bei Torgau die Hände schütteln, gehen um die Welt.

Am 17. Februar 1945 erhält Schernewitz einen offiziellen Räumungsbefehl, angeordnet durch die Wehrmacht. Die meisten Bewohner flüchten; einige bleiben stur, glauben bis zum Schluss, dass man ihnen ihren Besitz nicht wegnehmen werde und sie diesen verteidigen könnten, wenn sie nur klarmachen könnten, dass sie keine Nazis sind. »Zu denen gehörte mein Vater«, sagt Ursula. »Wir blieben also, keinen interessierte es, die Soldaten zogen ja selbst ab. Es wurde gespenstisch ruhig. Meine Tante Emma und mein Onkel Karl, die sich auch nicht vertreiben lassen wollten, kamen zu uns rüber, als ihre Angst vor den Russen doch zu groß wurde. Sie setzten sich in die Stube und hielten sich an den Händen. Wir erwarteten die Russen und sahen schon von unserem Fenster aus die Scheunen in den entfernten Nachbardörfern brennen. Warum sollten sie das bei uns nicht tun? Wir redeten auf meinen Vater ein, der sich weiterhin weigerte. Ich glaube heute, er verfiel damals in eine Depression oder eine Starre.

Plötzlich hielt noch ein deutscher Panzer vor unserem Haus. Ich habe keine Ahnung, wo der herkam. Ein Offizier stieg aus und bat meine Mutter um Wasser. Sie gab es ihm und dazu ein Handtuch, weil er voll mit Dreck besudelt war. Als er mich sah, brüllte er uns an, wir sollten verschwinden, so schnell es ginge, sonst würden wir alle ermordet werden. Guben würde aufgegeben, man wollte aber für die letzten Flüchtlinge die Knüppelbrücke südlich der Stadt freihalten. Die einzige Chance für uns, noch zu entkommen, zu überleben. Wir alle schauten unseren Vater an, der völlig apathisch schien. Was war bloß los mit ihm? Er reagierte nicht auf den Panzerkommandanten, der darum bat, wenigstens mich, ein junges Mädchen, retten zu dürfen. Er wusste, was die Russen taten. Ich schrie meine Angst heraus: ›Ich fahre jetzt mit dem Panzer, und Mutter kommt ebenfalls mit!‹ Vater ignorierte das alles, packte den Offizier beim Arm und schmiss ihn aus dem Haus.«

Die Familie soll sich ihrem Schicksal ergeben. Um möglicherweise noch das Schlimmste zu verhindern, schneidet Ursulas Mutter ihrer Tochter in der Nacht die Zöpfe ab und kleidet sie als Jungen ein. Im Morgengrauen schlagen die ersten Granaten im Dorf ein. Zwei Frauen aus dem Ort halten mit ihren bespannten Wagen auf der Straße vor dem Hof. Ihre verängstigten Kinder und Eltern sitzen auf der Ladefläche. Sie bitten darum, dass Ursulas Vater mit seiner Kutsche voranfährt, da sie sich den Weg allein nicht zutrauen und so schreckliche Angst vor den Russen hätten. Ursulas Mutter versucht es ein letztes Mal und brüllt ihren Mann an: »Du kannst diese Frauen und Kinder nicht allein lassen, jetzt reiß dich zusammen. Du darfst uns nicht alle opfern. Wir brauchen dich!« Sie ergreift die Initiative, rennt zum Schrank, reißt so viele Klamotten raus, wie sie packen kann, und schmeißt sie aus dem Fenster, unter dem der Leiterwagen steht. »Und da ganz plötzlich wurden die Augen meines Vaters riesig groß und wach«, sagt Ursula. »Er hatte begriffen und war wie ausgewechselt, trieb uns nun regelrecht an. Mutter nahm aus der Speisekammer so viel Räucherwaren, Brote und Mehl mit, wie sie tragen konnte. Ein riesiger Schinken war dabei. Unser Vater packte zwei Hafersäcke auf den Wagen und spannte in Windeseile die Hengste vor den Karren. Er setzte sich vorne auf die Bank, nahm die Zügel in die Hand und lenkte den Wagen aus dem Tor. Meine Mutter und ich sind mit unseren Fahrrädern hinterher. Tante Emma und Onkel Karl wollten bleiben und sich dem Schicksal ergeben, wir konnten sie nicht überreden. Für uns gab es kein Halten mehr, es war der schiere Überlebenswille, der uns nun alle mitriss. Mein Vater mit dem Wagen voran, die beiden Nachbarsfamilien und wir mit den Rädern hinterher. Als ich mich umblickte, sah ich schon brennende Häuser im Dorf. Wir mussten raus aus Schernewitz, wussten ja, dass der einzige Fluchtweg über die Knüppelbrücke führte, wie es der Panzerkommandant

Die Knüppelbrücke bildete den einzigen Fluchtweg über die Neiße.

gesagt hatte. Ich sah die Kirche in Guben brennen. Es war wie eine Flucht aus der Hölle. Als wir kurz vor der Brücke waren, hatten uns die Russen eingeholt. Wir hörten unerträglich laute, russische Kommandos hinter uns. Von der anderen Seite, vom Westufer aus, riefen deutsche Soldaten, die uns bemerkt hatten: ›Ist da jemand? Halten Sie durch, fahren sie über die Brücke, schneller! Wir geben Ihnen Feuerschutz!‹ Da fingen die Russen hinter uns schon an zu schießen. Ich beobachtete einen deutschen Soldaten, der lief gebückt über die Brücke auf uns zu, hinter ihm folgte noch einer. Und dann schossen sie von allen Seiten mit Maschinengewehrfeuer auf die Russen, warfen Granaten, kämpften uns den Weg frei. Pausenlos. Die Männer haben alles gegeben, um uns das Leben zu retten. Wir hörten deutsche Kommandos, die an uns gerichtet waren: ›Weiter, weiter, immer weiter!‹ Und wir fuhren mit den Rädern und dem Wagen über die Brücke, auf der mehrere Panzer standen, hinter denen wir Schutz fanden. Wir kamen rüber, am Ende glaubte ich erst zu halluzinieren. Ich sah da unseren Schäferhund Berno stehen. Er zitterte, wedelte mit dem Schwanz, als er mich erkannte. Er musste uns nachgelaufen sein, ohne dass wir es bemerkt hatten. Er lief zwischen zwei Panzern hindurch, da bewegte sich der hintere vorwärts und fuhr Berno über die Beine. Er jaulte, blieb verletzt liegen. Ich wollte den Armen aufheben und versuchen, ihn auf den Wagen zu bekommen, aber die Landser haben uns weitergetrieben. Als ich mich noch mal umsah, sah ich, wie einer der Männer seine Pistole nahm und Berno erlöste. Es war ein Gnadenschuss. Die Soldaten, die uns gerettet hatten, kämpften gegen die anstürmenden Russen auf der anderen Seite, hielten sie auf und schickten uns weiter. Wir waren so dankbar. Das bin ich bis heute.«

Ursula und ihre Begleiter sind an diesem am 21. Februar 1945 die letzten Schernewitzer, die aus dem Dorf flüchten können. Sie ziehen bis Liberose und reihen sich dort in einen Flüchtlingstreck ein. Den bedrohlichen Geschützdonner stets hinter sich flüchten sie weiter über Landstraßen und durch Dörfer. Von Scheune zu Scheune und Stall zu Stall. Es sind Tausende, die auf Pferdewagen, mit Handkarren, Fahrrädern oder vollgepackten Kinder- und Puppenwagen unterwegs sind. Der Treck kommt in Lübben zum Stehen, wo es sicher sein soll. Trotzdem ziehen die meisten Wagen weiter. »Wir fanden eine Familie, bei der wir unterkommen konnten«, sagt Ursula. Die Tochter der Frau des Hauses hieß Rosemarie, ihr Vater war schon lange an der Front. Ich habe bei ihr im Bett geschlafen, und wir kamen über die nächsten Tage alle etwas zur Ruhe. Mitte April hörten wir heftigen Kanonendonner von den Seelower Höhen. Rosie und ich trösteten uns gegenseitig. Wir hatten uns angefreundet und lieb, und sie wusste, dass wir weiterziehen würden. Ihre Mutter wollte mit ihr die Stadt nicht verlassen.«

In der Kesselschlacht bei Halbe fanden mehr als 60 000 Menschen den Tod.

Nach ihrem siegreichen, wochenlangen Kampf um die Festung von Küstrin wird die Sowjetarmee auf ihrem Marsch auf Berlin noch einmal für drei Tage auf den Seelower Höhen von der Wehrmacht gebunden. Zwischen dem 16. und 19. April 1945 kämpfen auf einer etwa 20 Kilometer langen Linie um die Stadt Seelow eine Million Rotarmisten gegen ein letztes Aufgebot von 200 000 Wehrmachtssoldaten. Mit über 40 000 Artilleriegeschützen lässt Stalin angreifen. 33 000 deutsche Soldaten und etwa 80 000 sowjetische lassen bei den Kämpfen ihr Leben.

»Dann herrschte tagelang Stille«, erzählt Ursula. »Aber die ersehnten Amerikaner kamen nicht. Die Kräfte der Russen waren aufgebraucht. Heute weiß ich, was sie in der Zeit des Stillstandes gemacht haben. Es traf alle zurückgebliebenen Flüchtlinge, sie töteten und vergewaltigten sie, auch unsere lieben Schernewitzer Frauen. Ich habe später die ganzen Grausamkeiten erfahren. Die kurze Ruhepause wurde auch getrübt an dem Tag, als meine

Mutter beobachtet hatte, wie Feldjäger der Wehrmacht in einem Wald Jungen vom Volkssturm aufgehangen haben: ›Sie haben die Bürschchen ermordet, es waren doch noch Kinder‹, rief sie immerzu und weinte den ganzen Tag. Wir warteten, es passierte nichts. Für Lübben kam einfach kein Räumungsbefehl. Und wieder war es Mutter, die furchtbare Nachrichten überbrachte. Sie lief jeden Tag auf den Marktplatz, um sich zu informieren, wie es weitergehen könne. Es waren schrecklich zugerichtete Mädchen aus Zauche, einem dünn besiedelten Gebiet in Brandenburg, dort angekommen, die erzählt hatten, dass die Russen über alle Frauen hergefallen seien, sie vergewaltigt und getötet hätten. Einige seien in den See gelaufen und in die Jauchegruben und seien da ertrunken. Nur ganz wenige hätten entkommen können. Meine Mutter war außer sich vor Sorge und wollte auf der Stelle weg. Wir haben unseren Mitreisenden aus Schernewitz Bescheid gegeben und sind mit ihnen schnell weiter, ohne Rosemarie und ihre Mutter. Wir glaubten, dass wir noch über die Elbe gelangen könnten bis zu den Amerikanern, um so den Vergewaltigungen und Morden zu entkommen. Ich habe Rosi nach dem Krieg getroffen, sie hat mir von dem Grauen erzählt, auch sie ist vergewaltigt worden. Ich habe nicht verstanden, warum nicht einfach alle geflohen sind; so vieles, was die Menschen damals taten oder nicht taten, konnte ich nicht begreifen. Aber instinktiv wusste ich, dass wir das Richtige getan hatten und uns nicht von der Ruhe haben blenden lassen.«

Ursulas Familie schließt sich dem nächsten Flüchtlingstreck an, der auf der Landstraße Richtung Westen zieht. »Zwischen den Dörfern lagen dichte Alleen, die man so gepflanzt hatte, damit sich die Tiere in den heißen Sommermonaten abkühlen konnten. Die Alleen waren erneut eine Rettung in höchster Not, denn die Russen haben mit Tieffliegern auf unseren Treck geschossen. Die Kugeln schlugen durch die Baumkronen. Ein schreckliches

Geräusch. Menschen wurden auch getroffen, Frauen und Kinder; niemand konnte ihnen helfen, man musste sie liegen lassen. Das Morden, das Grauen nahm einfach kein Ende. Wir sind den Russen letztendlich nicht entkommen. Am 26. April haben sie uns bei der Stadt Halbe eingeholt. Wir standen mitten im Schlachtfeld.«

Die Kesselschlacht von Halbe gilt mit dem parallel ablaufenden Kampf um Berlin als letzte große Schlacht des Zweiten Weltkriegs in Europa. Zwischen dem 24. und 28. April 1945 kämpfen im Gebiet um die Ortschaft Halbe, 60 Kilometer südlich von Berlin, 280 000 Rotarmisten gegen 80 000 Soldaten der Wehrmacht. 20 000 sowjetische Soldaten sterben dabei und 30 000 deutsche. Auch 10 000 eingeschlossene Zivilisten finden im Kugelhagel den Tod.

»Es war ein absolutes Durcheinander, ein Geschrei und Gebrüll, kaum zu ertragen«, sagt Ursula. »Deutsche Truppen, russische Einheiten, Flüchtlinge, Deserteure, Gefangene, Zwangsarbeiter, alles lief gegeneinander oder aneinander vorbei. Wir haben im Wald zwischen Halbe und Märkisch-Buchholz Zuflucht gefunden bei einer Mühle, in einem Unterstand. Italienische Gefangene liefen mit Panik in ihren Gesichtern auf uns zu. SS-Männer in schwarzen Uniformen schossen von hinten auf sie. Einer nach dem anderen fiel tot um. Ein verletzter Italiener stürmte mit weit aufgerissenen Augen auf mich zu, er hielt sich den blutenden Arm, war getroffen worden. Er stürzte einen halben Meter vor mir in den Dreck. Ich sah, wie der SS-Offizier sein Gewehr anlegte und den Mann, der vor mir auf dem Boden winselte, erschießen wollte. Da ging die Sicherung mit mir durch. Ich schrie und rannte los, stolperte auf den SS-Mann zu und schlug ihm mit der flachen Hand das Gewehr runter. Ich war mit den Nerven am Ende, mir war inzwischen alles egal, oder ich dachte nicht mehr nach. Vielleicht ist man auch einfach mutiger, wenn man jeden

Moment mit dem Tod rechnet, und es wird einem gleichgültig, ob es sofort passiert oder ob man es noch etwas rauszögert. Ein Ende mit Schrecken ist manchmal das kleinere Übel. Die SS-Leute fluchten, bedrohten uns mit Gewehren und Pistolen. Ich weiß nicht, wie viel Zeit verging, Minuten, wahrscheinlich nur Sekunden. Wir hätten alle erschossen werden können, sahen die SS-Männer aber von einem Moment auf den anderen wegrennen, denn in genau diesem Augenblick brachen die Russen durch den Wald. Also wurde das Sterben doch noch etwas hinausgezögert, aber lange konnte es ja nicht mehr dauern. Vater war es nun, der die Hoffnung nicht aufgeben wollte. Wir krochen auf seinen Befehl, so schnell es ging, in die Gräben beim Unterstand. Er legte Äste und Zweige über unsere Köpfe. In dem Moment kam der Soldat aus dem Ersten Weltkrieg in ihm wieder hoch, und er gab Kommandos: ›Jetzt Deckung, Vorsicht, rechte Flanke!‹

Die Russen zogen durch den Wald, trieben und hetzten ihre Panjepferde voran. Der erste Sowjetsoldat erreichte den Graben und schrie: ›*Uri! Uri!*‹ Mein Vater gab ihm, ohne zu murren, seine Uhr und nach Aufforderung dann noch den Ehering. Ich sah, wie sich ein anderer Russe an unserem Wagen zu schaffen machte, offensichtlich wollte er den Sack Weizenmehl klauen, den Vater aufgeladen hatte. Jetzt gingen die Nerven mit Mutter durch. Sie zog sich hoch, stürzte aus dem Graben, rannte in ihrem schmutzigen Rock auf den Russen zu. Sie kämpfte mit ihm, rief entsetzt: ›Das ist mein verdammtes Mehl!‹ Sie zerrte ihm den Sack weg, riss an seiner Jacke, trat ihn gegen die Schienbeine. Der verdutzte Mann ließ von ihr ab, er war völlig überrascht von dem Manöver. Unglaublich, was Mutter sich da getraut hat. Aber wie sollte es weitergehen? Es kamen immer mehr russische Soldaten auf uns zu gerannt, wie ein Bienenschwarm, es hörte nicht auf. Ich blieb wie angewurzelt stehen, beobachtete, wie einige Russen sich auf die Frauen stürzten, die sie aus der Mühle gezerrt hatten. Sie vergewaltigten sie mitten auf dem Schlachtfeld. Was ist das für eine Barbarei? Vater reagierte geistesgegenwärtig, hat weiter seine Befehle gegeben und gemeint, wir dürften nicht vor den Russen wegrennen wie Opfer, sondern müssten ihnen entgegenlaufen. Sie könnten nicht stehen bleiben, würden sonst selbst von hinten beschossen. Er hat uns in vollem Lauf in die anstürmende Russenarmee getrieben, nach Osten, raus aus dem Kessel. Ich achtete nur auf ihn, hörte nur seine befehlende Stimme. Wir schafften es, liefen immer weiter, bis kein Russe mehr zu sehen war. Nach einigen Kilometern waren wir bis zu einem Feldweg gekommen, wo Vater dann doch wieder nachrückende Sowjets hörte. Er lenkte den Leiterwagen in den Wald und hielt auf einer Lichtung an. Meine Eltern versteckten mich auf dem Wagen zwischen den Säcken. Sie hatten große Angst, dass ich vergewaltigt werden würde. Sie haben alle Decken und Kleider über mich geworfen, damit ich nicht entdeckt werden konnte. Als ich Russenstimmen aus der Ferne hörte, passierte etwas ganz Merkwürdiges, das ich mir bis heute nicht erklären kann. Ich bin einfach eingeschlafen. Ich erinnere mich an nichts mehr. Als ich wach wurde, war mir schlecht, ich konnte mich kaum orientieren. Es war still, ich hörte die Pferde nicht schnauben, kletterte von dem Wagen herunter und sah, dass meine Eltern am Wagenrad kauerten und bitterlich weinten. ›Wo sind die Pferde?‹, fragte ich. Vater und Mutter erzählten unter Tränen, dass reitende Russen in den Wald gekommen seien und den Wagen verlangt haben. Mein Vater habe versucht, mich zu verteidigen. Sie forderten dann unsere Pferde. Als meine Mutter sie nicht hergeben wollte, haben sie gedroht, beide zu erschießen, also ließen sie die Tiere los. Ich verstand die Zusammenhänge nicht richtig, war wie benommen. Meine Mutter hat so geweint und mich fest an sich gedrückt. Später haben wir die geschundenen Russenpferdchen im Wald gefunden, die sie gegen unsere getauscht hatten. Kleine graue, durchgescheuerte und von Blut und Schweiß nasse Panjepferde. Wir haben ihre Wunden versorgt und sie mit Decken eingewickelt, sie dann vor unseren Wagen gespannt, aber sie konnten ihn nicht ziehen. Also haben wir alles runtergeschmissen, bis auf einen halben Sack Hafer, den wir für die Pferde brauchten.«

Unterwegs müssen Ursula und ihre Eltern in verlassenen Ortschaften oder auf Höfen nach Lebensmitteln suchen, stolpern dabei über Trümmer und entsetzlich entstellte Leichen. Am ersten Mai 1945 kommen sie in das zerstörte Guben. Die Knüppelbrücke ist eingestürzt. Sie erfahren von Gubenern, die Leichen aus der Stadt tragen, dass russische Soldaten bei Groß-Besen eine Furt für ihre Panzer gebaut haben. Dort kommen sie rüber. Ein paar Männer aus dem Ort helfen, tragen die zitternden Pferde auf Händen über das Wasser. Dann steht die Familie wieder am Ortseingang von Schernewitz. »Aus der Hauptstraße kamen uns gleich erneut Russen entgegen«, sagt Ursula. »Vier Mann, sie waren noch einen halben Kilometer entfernt. Sollte das denn nie aufhören? Vater fummelte mit den Händen unter dem Wagen und zog eine Pistole hervor. Die hätte er für den Notfall, sagte er und: ›Sie werden deine Eltern jetzt töten, Ursula. Jetzt, wo wir zu Hause sind. Wir können nicht mehr. Aber du, nimm die Pistole und lauf nach Hause, so schnell du kannst!‹ Er zeigte mir, wie man die Waffe entsichert, und erklärte mir genau, wo ich mich auf unserem Hof verstecken sollte. Falls mich jemand anfassen würde, müsste ich sofort schießen. Ich küsste meine Mutter auf die Wange und war so traurig in dem Moment. Vater nickte, wollte mir bewusst machen, dass ich keine Zeit hatte. Ich wusste, dass es das Schlimmste für Mutter war, wenn mir etwas passierte, und rannte los, über die Felder, um mein Leben, immer schneller. Ich musste es von der hinteren Seite zum Hof schaffen, bin über die Schafbrücke über das kleine Flüsschen Lubz gekommen, weitergelaufen, über unsere Pferdekoppeln gerast, und kam auf dem Hof an.

Er war total verwüstet. Ich hielt die Pistole in der Hand, jederzeit bereit, zu schießen. Es war unfassbar still. Kein einziges Huhn lebte mehr, kein Tier. Da lag eine erschossene Kuh, hier eine verendete Katze. Ich lief zu dem Graben hinter einer Scheune, an den Platz, von dem mein Vater mir gesagt hatte, ich sei dort am sichersten. Ich erkannte, dass in der Grube Russen gehaust hatten. Ich wunderte mich wirklich über den kuriosen Anblick. Sie hatten dort drinnen wohl ihre Stellung, eine Verteidigungslinie aufgebaut. Der ganze Graben war mit Leinen ausgelegt, Stühle, Decken, unsere Matratzen aus dem Haus, alles hatten sie hier rein geschafft, in einem Fass Schnaps gebraut. Unsere Schränke lagen draußen und die Spiegel auch. Es war so surreal und gleichzeitig komisch, dass ich anfing zu lachen. Ich bekam Bauchschmerzen davon und setzte mich in den Graben. Kurze Zeit später kamen meine Eltern nach. Wir fielen uns in die Armee, die Russen hatten sie verschont. Wir liefen Arm in Arm zusammen ins Haus. Sie hatten selbst die besten Verstecke gefunden. Sogar mein Konfirmationsschmuck, den Vater im Backhaus versteckt hatte, war weg. Tante Emma fanden wir auf ihrem Hof; sie hatte das durchgemacht, was auch so viele andere Frauen erlebt hatten. Ich wollte nach meiner Freundin Stanislawa sehen. In ihrem Haus fand ich niemanden vor, alles war kaputt geschlagen, der Boden merkwürdig verfärbt. Die Nachbarin Frau Wonneberger sah mich, kam weinend rüber und erklärte mir, dass alle tot seien. Stanislawa, ihre Mutter, ihre Tante und die älteren Mädchen seien vergewaltigt worden, einige hätten die Russen danach erschlagen. Die überlebenden Frauen hätten erst den Kindern die Pulsadern aufgeschnitten und dann sich selbst. Der Einzige, der es geschafft habe zu entwischen, sei Stanislawas Bruder Roman gewesen. Er hat der Frau Wonneberger alles erzählt, was er zuvor gehört hatte. Die Russen haben Herrn Jost und seine Familie für Verräter gehalten, weil jemand von den Kindern russisch oder ukrainisch gesprochen hatte. Frau Wonneberger hatte die Toten als Erstes gesehen; sie zeigte mir, wo Stanislawa gestorben ist, betend auf der Treppe. Sie konnte niemandem mehr helfen. Ich war so entsetzt, dass ich nicht weinen konnte, noch nicht. ›Wo haben sie die Leichen gelassen?‹, rief ich. Frau Wonneberger antwortete, die Russen hätten alle dreizehn Toten auf Panjewagen geschmissen und zur Kiesgrube gefahren. Ich erzählte meinem Vater, was ich erfahren hatte. Er ist mit ein paar Männern dorthin und hat die Familie Jost gefunden. Sie hatten sie einfach in der Grube abgeladen, nicht mal zugedeckt. Unsere Männer haben sie dann anständig begraben. In den nächsten Tagen fingen wir an aufzuräumen. Es kamen immer wieder Gruppen von Russen durch Schernewitz und, wenn sie Lust hatten, vergewaltigten sie Frauen. Meine Mutter sammelte die kleinen verletzten Panjepferdchen ein, wenn sie sie zurückließen, und kümmerte sich um sie. Wir hatten bald eine ganze Menge auf der Wiese stehen. Mutter hatte immer noch so eine Angst um mich, dass sie Tag und Nacht aufgepasst und mich gewarnt hat, wenn Russen kamen. Ich bin gelaufen und gerannt. Ich hastete dann in den Wald oder sprang in den Fluss und tauchte unter. Einmal war ich bei meiner Tante, als sie kamen. Wir verkrochen uns tief im Stroh auf dem Heuboden. Es hätte uns sonst erwischt. Unter uns zerrten sie eine andere Frau aus dem Dorf in die Scheune; wir haben gehört, wie sich mehrere Soldaten an ihr vergingen, aber sie haben sie nicht getötet. Ich hätte das nicht mehr lange ausgehalten. Eines Morgens kam ich wieder von einer nächtlichen Flucht nach Hause, da erzählten mir meine Eltern, dass während meiner Abwesenheit ein polnischer Offizier bei ihnen eingekehrt war und etwas zu Essen verlangt und sich dann schlafen gelegt habe. Er hätte gesagt, dass die Russen böse seien und sie sich keine Sorgen um mich machen sollten. Sie sollten ihn wecken, wenn Sowjets kämen. Er habe selbst eine Pistole und würde mich beschützen. Er ging am Abend wieder, aber ich und viele andere setzten von da an die Hoffnung in die Polen, dass sie uns gegen die Russen verteidigen würden.«

Ursulas Lichtblick wird wenige Tage später wieder gelöscht. Am 20. Juni 1945 hört sie lautes Gebrüll und Tumult vor dem Haus. Hunderte Menschen werden durch die Dorfstraße getrieben, begleitet von bewaffneten Polen. Drei polnische Soldaten kommen mit auf ihren Gewehren aufgepflanzten Bajonetten auf ihren Hof und fordern die Familie auf, mitzukommen. Sie müssen sofort mit. Jeder greift sich, was er noch mitnehmen kann, und schließt sich dem Flüchtlingszug an. Zusammen mit Tausenden anderen aus der Stadt Guben und Umgebung werden sie von den Polen zur Knüppelbrücke gejagt, doch die steht nicht mehr. Die Soldaten treiben oder schmeißen mit Gewalt und rücksichtlos die Menschen in den Fluss, der an dieser Stelle brusthoch ist. Jeder kann nur tragen, was er auf seinem Kopf zu balancieren im Stande ist. Auf der anderen Seite liegt der westliche Teil der Stadt Guben, der später in die DDR eingemeindet wird. Die meisten Vertriebenen ziehen weiter, Ursulas Familie bleibt im Ort und wohnt in den nächsten drei Jahren in einem Schuppen. Sie leben von der Hand in den Mund. Zunächst helfen alle bei Erntearbeiten, hacken Holz im Wald und tauschen es gegen Grundnahrungsmittel. Eines Tages hört der Pfarrer des Ortes Ursula singen. Es gibt niemanden mehr weit und breit, der Orgel spielen kann, und er fragt sie, ob sie es lernen möchte. Sie stellt sich als Naturtalent heraus und begleitet bald die Gottesdienste und Trauerfeiern in der Gegend. Ein junger Lehrer hört sie musizieren und verliebt sich in sie. Mit ihm zieht Ursula 1950 nach Potsdam, wo sie die Orgelprüfung ablegt und einen Schnellkurs in Religion besucht. Sie kann danach als Lehrerin an einer Volksschule arbeiten. Einer ihrer Lieblingsschüler wird der Modedesigner Wolfgang Joop, der ihr heute noch ab und zu Briefe schreibt. Ursula heiratet erst 1960; sie bekommt zwei Töchter und hat mittlerweile eine erwachsene Enkeltochter.

Ursula (2. von links) auf ihrem Hof im polnischen Gubin (2017)

Oft fährt sie mit ihrer Familie über die Grenze und schaut sich die Überreste ihres alten Hofes an. Mit Tränen in den Augen kehrt sie jedes Mal wieder nach Berlin zurück. »Die Heimat zu verlieren, das ist eine der schlimmsten Qualen, die möglich sind«, sagt sie. »Die Trauer geht nie weg, nie!«

HERTA UND DIE WASSERLEICHEN DER SUDETEN

Herta sorgt sich um ihre Eier. Die Künstlerin ist heute 94 Jahre alt, ihre letzte Ei-Ausstellung fand 2011 in Rottenburg statt. Noch immer weiß sie nicht, was aus dem Schatz von über 2000 bemalten Eiern, den sie seither in ihrem Haus aufbewahrt, einmal werden soll. Kinder hat sie nicht, und das Interesse an Nano-Kunst auf Eischalen scheint niemanden mehr vom Hocker zu reißen. Die meisten Ostereier hat Herta selbst in filigraner Feinarbeit mit Pinsel, Tusche und Aquarellfarbe bemalt, den Rest von Sammlern aus der ganzen Welt bekommen. Es ist eine Arbeit von mehr als 60 Jahren, die zu Ende gegangen ist, denn die Gicht in den Fingern lässt es nicht zu, dass Herta erneut den Pinsel in die Hand nimmt. Aber immer noch erfreut sie sich an den selbst gestalteten Miniaturwelten: Landschaften, Städte, Tiere, Figuren aus Büchern. Die Eierschalen stammen aus der ganzen Welt; aus China, Japan oder Italien. Ihre ersten Eier aber hat Herta aus ihrer alten Heimat geschickt bekommen, aus dem Sudetenland. Die Qualen, die sie 1946 durch ihre Vertreibung von dort erlitten hat, überschatten alle Erinnerungen an ein Paradies. Und jetzt im Alter, wo sie sich nicht mehr mit der Malerei ablenken kann, kommen die furchtbaren Eindrücke wieder hoch, die sie mit kaum jemandem teilen kann.

Herta wird als einziges Kind eines sudetendeutschen Ehepaares in Neutitschein (*Nový Jičín*) geboren. »Als ich zur Welt kam, war mein Vater schon 45 Jahre alt«, erzählt Herta. »Meine Mutter war mit 27 deutlich jünger. Mein Vater hat für die Stadtverwaltung gearbeitet und konnte neben Deutsch auch fließend Tschechisch und Russisch sprechen. Neutitschein als Hauptstadt des sogenannten Kuhländchens hatte etwa 14 000 Einwohner, als ich dort lebte, und davon waren mindestens zehntausend Deutsche, also eine deutliche Mehrheit. Mit tschechischen Kindern hatte ich nie etwas zu tun, die blieben unter sich, und wir Deutschen auch. Es gab eine tschechische Volksschule und drei deutsche. Auf eine davon ging ich. Tschechisch lernten wir als Fremdsprache, aber sie lag mir nicht sonderlich.«

Nach der vierten Klasse besucht Herta die Oberschule für Mädchen in der Neutitscheiner Goethegasse, sie tritt dem Jungmädelbund und später dem BDM bei. »Ich organisierte mich in der Spielschar. Wir waren wirklich angesehen und erfolgreich in unserer Region, bildeten den besten Gesangsverein im Bezirk Reichenberg (*Liberec*). Die Hitlerjungen aus Neutitschein hatten den anerkanntesten Fanfarenzug. Wir traten zusammen auf und gaben Konzerte im ganzen Sudetenland.«

Nach dem Zusammenfall der österreichisch-ungarischen Monarchie entsteht 1918 ein neuer Staat: die Tschechoslowakische Republik (CSR). Von Beginn an kommt es hier zu sprachlichen und kulturellen Konflikten. Zum Staatsvolk gehören nur die hier lebenden 6,5 Millionen Tschechen und 3 Millionen Slowaken. Als Minderheiten angesehen werden 3,5 Millionen Deutsche, die in der zuvor österreichischen Provinz Sudetenland lebten, einem deutschen zum größten Teil in Böhmen und Mähren-Schlesien gelegenen Siedlungsgebiet, bestehend aus 3338 Gemeinden; außerdem 700000 Ungarn, 400000 Ruthenen und 70000 Polen. Die Folgen der Weltwirtschaftskrise sind in der Tschechoslowakei deutlicher und länger spürbar als in anderen europäischen Ländern. Besonders betroffen sind die mehrheitlich von Deutschen bewohnten Industriegebiete des Sudetenlandes, und obwohl deutsche Parteien im Parlament vertreten sind, gibt es für die größte Minderheit des Landes von Prag aus kaum finanzielle Hilfe. Die Sudetendeutschen fühlen sich diskriminiert und verraten. Mit der Machtübernahme Hitlers und vor allem in den Jahren des Aufschwungs danach steigt die Sehnsucht nach einem autonomen Sudetenstaat, den die Sudetendeutsche Partei (SdP) im Prager Parlament anstrebt. Hitler hält davon nichts. Für ihn gehört das Sudetenland zu Deutschland. Die SdP hat er schnell auf seiner Seite, denn die dringend benötigte wirtschaftliche Hilfe kommt von ihm selbst beziehungsweise aus der deutschen Staatskasse. Der Vorsitzende der SdP Konrad Henlein kann breitschultriger auftreten; weil seine Autonomieinteressen auch Gehör im britischen Parlament finden, zeigt sich der Staatspräsident der CSR Edvard Beneš zu Verhandlungen bereit. Doch eine von Henlein geforderte Unabhängigkeit nach Schweizer Vorbild lehnt dieser entschieden ab. Auch Hitler verkündet immer wieder seine Sorge über die Sudeten, sodass Beneš einen Einmarsch deutscher Truppen befürchten muss. Nach der folgenden Mobilmachung und Stationierung von Soldaten der CSR an der deutschen Grenze und ersten Übergriffen von tschechischen Milizen auf Sudetendeutsche fürchten auch England, Frankreich und Italien einen Kriegsausbruch. Nachdem Hitler versprochen hat, dass dies seine letzten territorialen Forderungen sind, stimmen sie auf dem Münchner Abkommen vom 30. September 1938 der Abtretung des Sudetenlandes an Deutschland zu. Die Wehrmacht marschiert hier am 1. Oktober ein und besetzt bis zum 10.

Im Oktober 1938 marschiert die Wehrmacht ins Sudetenland ein.

Oktober alle Gebiete des Sudetenlandes. Beneš flüchtet nach London und baut von dort aus ab 1940 eine tschechische Exilregierung auf.

»Anfang Oktober feierten alle«, erzählt Herta. »An jedem Haus wurden die großen Hakenkreuzflaggen gehisst. Auf dem Marktplatz warteten wir täglich mit unseren Fähnchen ausgestattet darauf, dass die Parade endlich durch unsere Stadt zog. Erst am letzten Tag, am 10. Oktober kamen die Truppen auch nach Neutitschein. Die Menschen flippten regelrecht aus vor Freude. In unseren Straßen fuhren Panzer in Kolonne auf, und deutsche Soldaten ritten auf riesigen Pferden. Der Marktplatz war übervoll, wir jubelten, heilten und riefen: ›Wir wollen den Führer sehen, wir wollen den Führer sehen‹. Ich weiß noch genau, ein Soldat stand auf seinem Panzer auf und rief uns zu, den Führer würden wir schon bald kennenlernen, aber erst müssten wir mit ihm vorliebnehmen. Er sei doch auch ein schöner Mann. Es war noch nie eine so ausgelassene Stimmung in unserer kleinen Stadt.«

Mit der Abtretung des Sudetenlandes gibt es kaum eine Chance, dass die neu entstandene, stark verkleinerte Tschecho-Slowakische Republik noch lange Bestand hat. Hitler bildet den Reichsgau Sudetenland, die SdP geht in die NSDAP über, alle anderen Parteien werden verboten. Auch Polen und Ungarn annektieren nun Gebiete, und der slowakische Teil strebt einen eigenständigen Staat an. Am 15. und 16. März 1939 lässt Hitler die Wehrmacht das restliche Gebiet der Tschecho-Slowakei besetzen. Mit der fast widerstandslosen Zerschlagung der sogenannten Rest-Tschechei, gegen die das Ausland nichts unternimmt, existiert die CSR faktisch nicht mehr. Das Reichsprotektorat Böhmen und Mähren mit seiner Hauptstadt Prag wird ins Deutsche Reich eingegliedert. Die neu gegründete Slowakische Republik unterzeichnet am 23. März 1939 einen Schutzvertrag mit Deutschland und existiert als deutscher Satellitenstaat weiter. Die im Protektorat Böhmen und Mähren verbliebenen Tschechen werden nun als Minderheit geduldet, auch weil ihre Arbeitskraft dringend für die deutsche Kriegswirtschaft gebraucht wird. Jede noch so kleine Widerstandsbewegung wird blutig niedergeschlagen, tschechische Juden werden in Konzentrationslager getrieben, nicht deutsche Universitäten geschlossen. Bis zum Kriegsende wird sich der Frust der Tschechen aufstauen und sich dann – angestachelt durch ihren Präsidenten Beneš – so grausam entladen, wie dieser es bereits am 27. Oktober 1943 in einer Rundfunkansprache von London aus verkündet:

In unserem Land wird das Ende dieses Krieges mit Blut geschrieben werden. Den Deutschen wird mitleidlos und vervielfacht all das heimgezahlt werden, was sie in unseren

Ländern seit 1938 begangen haben. Die ganze Nation wird sich an diesem Kampf beteiligen, es wird keinen Tschechoslowaken geben, der sich dieser Aufgabe entzieht, und kein Patriot wird es versäumen, gerechte Rache für die Leiden der Nation zu nehmen.[70]

Bis März des Jahres 1945 bleibt das Sudetenland bis auf ein paar wenige Angriffe alliierter Bomber auf Industriegebiete weitestgehend verschont. Ab Ende April gelingt der Roten Armee der Durchstoß nach Böhmen und Mähren, nur etwa 30 000 Sudetendeutsche sind zu diesem Zeitpunkt evakuiert. Bis zum 9. Mai werden die sudetendeutschen Städte nach und nach nahezu kampflos eingenommen. Am 6. Mai 1945 marschiert die Rote Armee in Neutitschein ein.

»Da war ich im letzten Schuljahr«, sagt Herta. »Unser Abitur war nämlich um zwei Jahre vorgezogen worden, damit die Jugend Kriegsdienst leisten konnte. Meine Mutter war schon kriegsdienstverpflichtet und arbeitete in einer Munitionsfabrik, mein Vater war als Luftschutzwart ausgebildet worden. Neben unser Haus schlug am 5. Mai eine Granate ein. Vater konnte den Brand löschen und meine Mutter und mich rechtzeitig auf dem Heuboden verstecken. Auf Russisch erklärte er allen Russen, die sich unserem Haus näherten, dass niemand sonst im Gebäude sei, sie aber gerne hineingehen dürften, um sich alles zu nehmen, was immer sie wollten. Das taten sie auch über Stunden. Meine Mutter und ich hörten, wie sie das ganze Haus auf den Kopf stellten. Sie suchten auch nach Frauen, so viel verstanden auch wir und zitterten um unser Leben, wurden aber nicht entdeckt. Mein Vater hatte das perfekt vorbereitet. Meine beste Freundin und Klassenkameradin Gerti, die so alt war wie ich, hatte das Glück nicht. Ihr Vater hat alles so gemacht wie meiner, aber ein falsches Wort gesprochen. Er hatte sich vor sein Haus gestellt und gesagt, die Russen könnten alles haben, sollten aber seine Tochter in Ruhe lassen. Sie haben dann erst recht nach Gerti gesucht und sie natürlich irgendwann gefunden. Die Soldaten haben ihren Vater mit vorgehaltener Waffe gezwungen, zuzusehen, wie sie seine Tochter vergewaltigten. Einer nach dem anderen. Fünf Russen sind es gewesen. Zum Glück habe ich das nicht mit angesehen, aber die Nachbarn hatten alles mitbekommen und es erzählt. Ich bin sofort zu Gerti, die nach der Vergewaltigung mit schweren Verletzungen ins Krankenhaus gekommen war und mehrere Wochen da verbrachte. Sie sah schlimm aus, und ich war gewarnt genug. In den nächsten Tagen wurden wir alle von den russischen Besatzern gezwungen zu arbeiten. Ich musste mit einigen anderen Frauen in Ehrenberg hinter der Pochütte auf einem Feld schuften. Wenn ich morgens hinging und abends wieder nach Hause lief, habe ich mein Gesicht gründlich mit Asche und Lehm beschmiert. Ich wollte krank oder verbrannt aussehen, denn die Russen hatten Angst vor Krankheiten. Ich bin aus Panik davor, dass man mit mir so etwas antun könnte wie Gerti, auch immer querfeldein gegangen. Eines Tages hielten mich doch Russen an und fragten, wo ich hinwolle. Ich gab ihnen verängstigt Antwort. Einer von ihnen sagte, ich bräuchte heute nicht auf dem Feld zu arbeiten, sondern könne mit ihnen kommen. Ich wusste, was das hieß, und wünschte so sehr, ich könnte doch einfach nur aufs Feld. Sie brachten mich in eine besetzte Villa, wo Kommandanten untergebracht waren. Einer trat heraus; als er mich sah, befahl er mir, im Garten Kartoffeln zu schälen. Er war ziemlich ruppig und packte mich hart an. Ich tat, was mir befohlen wurde, und versuchte, kein Wort zu sagen. Als ich fertig war, brachte er mich in sein Schlafzimmer, und ich war sicher, dass ich nun dran sein sollte. Aber er stellte mir nur einen Wischer und einen Eimer hin. Er sagte, ich solle seinen Fußboden abschrubben. Das tat ich. Der Kommandant war gerade gegangen, als ein einfacher russischer Soldat das Zimmer betrat. Während ich da kniete und vor Angst fast weinte, zog er sich die Hose herunter, packte mich und zerrte mich auf das Bett des Kommandanten. Er schob meinen Rock hoch, begrapschte mich und wollte in mich eindringen. Da konnte ich nicht mehr ruhig bleiben. Ich schrie, so laut ich konnte. Das war mein Glück, denn der Offizier hörte es, kam verärgert herein und jagte den Vergewaltiger aus seinem Zimmer. Ich durfte dann nach Hause, wurde aber die Angst nicht mehr los, weil ich wusste, dass die Russen sich ständig Frauen griffen, und zwar nicht nur deutsche, die tschechischen Frauen traf es genauso. Sie haben so viele vergewaltigt, und keiner konnte uns helfen. Nur mein Schutzengel. Wenn es nur die Russen gewesen wären, aber bald machten die Tschechen ihnen alles nach, und sie waren noch brutaler.«

Beneš hat bereits 1943 mit Stalin einen Beistandspakt abgeschlossen und bei Zusicherung der Unterwerfung seines Landes den Aufbau einer neuen Tschechoslowakei nach dem Krieg verhandelt. Am 16. Mai 1945 hält der aus England zurückgekehrte und wieder zum Staatspräsidenten berufene Beneš in Brünn (*Brno*) eine weitere Ansprache, in der er sein Volk dazu aufruft, in den böhmischen Ländern alle Deutschen zu liquidieren. Daraufhin kommt es im gesamten Sudetenland zu spontanen brutalen Gewalttaten, Vergewaltigungen und Morden. »Die Tschechen kennzeichneten uns mit einem weißen etwa fünfzehn Zentimeter großen Wimpel auf der Kleidung, worauf ein N für *Nemecek* (Deutscher) angebracht war. Manche Häuser von Sudeten wurden auch mit weißen Fahnen gekennzeichnet. Die Deutschen wurden geschlagen, gejagt, angespuckt und gedemütigt. Wir durften nicht mehr auf den Gehwegen laufen, sondern nur noch auf der Straße, nicht mehr mit Bus oder Bahn fahren, nicht in tschechischen Läden einkaufen.«

Am 3. Juli 1945 läuft Hertas Vater zu Fuß zu seinen Eltern, die 18 Kilometer entfernt von Neutitschein leben, um ihnen etwas zu essen zu bringen und sich um sie zu kümmern. In der Nacht vom 4. auf den 5. Juli, die als Nacht von Pirna in die Geschichte eingehen wird, ist er noch nicht zurückgekehrt. 5000 in Neutitschein übrig gebliebene Deutsche, für die man keine arbeitsrelevante Verwendung hat – Frauen, Kinder, Alte und Kranke - werden an diesem Datum um Mitternacht von tschechischen Milizen und bewaffneten Grenzschützern, die *Stráž* genannt werden, auf dem Marktplatz zusammengetrieben und von dort aus bis ins zehn Kilometer entfernte Zauchtel (*Suchdol nad Odrou*) getrieben.

»Wir wurden verjagt wie die Ratten; viele hatten keine Zeit gehabt, etwas mitzunehmen. Manche hatten einen Rucksack oder einen kleinen Koffer fürs Nötigste. Den hatte Mutter auch mit ein paar Wechselklamotten für uns. Wir waren viele Tausend, und es kamen aus kleineren Dörfern immer noch welche dazu. Auf dem Weg erkannte ich den Fabrikanten Preisenhammer, der war über siebzig Jahre alt. Er hatte keinen Koffer dabei, stolperte neben mir in seinem weißblau gestreiften Schlafanzug und in seinen gelben Hausschuhen mit braunem Karomuster drauf. Das Bild vergesse ich nicht. Die Angst in den Augen dieses stolzen Mannes. Man hatte ihm nicht mal Zeit gelassen, sich anzuziehen. Ich weiß gar nicht, ob er es bis nach Zauchtel schaffte. Da wurden wir alle in Viehwaggons gepfercht. Es war unglaublich heiß da drinnen, wir hatten entsetzlichen Durst von dem Marsch, bekamen aber nichts zu trinken. Da drinnen sind wir drei Tage gefahren, ohne Verpflegung, ohne Wasser. Außen an den Waggons saßen in kleinen Bremserhäuschen die *Stráž* mit Gewehren und bewachten uns. In meinem Wagen kauerte eine Mutter mit einem Säugling auf dem Arm. Sie machte sich Sorgen, weil er offensichtlich zu schlapp war und nicht trank oder bereits tot war. Sie schrie vor Verzweiflung, ich sah, wie andere Frauen aufstanden und versuchten zu helfen. Da kam der *Stráž* aus seinem Bewacherhäuschen und riss der armen Frau ihr Kind aus den Händen. Er nahm es, schleuderte es herum und warf es dann aus dem fahrenden Zug. Auch dieses Bild und die danach bis zum Ende der Fahrt weinende Mutter vergesse ich nicht.«

Die Vertreibung der Sudetendeutschen begann unmittelbar nach Ende des Zweiten Weltkriegs.

Der Zug fährt bis Herrnskretschen (*Hřensko*), wo die Deutschen aus den Waggons gedrängt werden. »Die *Stráž* trieben uns in den Wald. Da mussten wir Frauen uns immer wieder aufstellen. Sie suchten nach Schmuck, sagten sie. Dabei haben sie uns mit ihren dreckigen Händen in alle Löcher, Nase, Mund, Ohren, Unterleib gegriffen. Ich denke, sie wussten, dass wir nichts versteckt hatten. Es war eine gewollte Erniedrigung, vielleicht eine Vergewaltigung. Wir wurden bis Tetschen-Bodenbach (*Děčín-Podmokly*) angetrieben, von da aus sollten wir zu Fuß bis zur Grenze nach Sachsen laufen. Das war noch ein ganzes Stück weiter durch den Wald, der erste Ort auf der anderen Seite hieß Schmilka. Auf dem Weg dahin kamen uns drei freundliche *Stráž* entgegen und boten an, unsere alten Leute auf einem Lkw mitzunehmen. Wir freuten uns, sie fuhren mit einem offenen Laster vor und halfen den Senioren hinauf. Zwei Frauen aus unserer Straße haben ihre Mütter und eine auch ihren Vater auf den Lkw laden lassen und ihr eigenes Gepäck dazu. Sie boten allen an, ihre Koffer zu transportieren. Das war eine Erleichterung. So fuhren sie voran. Als wir aber an der Grenze ankamen und vor Schmilka standen, war der Laster weit und breit nicht zu sehen und er kam auch nicht mehr. Viele Angehörige warteten Stunden und Tage auf ihre Väter und Mütter, vergeblich. Jahre später hat ein tschechischer Gastwirt, der an der Grenze wohnte, Kontakt mit den Vertretungen der Sudeten in Deutschland aufgenommen und erzählt, was passiert war. Er hatte den Lkw gesehen und vorher viele Schüsse im Wald gehört. Als er nachsehen gegangen ist, hat er die alten Leute erschossen auf dem Waldboden liegend gefunden, Gepäckstücke seien nicht dabei weggewesen. Die *Stráž* hatten es also nur auf die Wertsachen abgesehen und dafür die wehrlosen Greisinnen und Greise getötet.« Herta schluckt, sie braucht eine Weile, bis sie fortfahren kann. »Von Schmilka aus haben sich alle verteilt und sind in kleinen Gruppen in verschiedene Richtungen gelaufen; keiner wusste so recht wohin. Die zwei Frauen aus unserer Straße, die ihre Eltern verloren hatten und noch ganz geschockt waren, die haben Mutter und ich mitgenommen. Wir sind über die Elbe gegangen in Richtung Pirna. Die zerstörte Stadt war voll mit Flüchtlingen. In keinem Haus war mehr Platz für uns, also schliefen wir unter den Elbbrücken. Wir wussten nicht wohin, hatten unglaublichen Hunger. Viele bettelten. Einmal nahm mich ein Gastwirt mit, weil ich ihm so leid tat. Und der hat mir etwas zu essen gegeben, so Kleinigkeiten vergisst man nicht. Wir haben irgendwo einen Topf gefunden, in dem wir alles, was wir finden konnten und das halbwegs essbar war, auf dem Feuer gekocht haben. Unser Schlafplatz lag nur zwei oder drei Meter vom Ufer entfernt. Ich habe oft ins Wasser geguckt, aber das war kein schöner Anblick. An einem Tag floss nur Blut, und tagelang trieben Leichen durch den Fluss. Schreckliche Bilder. Mütter mit Kindern, die an einem Strick zusammengebunden waren. Ein nackter Toter war an zwei überkreuzte Äste gebunden worden und trieb an mir vorbei. Später sprach sich das bei uns herum, was in Aussig passiert ist. Da konnte ich mir erklären, woher das viele Blut und die Leichen in der Elbe kamen.«

Als Massaker von Aussig wird heute ein Pogrom an der deutschen Zivilbevölkerung bezeichnet. Am 31. Juli 1945 kommt es in Aussig *(Ústí nad Labem)* zu einer Explosion in einem Munitionslager aus ungeklärtem Grund. Die tschechische Regierung nutzt dieses Ereignis als Anlass, um die Schuld angeblich noch aktiven deutschen Werwölfen zuzuschreiben. Wahrscheinlich handelt es sich um eine fingierte Aktion. In Wahrheit will das tschechische Innenministerium damit dem bereits durch andere Gräueltaten gegen Deutsche besorgten europäischen Ausland einen Grund präsentieren, warum die restlose Vertreibung der Sudetendeutschen notwendig sei. Alle an ihrer weißen Kennzeichnung erkennbaren Deutschen der Gegend werden unmittelbar nach der Explosion von tschechischen Revolutionsgarden massakriert. Mindestens 220 Männer, Frauen und Kinder werden erschlagen, mit Bajonetten erstochen oder in einem Löschwasserspeicher ertränkt. Die Toten werden in die Elbe geschmissen. 80 Ermordete werden erst in Sachsen aus dem Wasser gezogen.

»Wir konnten es unter der Brücke nicht mehr aushalten«, erzählt Herta. »Als eine Flüchtlingsfamilie aus einer Schule auszog, fanden wir für einige Zeit Platz auf dem Dachboden des Gebäudes, der mal als Bühnenraum gedient hatte. Ausgerechnet ab dann hat es so viel geregnet, dass das Wasser in Strömen durch das Dach lief. Wir schliefen zu viert mit den Köpfen unter dem aufgespannten Regenschirm, den eine unserer Begleiterinnen von ihrem ermordeten Vater als Spazierstock bekommen hatte, weil der ja fahren konnte. Wir bemerkten in den nächsten Tagen, dass viele Vertriebene in eine bestimmte Richtung weiterzogen, und

Gedenktafel für die am 31. Juli 1945 in Aussig ermordeten Sudetendeutschen.

erkundigten uns, wohin sie wollten. In der Nähe sollte es ein Lager geben, das Flüchtlinge aufnahm. Wir schlossen uns an und gelangten so ins Lager Sonnenstein.«

In der alten Festung Sonnenstein werden zwischen 1940 und 1941 über 14 000 zumeist geistig behinderte und psychisch kranke Menschen im Rahmen des geheimen nationalsozialistischen »Euthanasieprogramms« ermordet. Nach Bekanntwerden, Protesten im In- und Ausland und der folgenden Beendigung der »Aktion Gnadentod« wird auf dem Gelände in Sonnenstein bis 1945 eine Adolf-Hitler-Schule betrieben. Die Gebäude dienen nach dem Krieg als russische Kaserne. In einem Teil werden vorübergehend auch Flüchtlinge und Vertriebene untergebracht.

»Das war eine riesige Sammelunterkunft«, sagt Herta. »Wir schliefen auf Stroh, erhielten über Tage gar nichts zu essen. Ich entdeckte damals zum Glück ein Plakat, auf dem Arbeitskräfte für sogenannte russische Repatriierungsaufgaben gesucht wurden. Da wir uns denken konnten, dass Arbeiter Verpflegung erhielten, meldeten wir uns da. Wir liefen dann morgens mit vielen anderen in Kolonne von Sonnenstein zu den Küttner-Werken – eine ehemalige Strumpffabrik –, wo die Maschinen zum Abtransport nach Russland demontiert wurden. Wir Frauen nahmen die einzelnen auseinandergeschraubten Teile, putzten sie in Ölpapier und verpackten sie in Kartons. Zwölf Stunden dauerte unsere Schicht, plus je eine Stunde Hin- und Rückweg zu Fuß zum Lager. Dafür bekamen wir einen halben Liter Graupensuppe und 200 Gramm Brot täglich. Das reichte nicht, davon konnte man nicht überleben. Ich putzte nach der Arbeit deswegen noch die Stube eines russischen Offiziers und erledigte das mit Fleiß. Ich kriegte dafür jedes Mal einen Laib Brot, den ich mir mit Mutter teilte. Ich hatte Angst, dass er mich vergewaltigen würde. Aber er war ein guter Mann, er fasste mich nicht an.«

Im Lager Sonnenstein lebt auch ein Mädchen, das bis 1938 in Hertas Klasse geht. Sie hat einen tschechischen Vater und eine deutsche Mutter. »Edith war auch mit ihrer Mutter in der Pirna-Nacht vertrieben worden. Der Vater war wie meiner nicht dagewesen in der Nacht. Er fahndete wie verrückt nach seiner Familie und ging dafür sogar bis zur Regierung in Prag. Schließlich konnte er Frau und Tochter in unserem Lager ausfindig machen und durfte sie rausholen. Ich gab Edith einen Brief an unseren Vater mit, den sie unter der Brandsohle in ihrem Schuh versteckte. Das war für sie lebensgefährlich, aber sie hatte Mitleid mit uns, auch unser Vater machte sich bestimmt Sorgen und wusste von gar nichts. Edith versprach, den Brief in Neutitschein in unseren Briefkasten zu werfen. Uns ging es immer schlechter, wir konnten nicht mehr arbeiten und wurden schlapper und schwächer. Der Tod zog in das Lager ein. Im Herbst bekam erst ich Hungertyphus, wenige Tage später erwischte es auch meine Mutter. Das Rote Kreuz, das inzwischen Zugang zum Lager hatte, evakuierte uns nach Thüringen. Wir wurden zunächst in einen Saal eines Gasthofes in Hassleben verlegt, später kamen wir in Privatquartieren bei Bauersfamilien unter. Von der Gemeinde erhielten wir vierzig Reichsmark Fürsorge, davon ging die Miete ab. Im Winter 1945 fand ich Beschäftigung bei einer Handweberin aus Ostpreußen und lernte für zwanzig Reichsmark weben und spinnen. Von unserem Vater hörten wir bis Sommer 1946 nichts. Dann aber kam eine Nachricht. Edith hatte es wirklich geschafft, ihn zu benachrichtigen. Mein Vater hatte ein paar Monate in Neutitschein bleiben können, weil er dort mit seinen Sprachkenntnissen gebraucht worden war und für den neuen Bürgermeister gearbeitet hat. Aber er war ja nicht in der Situation gewesen, uns einfach aus dem Lager rausholen zu können. Er schrieb in seinem Brief, dass er vertrieben worden war und es bis in die amerikanische Zone in ein Flüchtlingslager in Höllrich im Kreis Gemünden am Main geschafft hatte. Er hatte uns über das Rote Kreuz ausfindig gemacht, das uns mit dem Hungertyphus registriert hatte. Er schickte per Post eine Zuzugsgenehmigung für die amerikanische Zone mit. Mama und ich waren überglücklich. Vor der Reise wurden wir von einer Ärztin untersucht, die feststellte, dass nur der Name meiner Mutter auf der Genehmigung stand. Das zog uns sofort wieder runter, und wir weinten aus Verzweiflung. Die Ärztin versuchte, uns zu trösten; wir kamen ins Gespräch, und es stellte sich heraus, dass sie auch aus Neutitschein stammte. Sie fackelte nicht lange rum, bearbeitete den Zettel in ihrer Schreibmaschine. Später stand unter der Genehmigung für meine Mutter: mit Tochter Herta. Es klappte, und wir zogen zu Vater ins Flüchtlingslager Höllrich, wo wir dreieinhalb Jahre lang lebten. Ich konnte bei einem Pelzhändler in Gemünden arbeiten und mir etwas Geld verdienen. Eines Tages im Jahr 1947 hielt bei uns am Bahnhof ein Zug vom Roten Kreuz, das erkannte man an den weißen Laken auf dem Dach. Wir sahen die Bahn von oben, von der Lagerseite aus. Meine Mutter und ich wollten gucken gehen. Der Zug wurde aufgetankt. Als wir auf dem Bahnsteig waren, rief aus dem letzten Waggon eine bekannte Stimme ganz laut meinen Namen. Es war eine weitere ehemalige Schulfreundin: ›Was machst du denn hier?‹ Ich lief freudig hin, und sie berichtete mir, dass meine Tante Leni, die Schwester meiner Mutter, als RK-Schwester diesen Zug begleitete. Sofort rannte ich zurück und erzählte alles Mutter, der die Tränen ins Gesicht schossen. Wir suchten von außen jedes Fenster ab und riefen ihren Namen. Dabei stolperten wir an einer Wasserpumpe über meine Großeltern, die Eltern meines Vaters. Was für ein Glück. Was für ein Zufall. Wir konnten es nicht glauben und fielen uns in die Arme. Der Zug sollte gerade wieder an-

Herta (Mitte) mit zwei Klassenkameradinnen aus Neutitschein bei einem Treffen der Sudetendeutschen 1983

fahren, da entdeckte uns auch meine Tante und sprang im letzten Moment aus dem Zug. Alle kamen mit in unser Lager. Plötzlich waren wir wieder eine kleine Familie.«

Zur Schule geht Herta nicht mehr. Ende 1952 nimmt sie ihr Arbeitgeber mit nach Tübingen, wo er eine Filiale eröffnet. Die Eltern und Großeltern ziehen wenig später nach. Bis 1957 arbeitet Herta beim Landratsamt Tübingen, erst als Schreibkraft im Ausgleichsamt, dann als Sachbearbeiterin für Hausratsentschädigung. Später betreut sie für die Kreisbildstelle Kinder- und Jugendgruppen. Mitte der 1960er-Jahre verliebt sie sich in einen Flüchtling aus der DDR. 1968 heiratet sie. Die Ehe bleibt kinderlos. Mit ihrem Mann besucht sie noch einmal ihre alte Heimat Neutitschein, aber sie erkennt es nicht wieder. Nachdem ihr Ehemann stirbt, bleiben Herta nur ihre geliebten Ostereier, und sie wünscht sich nun, dass sie in gute Hände kommen.

INGE UND DER TRECK ÜBERS EISIGE HAFF

Inge wohnt in einer Großstadt in Norddeutschland. Mit der Herausgabe von genaueren Adressdaten will sie vorsichtig sein, denn gerade erst ist sie übers Ohr gehauen worden. Ein Vertreter hat ihr eine angeblich sehr wertvolle Lexikonreihe für mehr als 2000 Euro verkauft. Sie sollte sie als Geldanlage sorgfältig aufbewahren für ihre Enkel. Im Lexikon ist auch eine Beschreibung ihrer Heimat Allenstein samt Bildern, die er ihr präsentiert hat. Im Überschwang des Verkaufsgespräches an der Tür schlägt Inge zu. Später stellt sie nicht nur fest, dass ihre Enkel kein Interesse an der Lexikonreihe haben, sondern auch, dass sie diese neu für 300 Euro hätte kaufen können. Dem Vertreter bleibt Inge allerdings in guter Erinnerung. Er taucht noch einmal auf und bietet ihr drei weitere Bücher für 1000 Euro an, die sie kaufen müsse, weil ohne diese ihre zuvor erworbene Lexikonreihe gar nichts mehr wert sei. Noch mal lässt sich Inge nicht übers Ohr hauen. Sie kann den Verkäufer abwimmeln, aber es folgen noch Wochen danach aufdringliche Anrufe und bedrohlich klingende Post. Sie vertraut sich ihrer Schwiegertochter an, die Anwältin ist und dem Spiel ein Ende setzt. Nun ist Inge vorsichtig geworden mit der Herausgabe von Daten, denn sie befürchtet, der Lexikonvertreter könne über eines der zahlreichen Gewinnspiele aus Werbebroschüren, an denen sie über viele Jahre teilgenommen hat, an ihre Adresse gekommen sein.

Inge investiert ihr Geld jetzt nur noch in Bücher, die sie sich selbst aussucht und die faire Preise haben. Stolz ist sie auf Dutzende Bildbände und Erinnerungen aus Allenstein. Sie kann stundenlang an ihrem Tisch sitzen und mit den Büchern schönen Gedanken an ihre Kindheit nachhängen. Nie hat sie es wirklich überwunden, dass sie ihr geliebtes Ostpreußen verlassen musste.

Inge wird 1932 als erstes Kind eines Schneidermeisters in der südostpreußischen Regierungsstadt Allenstein (*Olsztyn*) geboren. Ihr Vater arbeitet als Werkstattleiter in der Hindenburgkaserne. Inges Mutter stammt aus einer Bauersfamilie aus Roggenfelde (*Rogówko*). Bis kurz vor Inges Geburt hat sie mit ihrem Mann in Königsberg (*Kaliningrad*) gelebt. »In Allenstein wohnten wir in der Alten Jägerkaserne, die keine Kaserne mehr war, sondern von der Stadt als Wohnraum vermietet wurde. Davor gab es einen großen Hof und einen Rasenplatz für uns Kinder zum Spielen. Wir hatten zwei Zimmer, eine Küche und einen schmalen Anbau. Als ich klein war, hatte Allenstein 50 000 Einwohner. Mein Vater nähte Uniformen für die dort stationierten Wehrmachtssoldaten. Ich liebte meine Stadt. Es gab fünf Seen, an denen ich viel Zeit verbracht habe. Da war der Langsee, auf dem ich mit dem Boot in den Wald paddeln und im Winter Schlittschuhlaufen konnte, der Ockelsee, wo eine Badeanstalt eingerichtet war, der malerische Skandasee, der Skortsee und der Wadangsee. Die tiefen Wälder und die Berge mit den Kalksteinfelsen der Region passten zu unseren wunderschönen Gewässern. Durch die Stadt fließt die Aller, ein Nebenfluss des Pregels, und es gab so viel Kultur und Denkmäler.«

Inge ist als kleines Mädchen, sooft es ihre Zeit erlaubt, in der Natur, mit Freunden oder alleine. Zu ihren Eltern hat sie nicht

Inge am Tag der Einschulung (1938)

das beste Verhältnis. »Die waren sehr streng mit mir. Meine Mutter hat Schläge angeordnet, wenn ihr irgendwas über Tag nicht gefiel, und mein Vater musste mich dann abends verprügeln. Mit einem Siebenzagel, einer siebensträhnigen Lederpeitsche. Ich kriegte damit Dresche auf den Rücken, manchmal so hart, dass hinterher nur noch zwei von sieben Riemen dran waren. Ich habe laut geschrien, weil es so schmerzte, aber meine Mutter ist nie eingeschritten. Ansonsten waren meine Eltern strenggläubig, aber ich habe sie nicht als politisch erlebt. Sie waren aber auch nicht gegen Hitler. Wir hatten eine große Fahne, die hinter der Standuhr aufbewahrt wurde, und eine Vorrichtung am Haus zum Flaggen. An Führers Geburtstag, an allen Feiertagen und natürlich auch an dem Tag, als Hitler nach Allenstein kam, wurde sie gehisst. Der Besuch des Führers war ein aufregendes Erlebnis für die ganze Stadt, auch wenn ihn kaum einer sah. Er war im Offizierskasino, das schräg gegenüber unserer Kaserne lag. Wir standen da mit Hunderten Kindern, völlig fanatisch und aufgeregt, hatten die kleinen Hakenkreuzfähnchen in der Hand und haben ihm zugejubelt und gewinkt, als er mit dem Auto anfuhr.«

Als Inge 1938 in die Volksschule eingeschult wird, bekommt sie noch ein kleines Brüderchen geschenkt. »Ich hatte den Namen für ihn aussuchen dürfen: Ullrich. In dem Jahr war auch die Reichspogromnacht. Auf dem Weg zur Schule habe ich die abgebrannte Synagoge gesehen. Ich bin dort eine Weile stehen geblieben, und einige Leute haben uns erzählt, wie Juden noch in die Kirche gewollt hatten. Vor Schreck hätten sie ihre Gebetsbücher fallen lassen, und wir Kinder haben uns darüber kaputtgelacht, weil wir uns das einfach so lustig vorgestellt haben. Warum die Synagoge überhaupt abgebrannt war, haben wir damals nicht erfahren. Es waren auch Läden kaputt geschlagen in der Stadt. Meine Eltern haben mir erklärt, dass die Juden gehörten, die wegmussten. Das war es.«

Nach vier Jahren wechselt Inge auf die Mittelschule. Mit zehn geht sie zu den Jungmädeln, was ihr besonders Spaß macht, denn jetzt kann sie mit vielen Gleichaltrigen ihre Begeisterung für die Natur teilen und mit ihnen in den Seen schwimmen gehen. Erst als sie Jungführerin wird, vergeht Inge die Lust ein wenig, denn Verantwortung für eine Gruppe zu übernehmen und anzuführen liegen ihr nicht und Zwang lehnt sie ab.

Als der Krieg ausbricht, beobachtet Inge ihre Eltern gespannt beim Radiohören. »Sie sahen schrecklich traurig und betroffen aus, weil sie schon mal einen Krieg erlebt hatten und sich nicht hatten vorstellen können, dass es so etwas noch mal geben könnte. Vom Krieg selbst habe ich dann erst mal nichts mitbekommen, manchmal habe ich ein paar Fetzen beim Rathaus aufgeschnappt, wenn ich dort war. Da gab es eine Bücherei, und ich habe mir alles Mögliche ausgeliehen. *Trotzköpfchen* und *Nesthäkchen* habe ich geliebt und regelrecht verschlungen. Mein Vater ist 1941 dann auch eingezogen worden; er wurde auf dem Schlachtfeld in Russland durch einen Splitter im Bein schwer verletzt. Er ist früh gestorben. 1944 habe ich meinen Vater in Labiau (*Polessk*) getroffen, wo er auf Urlaub bei Verwandten war, da hatten wir noch ein schönes Fest zusammen. Erzählt vom Krieg hat er uns Kindern nichts. Ich kann mich auch nicht an Angst erinnern, die ich um meinen Vater gehabt hätte. In der Schule haben uns die Lehrer immer ungefragt versichert, dass wir den Krieg gewinnen werden. Auch zum Schluss, als viele wegwollten, hieß es noch im Unterricht, dass bald Wunderwaffen kommen sollten. Es wurden überall in den Straßen Plakate aufgehangen, auf denen geschrieben stand, dass man nicht flüchten dürfe, ansonsten würde man auf dem Marktplatz erschossen. Mutter hat aber vorsichtshalber gepackt: einen Sack mit Betten, zwei große, ein kleiner Koffer, ein Rucksack und der Schultornister meines Bruders. Wir hörten die Einschläge der russischen Granaten, die immer näher kamen.

Inge mit ihren Eltern und Bruder Ullrich

Über Tage und Nächte haben wir nur noch in unserem Luftschutzkeller gewohnt. Es war ein ganz schlimm kalter Winter damals, ich wurde krank und bekam vierzig Grad Fieber. Am 21. Januar nachmittags rollten deutsche Panzer rückwärts durch die Stadt, da war klar, dass es zu Ende geht. Man hörte die russischen Granatwerfer direkt vor den Toren Allensteins. Alle sind weggelaufen, zu Fuß, in die Wälder. Meine Mutter ist mit uns Kindern zum Bahnhof. Unsere Nachbarin hat uns mit ihren zwei Kindern begleitet: Ilse, die zwei Jahre jünger war als ich, und Jürgen, der zwei Jahre älter war. Wir hatten uns doppelt Klamotten übereinander angezogen und sind gegen halb neun abends am Bahnhof angekommen, in der Hoffnung, dass noch ein Zug fährt. Die Züge, die da standen, waren brechend voll; wir kriegten keinen Platz mehr, in keinem Wagen. Uns blieb nur zu warten. Gegen Mitternacht brachen die Russen durch, wir hörten Schüsse und Explosionen aus der Stadt, der Himmel über dem Bahnhof wurde glutrot. Die Züge waren inzwischen alle weg. Die Menschen, die wie wir noch warteten, liefen nun wieder aus dem Bahnhof heraus, um ihre Luftschutzkeller aufzusuchen. Wir sollten warten, hat uns Mutter eingetrichtert, es würde garantiert noch eine Bahn kommen. Sie selbst wollte die Zeit nutzen, um noch mal zurück zum Haus zu laufen, weil sie die Betten vergessen und gesehen hatte, wie die Menschen in den Wagen froren. Es wurde etwas ruhiger, und es fuhr tatsächlich noch ein Zug ein, ein Güterzug, der sich schnell füllte. Wir stiegen ein, meine Mutter war noch nicht zurück. Ich hatte Angst, dass ihr etwas passiert war. Wir hielten aus dem Wagen heraus Ausschau. Der Zug rollte schon an, als sie angelaufen kam mit den Betten, aber sie war zu langsam damit. Wir schrien sie an, sie müsse um ihr Leben rennen, sie solle die Betten fallen lassen. Das tat sie und stolperte auf uns zu. Wir haben sie so gerade noch mit vereinten Kräften in den Viehwaggon ziehen können. Die Fahrt über saßen wir dicht gedrängt, weil wir uns so gegenseitig wärmen konnten. Uriniert haben wir in unseren Topf und haben ihn aus dem Fenster geleert. In demselben Gefäß haben wir dann wieder Suppe gemacht. Die war wichtig, weil sie wärmte. Die Kälte tat schrecklich weh. Wir hofften, dass wir nach Deutschland kommen würden, so weit wie möglich ins Reich. Ein paar Hundert Menschen waren in unserem Wagen, nur Frauen und Kinder habe ich gesehen. Wir fuhren vier Tage und sind bis Heiligenbeil (*Mamonowo*) gekommen und dort ausgestiegen. Von da aus liefen wir nach Quilitten (*Schukowka*), einem Dorf im Kreis Heiligenbeil, und sollten dort in einer großen Scheune untergebracht werden.«

Inges Mutter sperrt die Tür auf und stößt einen Schrei der Verzweiflung aus. In der Scheune liegen Hunderte oder Tausende Menschen eng aneinandergequetscht platt auf dem Boden und husten wie verrückt. Babys weinen, Kinder winseln, Frauen stöh-

Flucht aus Ostpreußen auf dem Pferdewagen

nen. Es stinkt nach Urin und Unrat. »Da wollte sie nicht bleiben. Eine Frau, die dort den Flüchtlingen geholfen hat, hörte das verzweifelte Fluchen meiner Mutter. Sie hat sich kurz mit ihr unterhalten, uns Kinder angeschaut und uns dann eingeladen, mit zu sich zu kommen. Unsere Nachbarn hat sie auch mitgenommen und drei Häuser weiter bei Freunden einquartiert. Wir haben uns wohlgefühlt. Im Haus brannte der Kachelofen, an dem wir uns wärmten. Zum Befeuern schmiss unsere Wirtin SS-Uniformen nach, die sie wohl vorher eingesammelt hatte. Keiner fragte danach, wir waren müde und haben alle geschlafen, lange. Nach zwei Tagen wurde es wieder hektisch. Es hieß, dass der Russe auch hierherkäme, und so wurden wir mit Bauernschlitten abgeholt und bis zum Haff gefahren, das die Wehrmacht noch Wochen vor der Roten Armee verteidigte, um Flüchtlingen und verwundeten Soldaten ein Entkommen über das Eis zu ermöglichen. Vor dem mit Schnee bedeckten Gewässer standen Dutzende

Pferdewagen bereit, auf die die anstürmenden Flüchtlinge ihr Gepäck legten. Ich machte mir Sorgen. Leute sprachen darüber, dass in den letzten Tagen abgehende Trecks aus der Luft beschossen worden waren und dass die Stelle, an der man rüberkommen könnte, immer enger würde und bald wohl gar nichts mehr gehe. Die Angst schnürte mir die Kehle zu.«

Einige Polizisten versuchen, den Treck zu koordinieren und in die richtige Richtung zu weisen. Die Vorhut bilden Senioren und halbwüchsige Jungen, die mit Stöckern das Eis auf brüchige oder bereits vom Wasser überschwemmte Stellen absuchen. Wehrmachtssoldaten haben einen Teil der Routen für die Wagenführer mit Ästen und Laternen markiert, teilweise orientieren sie sich aber auch einfach an den liegen gebliebenen Gepäckstücken der vorherigen Trecks. Zerbrochene Schlitten und zugefrorene Leichen zeigen den Weg an. Der eisige Wind pfeift durch die Räder der Wagen, die mit etwa 50 Meter Abstand auf das Eis auffahren, dahinter schleppen sich in Decken gehüllte Frauen und Kinder voran. Es dauert noch über zwei Stunden, bis Inges Wagen anfährt. »Wir setzten uns also in Bewegung, und sobald ich losging, erfasste mich blanke Panik. Ich lief wie von einem unsichtbaren Seil gezogen mit, dachte an gar nichts mehr, war nicht in der Lage dazu. Schritt für Schritt tippelte ich voran, ich wollte nur darüber, nur darüber. Ich hatte den Mantel meiner Mutter im Blickfeld und wagte nicht, zur Seite zu schauen. Es war stockdunkel, wir gingen nachts. Meinen Bruder haben wir ab und an auf den Pferdewagen gesetzt, auf dem er mitfahren konnte, weil er nicht mehr laufen konnte. Wir mussten aber aufpassen, weil der Wagen natürlich zu schnell war. Meine Mutter rannte also immer mal nach vorne, um ihn wieder für eine Weile runterzuholen. Wenn er dann neben mir ging, hat er mir von dem berichtet, was er gesehen hat. Er erzählte von großen Löchern, aus denen Wagenteile und Pferdeköpfe herausragten. Ich schrie ihn an, dass ich das nicht hören

Flüchtlingstreck auf der Nehrung hinter dem Haff

will, aber er kommentierte weiter; das muss seine Art gewesen sein, damit umzugehen. Bei Tageslicht wurde es ganz schlimm: ›Da liegen Tote im Schnee, da ist wieder eine Bruchstelle im Eis, da rutscht ein Pferd aus und kommt nicht mehr hoch.‹

Nach fünfzehn Kilometern war der Spuk erst mal zu Ende, und ich wurde ruhiger, als man im Morgengrauen die Dünen und Wälder der Nehrung erkennen konnte. Wir sind nicht beschossen worden und nicht eingebrochen, das war es, was zählte. Wir liefen also auf die Halbinsel. Ein paar Leute zündeten ein Feuer im Wald an, um das sich alle scharten. Man konnte von hier aus auf die tobende Ostsee schauen. Ganz nah an den Flammen saßen kleine weinende Kinder mit schrecklich blauen Füßen, manche waren schon schwarz. Meine Großeltern sind auf der Flucht gestorben, wahrscheinlich im Eis eingebrochen; die sind von einem anderen Dorf aus geflüchtet. Das habe ich aber erst später erfahren. Ich glaube, wir hatten einfach nur richtig Glück.«

Über einen schmalen Zufahrtsweg zur Insel holt ein Lkw die Flüchtlinge ab und bringt sie bis nach Pillau. »Da entdeckte so ein widerlicher deutscher Soldat den Jürgen auf der Ladefläche und wollte ihn runterziehen, weil er meinte, er sei alt genug, das Vaterland zu verteidigen. Jürgen war vierzehn, wir hielten ihn fest.«

Pillau ist überfüllt mit Flüchtlingen, die es aus Ostpreußen herausgeschafft haben. Etwa 70 000 Menschen halten sich im sogenannten Vorhafen von Königsberg auf. Für Inge und ihre Begleiter bleibt kein Platz, sie können mit einem Dampfer bis nach Danzig weiterfahren. »Da kamen wir am 13. Februar an, das weiß ich so genau, weil wir eine Zeitung fanden und Ilse sich ärgerte, dass sie ihren Geburtstag verpasst hatte. Da waren wir auf dem Eis gewesen. Ich hielt den Umstand, dass wir es geschafft hatten, für ein erstklassiges Geburtstagsgeschenk. Auch ich würde bald dreizehn werden, fiel mir ein. Würde ich tatsächlich und würde ich dran denken? Vor unserem Lager stand eine Wasserpumpe, und wir konnten uns endlich mal waschen; anschließend wurden heiße Suppe und Brot verteilt. Bei allen längeren Halten kümmerten sich Frauen der Nationalsozialistischen Volkswohlfahrt (NSV) oder des Roten Kreuzes um die Versorgung. Es waren noch andere Leute aus Allenstein im Lager, die nach uns rausgekommen sind. Sie erzählten, was die Russen mit den Frauen angestellt hatten. Verschont hätten sie nur die kleinen Kinder und die ganz Alten. Mittlerweile stumpfte ich ab. Auch als junger Mensch hält der Körper es nicht aus, ständig Angst zu haben.«

Von Danzig fahren Züge weiter gen Westen. Sobald ein neuer einfuhr, ist er innerhalb von Minuten voll besetzt. »Wir konnten nicht ewig warten. Irgendwann sind wir alle einfach durch die Fenster eingestiegen, und haben uns nacheinander reingequetscht, um wegzukommen.«

Im pommerschen Schlawe (*Sławno*) hält der Zug an. Die Passagiere verteilen sich auf die umliegenden Dörfer. Inges Familie und die Nachbarn kommen bei einem Bauern unter. »Da sind wir zwei Wochen geblieben, und ich bin auch wieder zur Schule gegangen. In der Zeit wurde ich dann dreizehn Jahre alt, und meine Mutter war unverhofft ganz lieb. Eine polnische Magd hat uns ein wenig geholfen und meiner Mutter Roggenmehl gegeben, mit dem sie einen Streuselkuchen für mich backen konnte. Der beste Kuchen meines Lebens, den vergesse ich nie.«

Anfang März 1945 rücken sowjetische Verbände auf Schlawe zu, wo es zu Abwehrkämpfen mit der Wehrmacht kommt. »Wir hörten die Schüsse und mussten, so schnell es ging, weiter flüchten, denn die Russen waren nicht aufzuhalten, das wusste inzwischen jeder. Wir sind nach Rügenwald (*Darłowo*) gelaufen, wo die deutsche Marine Flüchtlinge ausfahren sollte. Wir haben eine Schiffskarte bekommen und sind für die Nacht in einer Wohnung untergekommen. Am nächsten Tag liefen wir mit Hunderten anderen zum Hafen von Rügenwaldermünde (*Darłówko*). Alle wollten auf die kleinen Schiffe und Boote, die hier festgemacht hatten. Über eine Fahrrinne im Eis konnte man von dort aus aufs Meer gelangen. An diesem 5. März tobte ein fürchterlicher Schneesturm. Wir standen am Wasser, und ich blickte auf den Leuchtturm, an den meterhohe Wellen schlugen und sofort zu Eis erstarrten. Der ganze Turm sah aus wie eine einzige Eissäule. Ein wahnsinniges Unwetter, kein Schiff erhielt die Erlaubnis, rauszufahren. Aber die Russen kamen und schossen, wir hörten die Artillerie und sahen Leuchtkugeln am Himmel. Wir mussten jetzt weiter. Sämtliche Schiffe im Hafen haben uns Flüchtlinge aufgenommen und sind abgefahren. Wir kamen auf ein kleines Minensuchboot, mussten ganz nach unten in eine Kajüte. Da drin drängten sich alleine zwanzig Frauen und Kinder. Während wir uns in der Fahrrinne noch Mut zugesungen haben: ›Eine Seefahrt, die ist lustig‹, übergaben sich alle sofort, als wir ins offene Meer wankten. Wir wurden hin und her geschleudert, aber wir kamen durch.«

Insgesamt evakuieren Schiffe der deutschen Marine zwischen dem 15. Januar und dem 6. März über 5000 Menschen aus Rügenwaldermünde.

»Am 6. März um drei Uhr morgens gingen wir in Swinemünde *(Świnoujście)* von Bord«, erzählt Inge. »Viele liefen direkt auf ein da bereitstehendes Schiff, das nach Dänemark fahren sollte. Die Flüchtlinge haben das als sicheren Weg ins Leben gesehen. Uns war allen noch so schlecht von der Fahrt auf dem Boot, dass wir einfach nicht mit wollten. Da haben wir Glück gehabt, denn in Dänemark gab es furchtbare Lager, in die wir gekommen wären.«

Über 250 000 deutsche Flüchtlinge aus den Ostgebieten suchen am Ende des Zweiten Weltkriegs im vermeintlich sicheren Dänemark Zuflucht. Doch die Dänen sind angesichts der Besetzung ihres Landes durch die Wehrmacht innerhalb von nur einem Tag nicht gut auf Deutsche zu sprechen und reden sogar von einer zweiten Einnahme ihres Landes. Auch in Dänemark ist die Versorgungslage am Ende des Krieges und in den Jahren danach schlecht. Wütende Bürger sehen nicht ein, warum sie nun ausgerechnet deutsche Kinder durchfüttern sollen. Zwar versuchen auch viele Dänen zu helfen, aber es reicht nicht. Die Deutschen werden weitestgehend ihrem Schicksal überlassen. So sterben nach Kriegsende 1945 mehr als 13 000 deutsche Flüchtlinge in Lagern des nördlichen Nachbarlandes an Unterernährung und Krankheiten. Am meisten leiden Kleinkinder, von denen viele als Waisen in Dänemark ankommen. 10 000 Kinder unter fünf Jahren sterben, auch weil dänische Ärzte sich in zahlreichen Fällen weigern, sie zu behandeln.

»Wir erkundigten uns nach Alternativen und wurden darauf zu einem Bunker geschickt, in dem wir unterkamen. Wir sind ein paar Tage in Swinemünde geblieben, um uns auszuruhen und zu überlegen, ob wir uns doch noch auf ein Schiff wagen sollten. Dann aber gab es einen Aufruf, dass ein Zug aus der Stadt rausfahren würde. Am frühen Morgen des 12. März sind wir damit los. Und wieder hatten wir riesiges Glück, denn wenige Stunden später wurde Swinemünde durch Bombardements dem Erdboden gleichgemacht. Das hätten wir nicht überlebt, denn auch der Bunker wurde komplett zerstört, wie ich später erfahren habe.«

Gegen zwölf Uhr mittags am 12. März 1945 werfen 661 amerikanische Bomber 1609 Tonnen Spreng- und Splitterbomben auf Swinemünde ab. Über die Hälfte der Stadt wird dabei total zerstört. Etwa 4500 Menschen sterben bei dem Bombardement, die meisten davon sind Flüchtlinge.

Der Zug bringt Inge und ihre Begleiter nach Polz in Mecklenburg. Dort bleiben sie wieder zwei Wochen in einem Lager, schlafen auf Stroh und werden krank. »Alle hatten heftigen Durchfall, und es gab nur ein Plumpsklo für hunderte Menschen. Aber es wurde besser. Am 17. März sind wir weitergefahren, mit einem richtigen Personenwagen. Ich konnte es kaum glauben. Wir fuhren in den Gau Weser-Ems, und an einem Halt gab es belegte Brote. Wir haben uns alle draufgestürzt. In Melle stiegen wir aus und kriegten Quartier in einer Schule. Am nächsten Tag suchten sich die Bauern der Gegend Flüchtlinge aus.«

Beim Bauern Franz in Löhlingsdorf wohnt Inge mit ihrer Familie in einem Zimmer von 16 Quadratmetern, das in einem Kotten untergebracht ist. Es hat zwei Türen, drei Fenster und einen großen Eisenofen. Am 4. April rollen amerikanische Panzer und Fahrzeuge über die Landstraßen. Der Bauer wirft weiße Laken auf einen Misthaufen. Der Ort ist zu klein, die Amerikaner fahren vorbei. Von Melle aus lässt Inges Mutter über das Rote Kreuz nach ihrem Mann suchen und macht ihn in britischer Gefangenschaft in Kiel aus. Er stößt bald zu der Familie und findet in der Nähe eine Anstellung als Schneider. Auch Inge erlernt das Nähen und strickt Pullover, die sie gegen Leberwurst oder andere Lebensmittel eintauscht. Sie sammelt mit ihrer Mutter Bucheckern und bringt sie zentnerweise zur Ölmühle, wo sie Öl dafür bekommt, das sie wieder eintauschen kann. Inge beendet in der neuen Heimat ihre Mittelschule und macht im Anschluss eine Lehre als Herrenschneiderin bei ihrem Vater, der sich nach der Währungsreform 1948 in den 16 Quadratmetern, in denen seine Familie zu viert lebt, noch selbstständig macht. So arm sie auch sind, die Einheimischen mögen die Flüchtlinge nicht. »Sie mochten überhaupt keinen von uns, und das haben sie uns spüren lassen. Wir waren für sie Eindringlinge und Schmarotzer, die keiner gerufen hatte«, sagt Inge, die mit 16 Jahren ihren Mann Otto auf einem Sportfest kennenlernt. Auch er ist Flüchtling aus Pommern. 1953 heiraten sie und ziehen weg in eine Großstadt in Norddeutschland. Inge arbeitet viele Jahre als Sekretärin in einer Schule, bringt drei Söhne und eine Tochter zur Welt. Heute hat sie auch drei erwachsene Enkel, die sich leider nicht für Ostpreußen interessieren. Inge selbst ist oft zurückgefahren in ihr Paradies, sofern es ihre Zeit und ihr Geld zugelassen haben. Jetzt ist Schluss mit dem Reisen. Inge ist zu alt, um noch einmal nach Allenstein zu fahren. Dafür schaut sie sich Fotos und Bildbände an. Den ganzen Tag. Weil sie ihre Heimat so sehr liebt. »Wir wohnten in der Nähe der Kaserne Friedrichs des Großen«, erzählt sie. »Der Stadtwald hatte eine Fläche von 5000 Morgen mit mehreren Ausflugszielen. Im Vorort Jakobsberg gab es eine romantische Parkanlage mit Springbrunnen, Schwanenteich und Denkmal. Allenstein war Garnisonsstadt und hatte ganze sieben Kasernen. Mitten in der Stadt lag das Ordensschloss, von Ordensrittern erbaut. Wir hatten vier katholische und zwei evangelische Kirchen, ein Landestheater und vier Lichtspielhäuser ...«

4. BOMBENKRIEG GEGEN DEUTSCHLAND

EINLEITUNG – EINE HISTORISCHE BILANZ »LEGALER« KRIEGSVERBRECHEN

Die meisten Deutschen assoziieren, auch wenn sie selbst den Zweiten Weltkrieg nicht erlebt haben, allein das Wort Krieg mit Bomben, die auf Wohngebiete fallen, mit Häuserruinen, Bränden und schrillenden Sirenen. Die Traumata der Kriegsgeneration haben sich nicht nur in Büchern, Filmen oder Spielen festgesetzt, sondern scheinen auch tiefenpsychologisch über Generationen hinweg zu wirken. Vor 75 Jahren war nicht mehr viel übrig von Deutschland. 161 Städte und 850 Dörfer und Vororte lagen in Schutt und Asche, nachdem Tausende Bomber der britischen RAF und seit Januar 1943 auch der USAAF während 1,4 Millionen Einsätzen mehr als zwei Millionen Tonnen Spreng- und Brandbomben über europäischen Städten abgeworfen hatten, davon anderthalb Millionen auf deutsches Reichsgebiet. 3,6 Millionen Häuser in Deutschland waren zerstört und 7,5 Millionen Deutsche obdachlos. Dass aus mehr als einer Milliarde Tonnen Gestein und Schutt in so kurzer Zeit wieder Städte errichtet wurden, grenzt heute noch an ein Wunder. Nicht auferstehen konnten bis zu 600 000 Zivilisten, die innerhalb von fünf Jahren des Bombenkrieges gegen Deutschland von Trümmern erschlagen wurden, in ihren Luftschutzkellern erstickt oder im Feuersturm verglüht sind. Das absolute Gros der Todesopfer bestand aus Kindern, Frauen und Greisen. Körperlich gezeichnet blieben teilweise noch lange nach dem Krieg etwa 800 000 durch die Bombardements Verwundete.

Bis heute streiten sich Historiker darüber, ob der Bombenkrieg gegen Deutschland im Gesamten oder in Teilen als Kriegsverbrechen gewertet werden muss. Die Frage lässt sich nicht eindeutig beantworten, denn die Bewertung ist im zeithistorischen Kontext eine andere als heute. Das hat damit zu tun, dass wir das Ergebnis jetzt kennen und sich völkerrechtliche Bedingungen für den Einsatz von Bomben gegen die Zivilbevölkerung nach dem Krieg verschoben haben. Gemessen an heutigen Maßstäben muss man zumindest die Flächenbombardements der RAF auf deutsche Großstädte als Kriegsverbrechen bewerten. Die Ermordung von schutzlosen Zivilisten, ob nun aus der Luft oder am Boden, stellt heute rechtlich betrachtet ein schweres Verbrechen dar. Doch auch während des Zweiten Weltkriegs war Churchills Strategie, über das Töten von Zivilisten den Sieg zu erringen, bereits unter britischen Gelehrten sowohl strategisch als auch moralisch gesehen höchst zweifelhaft.

Im Zentrum der Debatte steht aber weniger die Frage, ob die alliierten Flächenbombardements Kriegsverbrechen waren, denn rückwirkend erklärt das 1977 angenommene erste Zusatzprotokoll der Genfer Konvention von 1949 sie dazu, sondern ob sie militärisch notwendig waren. Waren die Bombardements unerlässlich, um die NS-Diktatur zu stürzen oder nicht? Und wenn ja, darf man dann über Kriegsverbrechen, die dafür nötig sind, hinwegsehen? Auch wenn es vorher schon Flächenbombardements gegeben hatte, überschritten die formulierten Ziele und Ausmaße des *Moral Bombing*s alles bisher Dagewesene. Der Chef des britischen Luftstabs Charles Portal hatte diese neue Strategie am 14. Februar 1942 durch die *Area Bombing Directive* festgelegt. Sie richtete sich nicht gegen militärische Ziele, sondern sollte durch den massiven Einsatz von Brandbomben und das Entfachen von Feuerstürmen so viele Menschen wie möglich töten und so viel Lebensraum wie möglich zerstören. Insgesamt wurden nur 12 Prozent aller alliierten Angriffe auf deutsche Städte überhaupt gegen militärische Einrichtungen und Fabriken ausgeführt, der Rest ging mit Absicht über Innenstädten und Wohnbezirken nieder. Die Idee, die dahintersteckte, zielte darauf ab, dass die Deutschen durch Zermürbung selbst ihrem Führer die Treue versagen und einen Aufstand planen, sodass der Krieg ganz ohne eine Invasion über Land beendet werden könnte. Diese Strategie schlug völlig fehl, und das erkannte das britische Bomberkommando bereits während des Krieges. Die deutsche Bevölkerung ließ sich nicht demoralisieren, zeigte im Gegenteil eine Trotzreaktion und rückte näher zusammen. Die militärische Notwendigkeit für den Bombenkrieg war also nicht gegeben, weil sie ihr selbst gestecktes Ziel verfehlte.

In diesem Zusammenhang muss weiter diskutiert werden, warum im letzten Kriegsjahr die meisten und heftigsten Bombardements gegen deutsche Städte geflogen wurden, obwohl das Land militärisch am Boden lag. In Dutzenden bis zur Unkenntlichkeit zerstörten Provinzstädten wie Düren oder Paderborn hatten die Menschen den unmittelbar bevorstehenden Einmarsch amerikanischer Bodentruppen erwartet, als sie von britischen Bombern dem Erdboden gleichgemacht wurden. Es wundert, dass es überhaupt Historiker gibt, die diese Flächenbombardements verteidigen, denn das einzig dafür vorgebrachte Argument, dadurch sei der Krieg verkürzt worden, ist reine Spekulation und konnte nie schlüssig belegt werden. Den Kampf der Wehrmacht an beiden Fronten hat das *Aerial Bombing* nicht oder nur marginal beeinflusst, zumal bekannt sein sollte, dass Hitler am Ende keinerlei

Interesse daran hatte, Zivilpersonen zu schützen. Im Gegenteil: Sie hatten sich nach seinen Worten als zu schwach erwiesen und sollten mit ihm untergehen. Das Deutsche Reich war faktisch nur durch Bodentruppen besiegbar. Aufgrund der immensen Kosten, der schwerwiegenden Verluste an militärischem Gerät und der hohen Todesrate der Bomberpiloten könnte man als Gegenargument genauso anbringen, die RAF habe den Krieg selbst in die Länge gezogen, statt ihn verkürzt. Auch hatten die Bombenangriffe keinerlei Auswirkungen auf den Holocaust, wie an mancher Stelle zu lesen ist, aber diesen zu beenden war nie ein formulierter Plan der Bombardierungen und zeigte sich auch nicht in der Auswahl der Ziele. So viel zur Bewertung nach dem Krieg. Doch selbst wenn zumindest ein Großteil der Angriffe der RAF auf deutsche Städte aus heutiger Sicht als Kriegsverbrechen eingestuft werden muss, so galten die Maßstäbe nicht zur Zeit des Zweiten Weltkriegs. Nach dem Krieg konnten die Briten ihre Taktik durch lückenhafte Bestimmungen der Haager Landkriegsordnung (HLKO) von 1907 legitimieren. Insgesamt 37 Staaten der Welt unterzeichneten damals Vereinbarungen für eine Kriegsführung, die alle Seiten dazu verpflichten sollten, in ihren Kriegshandlungen Menschen, Gebäude, Infrastruktur und Umwelt so weit wie möglich zu schützen. Doch bereits im Ersten Weltkrieg hielten sich Deutschland, Frankreich, England und die USA nicht an das Abkommen, indem sie massiv Giftgase zur Schädigung des Feindes einsetzten. Während im Ersten Weltkrieg Flugzeuge noch hauptsächlich für Transportzwecke und zur Aufklärung verwendet wurden und sich Luftkämpfe verfeindeter Parteien auch tatsächlich im Himmel abspielten, so entwickelten sich die Bomber des Zweiten Weltkriegs zur tödlichsten Waffe für die am Boden lebende Zivilgesellschaft. Auch der Krieg aus der Luft sollte nach der HLKO »humanitär« geregelt werden. So verbot Artikel 25 den kriegführenden Parteien, offene und unverteidigte Städte aus der Luft heraus anzugreifen. Artikel 23 untersagte den Angriff auf jegliche zivilen Ziele, es sei denn eine »militärische Notwendigkeit« sei dafür unabdingbar. Genau in diesen Formulierungen lag die Krux. Denn viele Rüstungsunternehmen, die ins Visier genommen wurden, befanden sich in oder in direkter Nachbarschaft zu Wohngebieten. Den Tod von Zivilisten rechtfertigten die Angreifer dadurch, dass diese nicht mehr in Fabriken arbeiten könnten, demoralisiert würden und ebenso durch den Anspruch auf Schutz der eigenen Bevölkerung, der bei Nichtbekämpfen feindlicher Zivilisten nicht zu gewährleisten gewesen wäre. Das klang schon für Zeitgenossen nach einer schwammigen Ausrede. Aber was hätte Churchill nach dem Krieg sonst anführen können? Er brauchte nichts Konkreteres preiszugeben, denn weder England noch die USA und auch nicht ihre Kriegsführung standen unter Anklage; daher verwundert es auch nicht, dass ausgerechnet Flächenbombardements der deutschen Luftwaffe bei den Nürnberger Prozessen nicht als Kriegsverbrechen behandelt wurden. Wir können heute davon ausgehen, dass ein gegenseitiges Aufschaukeln der Führung der beteiligten Luftstreitkräfte verantwortlich dafür war, dass es zu einem solch hemmungslosen Bombenkrieg kommen konnte, der seinen grausamen Abschluss erst in den Atombombenabwürfen der USAAF auf Hiroshima und Nagasaki am 6. und 9. August 1945 fand.

Dabei fing alles einmal harmlos an. Die ersten Flugzeuge der RAF, die Deutschland im September 1939 erreichten, warfen noch Flugblätter ab und wurden von der Bevölkerung als Konfettibomber verspottet. Im ersten Kriegsjahr achteten sowohl die deutsche Luftwaffe als auch die RAF darauf, keine zivilen Ziele des Gegners zu bombardieren. Die Bomber der RAF flogen vor allem gezielte Einzelangriffe auf Industrieanlagen im Rhein-Ruhr-Gebiet oder auf U-Boot-Stützpunkte an der Nordsee und scheiterten oft am gut ausgebauten Luftabwehrsystem der Wehrmacht.

Auf Angriffe am Tag hatte man daher von Anfang an verzichtet. Abfangjäger in der Luft und Flakbatterien am Boden sorgten dafür, dass die Verlustrate der RAF-Flugzeuge im Jahr 1940 bei durchschnittlich 44 Prozent lag. Fast die Hälfte der gestarteten Bomber kam also nicht zurück, und der Schaden, den sie in deutschen Städten anrichteten, stand in keinem Verhältnis zu den eigenen Verlusten. Weder an Maschinen noch an Menschenleben, denn mit jedem Flieger, der abgeschossen wurde, starben zehn Crew-Mitglieder. Man erwog nach Lage der Dinge von britischer Seite, die Luftangriffe komplett einzustellen. Zum Ärger von Winston Churchill, der glaubte, dass nur groß angelegte Flächenbombardements einen Nutzen haben würden. Bereits in seiner Zeit als britischer Rüstungsminister träumte er davon, Berlin mit 1000 Bombern aus der Luft anzugreifen. 1925 empfahl er für einen nächsten möglichen Krieg:

> *[...] Die Menschen in Massen hinwegzumähen, bereit (...), die Zivilisation ohne Hoffnung auf Wiederaufbau zu Staub zu zerstampfen. Vielleicht wird es sich das nächste Mal darum handeln, Frauen und Kinder und die Zivilbevölkerung allgemein zu töten.*[71]

Churchill machte von Beginn des Zweiten Weltkriegs an klar, dass er Deutschland mit allen Mitteln bekämpfen würde, zur Not auch mit illegalen. Und der Bombenkrieg gegen die Zivilbevölkerung schien ihm dabei ein besonders gut geeignetes Mittel, das er seinem Volk und seiner Armee noch aber durch die Bestimmungen der HLKO nicht als notwendig verkaufen konnte. Er musste auf einen Fehler Hitlers warten, um seine Taktik letztendlich zur Anwendung bringen zu können. Zu einem ersten Versuch, diese durchzusetzen, kam es, nachdem am 14. Mai 1940 deutsche Kampflugzeuge auf dem Vormarsch gegen Frankreich die holländische Stadt Rotterdam bombardierten. Dabei starben 814 Zivilpersonen. Die britische Propaganda sprach von 30 000 Toten und erklärte sogleich den Angriff zum Beginn des Terrorkrieges gegen Zivilisten aus der Luft. Doch die gestreute Fehlinformation wurde entlarvt, und die Mehrheit der britischen Militärs lehnte weiterhin gezielte Bombenabwürfe auf Innenstädte ab, denn noch hatte es keine eigene Stadt getroffen. Hitler machte den erwarteten Fehler in der Nacht vom 24. auf den 25. August, als er zehn deutsche Kampflugzeuge mit dem Auftrag losschicken ließ, Öltanks und Raffinerien in Thames Haven zu bombardieren. Versehentlich trafen sie die City von London, töteten Zivilisten und zerstörten die Kirche St. Giles. Umgehend reagierte die RAF und griff schon eine Nacht später mit 81 Flugzeugen vom Typ Wellington und Hamden Berlin an. Die Direktive lautete zwar weiterhin, ausschließlich militärische Ziele zu bombardieren, aber nicht alle Piloten hielten sich daran. Deutsche Wohngebiete wurden bombardiert, Zivilisten getötet. Die Berliner gerieten in Aufruhr, und die Geheimdienste des Reiches notierten Vertrauensverluste gegenüber Hitler, der sich so zu einer heftigen Reaktion gezwungen sah und während einer flammenden Rede im Berliner Sportpalast gnadenlose Rache ankündigte:

> *Wenn die britische Luftwaffe zwei- oder drei- oder viertausend Kilogramm Bomben wirft, dann werfen wir jetzt in einer Nacht 150 000, 180 000, 230 000, 300 000, 400 000, 1 Million Kilogramm. Wenn sie erklären, sie werden unsere Städte in großem Maße angreifen – wir werden ihre Städte ausradieren!*[72]

Was folgte, war die als *The Blitz* in die Geschichtsschreibung eingegangene massive Bombardierung britischer Städte durch die deutsche Luftwaffe, während der zwischen dem 7. September 1940 und dem 16. Mai 1941 etwa 43 000 britische Zivilisten getötet wurden, alleine in London ungefähr 30 000. Hitler hatte Flächenbombardements grausamen Ausmaßes gestartet, und

Churchill war nun bereit, alles auf eine Karte zu setzen, um ihm zu folgen und noch einiges draufzulegen. Umgehend ließ er Städte in immer größerem Ausmaß bombardieren, doch die Unternehmungen blieben gefährlich. Die deutsche Flak schoss im Jahr 1941 noch 350 RAF-Bomber ab, und hohe Militärs blieben bei ihrer Forderung, die Angriffe aus Kostengründen einzustellen. Mit einer ganz neuen Strategie wollte Churchill schnelle und sichere Erfolge präsentieren. Offiziell gab das britische Luftfahrtministerium am 14. Februar 1942 die *Area Bombing Directive* heraus, die Anweisung zum Flächenbombardement auf Zivilisten. Mit Planung, Organisation und Durchführung wurde der neue Oberbefehlshaber des *RAF Bomber Command* Arthur Harris betraut, der am 22. Februar 1942 seinen Dienst antrat und schnell den Namen *Bomber Harris* erhielt. Der Luftmarschall war davon überzeugt, dass er durch Terrorangriffe aus der Luft die Moral der deutschen Bevölkerung brechen könne, ohne dass noch eine Invasion über Land nötig sein würde. Sein erster großer Streich war die Bombardierung der Stadt Köln, ein Luftangriff bisher nie geahnter Reichweite. Am 31. Mai griffen fast 1000 britische Bomber die Großstadt am Rhein an und warfen zwischen 00.47 Uhr und 02.25 Uhr 884 Sprengbomben und 110 565 Brandbomben über der Stadt ab. 774 Menschen starben, mehr als 5000 wurden verletzt, 3 420 Wohnhäuser und 2 241 Betriebe zerstört. Die Feuerwehr meldete 2000 Großfeuer, 45 132 Zivilisten verloren ihr Obdach. Neu entwickelte Fernstreckenbomber mit einer Traglast von 8000 Kilogramm sollten von nun an deutsche Städte mit Bombenteppichen überziehen und durch das gleichzeitige Abwerfen von Spreng- und Brandbomben auf die mittelalterlichen Innenstädte Feuerstürme erzeugen, die durch die Wohngebiete fegten und alles vernichteten. Bomber Harris überzeugte die amerikanischen Verbündeten von der Notwendigkeit des uneingeschränkten Luftkrieges, doch die USAAF selbst lehnte Flächenbombardements auf Zivilisten ab. Ihr Einsatz ab Sommer 1943 bestand vorwiegend aus Präzisionsangriffen gegen die deutsche Rüstungs- und Flugzeugindustrie, wobei Kollateralschäden in der Zivilbevölkerung großzügig in Kauf genommen wurden.

Die Folgen des Bombenkrieges gegen Deutschland waren verheerend. Dass nicht viele Millionen Deutsche in den brennenden Städten umkamen, wie die Engländer kalkulierten, lässt sich durch ein gut aufgestelltes Schutzsystem erklären. Bis zum Verlust der Lufthoheit ab Sommer 1943 fügten deutsche Nachtjäger und Flakbatterien den Alliierten weiterhin empfindliche Einbußen zu. Neben dem aktiven Luftschutz – der militärischen Abwehr von feindlichen Angriffen – kam dem sogenannten passiven *Zivilen Luftschutz* eine wichtige Bedeutung zu. Bereits kurz nach Machtübernahme der Nationalsozialisten wurde am 29. April 1933 der Reichsluftschutzbund gegründet und in das Hermann Göring unterstellte Luftfahrtministerium eingegliedert. In Lehrgängen wurden Luftschutzhelfer in Brandschutz, Brandbekämpfung, Gasschutz, Erste Hilfe und Meldewesen ausgebildet. Am 26. Juni 1935 führten die Nazis das Luftschutzgesetz ein, nach dem jeder Bürger dazu verpflichtet werden konnte, Sach- und Dienstleistungen zu erbringen, das heißt sich entweder zum Luftschutzhelfer ausbilden zu lassen oder beim Bau von Luftschutzkellern oder -räumen innerhalb von Städten zu helfen, die ab 1937 verpflichtend eingerichtet werden mussten. Mehrfamilienhäuser bestimmten einen Hausluftschutzwart, bildeten eine Hausfeuerwehr, organisierten den Fliegeralarm und die Maßnahmen zur Verdunklung. Kurz vor Kriegsbeginn verfügte der RLB über etwa 15 Millionen aktive Mitglieder. Trotz der intensiven Vorbereitungs- und Sicherheitsmaßnahmen wurden die Luftschutzkeller hingegen häufig zur tödlichen Falle. Die meisten Opfer des Bombenkrieges starben hier an Rauchvergiftungen. Viele Zivilisten versuchten deshalb, in einem der etwa 2000 Hochbunker Platz zu finden, die seit dem Führererlass über das Luftschutz-Sofortprogramm vom 10. Oktober 1940 bis Mitte 1943 in 76 deutschen Städten gebaut wurden. Diese riesigen Bauten, die teils mehrere Tausende Menschen beherbergen konnten, boten zuverlässig Schutz, sofern man einen Platz bekam und rechtzeitig am Eingang war. Hatte der Luftschutzwart die Tür einmal geschlossen, blieb sie bis zur Entwarnung dicht.

Während des Zweiten Weltkriegs gab es in Deutschland ein ausgeklügeltes Luftschutzwarnsystem, das sich mit Zunahme der Angriffe und Veränderung der Taktik des Gegners immer wieder neuen Bestimmungen unterwerfen musste. Vereinfacht ausgedrückt, wurden Städte mit Großalarmgeräten ausgerüstet, und der Warndienst konnte die Bevölkerung mittels verschiedener Sirenensignale in Alarmbereitschaft versetzten. Der Fliegeralarm, im Volksmund auch Vollalarm genannt, sollte mindestens zehn Minuten, bevor mit dem Eintreffen der Bomber über der Stadt gerechnet wurde, ausgelöst werden. Das Signal war ein rasch wechselnder, eine Minute anhaltender Heulton. Die Bevölkerung musste dann unmittelbar die Luftschutzräume aufsuchen. Die Zeit dafür war so knapp bemessen, dass im Normalfall jede Familie Wechselklamotten und wichtige Papiere in gepackten Koffern immer parat hielt. In besonders bedrohten Gebieten, in denen es bis zu dreißig Nächte hintereinander Alarm geben konnte, schliefen die Menschen schon in ihrer Tageskleidung. Denn es war nicht auszumachen, ob die Bomber tatsächlich die entsprechende Stadt als Zielgebiet auswählten oder sie nur überflogen, und oftmals flog die RAF beabsichtigt Scheinangriffe und Täuschungsmanöver, um die Bevölkerung zu terrorisieren. So gab es in Großstädten häufig viele hundert Male Fehlalarm. Die psychische Belastung der Menschen, die durch ständige Alarme wachgehalten wurden, war enorm. Sobald sicher feststand, dass die angreifenden Fliegerstaffeln abdrehten, wurde Entwarnung durch einen eine Minute langen, gleichbleibenden Dauerton angekündigt. Die Bevölkerung konnte die Luftschutzräume verlassen. Auch hier kam es nicht selten zu Täuschungsmanövern, und die Flieger tauchten wieder auf. Ab dem 21. August 1942 wurde zur besseren Vorbereitung die Öffentliche Luftwarnung, umgangssprachlich Vorwarnung, eingeführt. Eine halbe Stunde vor einem möglichen kleineren Angriff wurde mit der dreimaligen Wiederholung eines hohen Dauertones von etwa 15 Sekunden Länge gewarnt. Menschen, die abkömmlich waren, konnten dann bereits Luftschutzräume aufsuchen. Der nächtliche Wirtschaftsbetrieb und der Verkehr wurden aber bis zum Fliegeralarm aufrechterhalten. Eine halbe Stunde vor einem möglichen Angriff trat auch die Verdunklungspflicht inkraft. Die eingeteilten Luftschutzwarte kontrollierten ihren Block und achteten darauf, dass aus keinem Wohnhaus Licht nach außen dringen konnte. Ab Herbst 1943 wurden die Menschen zusätzlich durch den sogenannten Kuckucksruf gewarnt, der im Radio ankündigte, dass der Rundfunk abschaltete. So sollte der Feind aus der Luft nicht mithören. Am Radiogerät konnten die Hörer dann auf Drahtfunk umstellen und hier die Ansagen des Warndienstes zur aktuellen Luftlage verfolgen.

Als weitere bedeutende Schutzmaßnahme gegen Bombenangriffe erwies sich außerdem die seit Oktober 1940 existierende sogenannte Kinderlandverschickung (KLV). Von NSV und HJ organisiert, wurden während des Bombenkrieges über zwei Millionen Kinder, darunter 850 000 Schüler, aus besonders von Flächenbombardements gefährdeten Gebieten in sicheren Lagern auf dem Land untergebracht, zumeist in Ostpreußen, Schlesien und dem Sudetenland, die bis zum letzten Kriegsjahr nicht von Bombenangriffen betroffen waren.

Leider kommt es in der Auseinandersetzung über militärische Notwendigkeiten des Bombenkrieges immer wieder zu Streitigkeiten, was die Opferzahlen betrifft, und stets scheint hier die

Stadt Dresden, die zwischen dem 13. und 15. Februar 1945 bombardiert wurde, im Fokus zu stehen. Die Zahl der Todesopfer bei diesem Bombenangriff – einem der zweifellos verheerendsten und zu diesem Zeitpunkt unsinnigsten und militärisch nutzlosesten – auf eine deutsche Stadt lässt sich deswegen so schwer berechnen, da nicht genau klar ist, wie viele Zehntausende Flüchtlinge aus den Ostgebieten sich während der Angriffe dort aufhielten. Bis Anfang dieses Jahrtausends schätzten die meisten Historiker, die sich mit dem Thema beschäftigten, die Anzahl der getöteten Zivilisten zwischen 30 000 und 40 000 ein. Seit jeher aber wurden auch immer wieder höhere Zahlen kolportiert. Die rechtsextremistische Propaganda spricht noch heute von einer Viertelmillion Opfer. Jörg Friedrich hält in seinem 2002 erschienenen Buch *Der Brand*[73] 40 000 Todesopfer in Dresden für wahrscheinlich, Tausende Tote hätten nicht erkannt werden können, da von ihnen schlicht nichts übrig geblieben sei. Außerdem thematisierte der Publizist gezielte Tieffliegerangriffe und Jagden amerikanischer und britischer Flugzeuge auf Zivilisten; das hatten jedoch der Journalist Götz Bergander seit 1977 und der Historiker Helmut Schnatz seit 1997 vehement ausgeschlossen, womit sie sich wahrscheinlich den Zorn Hunderter Dresdner Augenzeugen zugezogen haben. Um auch hier zu schlichten, aber hauptsächlich, um die Zahl der Luftkriegsopfer in Dresden so genau wie möglich zu bestimmen, um damit »rechtskonservativen und neonationalistischen Kreisen«, die die Anzahl der Toten von 35 000 anzweifeln würden, den Wind aus den Segeln zu nehmen, beschloss die Stadt Dresden 2004, eine dreizehnköpfige Historikerkommission zu beauftragen, den drängenden Fragen nachzugehen. 2010 präsentierte die Kommission ihre Ergebnisse in einem nicht mal hundertseitigen Bericht, wonach sich die bisher angenommene Opferzahl sogar noch um 10 000 Tote verringerte. Maximal 25 000 Menschen sollen laut Bericht in Dresden umgekommen seien. Außerdem stützte die Kommission die Thesen von Goetz Bergander und Helmut Schnatz, dass es in Dresden keine Tieffliegerangriffe gegeben habe. Nicht gerade zur Objektivität trägt jedoch der Umstand bei, dass beide, Bergander und Schnatz, der Kommission selbst angehörten. Dabei ist deren Argument in den erhaltenen Einsatzberichten der infrage kommenden *Fighter Groups* seien keine Tieffliegereinsätze vermerkt, natürlich erst recht Wasser auf die Mühlen irritierter Zeitzeugen. Was genau die 164 in der Studie untersuchten Zeugen stattdessen gesehen hatten, darauf bleibt die Kommission eine schlüssige Antwort schuldig. Im Grunde wird hauptsächlich auf die streitbaren und keineswegs den letzten Schluss beinhaltenden Argumente im Buch des hier erwähnten Kommissionsmitgliedes Bergander verwiesen. So sei laut Bericht die Erzählung über Tieffliegerangriffe auch der sozialistischen DDR-Propaganda zuzuschreiben, denn:

> *Anders als das anonyme Töten mit Bomben (...) schienen Tiefflieger und Abschüsse aus Bordwaffen eine individuelle Tötungsabsicht, vielleicht gar Tötungslust, zu beweisen. Der Gegensatz zwischen hilflosem Flüchtling am Boden und hochgerüstetem Piloten ließ das Geschehen noch eindeutiger moralisch verwerflich erscheinen. So stärkte und stärkt das Tieffliegermotiv eine anklagende Interpretation der Luftangriffe (...)*[74]

Wird hier jedem einzelnen britischen Piloten tatsächlich abgesprochen, er könnte eine Tötungsabsicht bei den Angriffen auf Dresden gehabt haben? Wie steht das im Zusammenhang mit den Grundlagen des *Moral Bombings*? Und darf man, fernab der Frage, ob es in Dresden nun Tieffliegerangriffe gegeben hat oder nicht, die Luftangriffe auf diese Stadt nicht unter moralischen Gesichtspunkten hinterfragen oder anklagen? Das Gros aller seriösen internationalen Historiker, die über das Thema schreiben, tut nämlich genau das. Die insgesamt äußerst ungeschickte Außenkommunikation der Kommission sowie auch die mediale Fokussierung der Flächenbombardements auf die Stadt Dresden, die oftmals mehr an die tatsächlich real existierende Vereinnahmung der Tragödie durch Neonazis als an die Katastrophe selbst erinnert, führen bei gleichzeitigen allgemeinen Wissenslücken zum Thema zu gefährlichen Falschannahmen. So werden in den letzten Jahren in sozialen Medien immer wieder generell Berichte von alliierten Tieffliegerangriffen im Zweiten Weltkrieg als rechtsradikale Lügen und Legenden verurteilt. Indessen ist der Beschuss von Zivilisten in nahezu allen Teilen Deutschlands durch britische, amerikanische und sowjetische Tiefflieger, besonders ab Herbst 1944 bis Kriegsende, ein gut dokumentiertes, wenngleich öffentlich ungern diskutiertes Kapitel, das ebenso in die angstbeladene Debatte über Flächenbombardements als Kriegsverbrechen eingewoben werden muss.

Es sind besonders deutsche Historiker, die sich damit schwertun. Mittlerweile erscheinen erstaunlich kritische Auseinandersetzungen mit der eigenen Geschichte des Zweiten Weltkriegs durch britische Autoren. Zuletzt beispielsweise 2020 durch Sinclair McKay in *Die Nacht, als das Feuer kam*[75].

2006 wendet sich der hoch angesehene Philosoph Anthony Clifford Grayling in seinem Buch *Die toten Städte*[76] mit der Frage, ob die alliierten Bombenangriffe auf Deutschland Kriegsverbrechen waren, an sein Volk. In seinem bemerkenswert differenzierten Fazit schreibt er:

War das Flächenbombardement notwendig? Nein.
War es verhältnismäßig? Nein. [...] Kurzum: War das Flächenbombardement Unrecht? Ja. Ein schweres Unrecht? Ja. [...] Es war ein gerechter Krieg gegen verbrecherische Feinde, in dem die späteren Sieger in einigen wichtigen Aspekten moralisch

genauso tief sanken wie ihre Gegner, eine Tatsache, die inständig und offen bereut werden sollte. Die Dinge ins rechte Licht zu rücken ist alles, was wir heute tun können. Aber das ist keineswegs wenig. Ich, der ich zu den Erben des Triumphs gehöre, den die moralisch überlegenen Streitkräfte über moralisch unterlegene in dem weitreichenden Konflikt 1939-1945 errungen haben, bin der Ansicht, dass dies unsere Verurteilung der Gräueltaten des Nazismus im Besonderen (...) auf eine noch festere Grundlage stellen wird, weil wir selbst nicht so tun, als hätten wir eine saubere Weste.[77]

LORE JOSEPHA UND DER BRENNENDE BAHNHOF

Die 92-jährige Lore sitzt mit Freundinnen im Garten ihres Hauses. Wie so oft, zum Kaffeeklatsch, bei gutem Wetter immer draußen im Grünen. Zwei Frauen haben den Krieg in Osnabrück erlebt, die anderen beiden sind aus den Ostgebieten geflüchtet und hier ansässig geworden. Die Vergangenheit ist häufig Thema, und nicht immer ist man sich in allem einig. Manchmal kommt es vor, dass es unter den betagten Damen kleine, nicht böse gemeinte Sticheleien darüber gibt, wen es denn im Krieg wohl schlimmer getroffen hätte, die Ausgebombten im Westen oder die Flüchtlinge im Osten. Alle haben Schlimmes durchgemacht.

Lore wird 1928 in Osnabrück geboren. Ihren Eltern ist es von der Gemeinde untersagt worden, ihr Kind einfach nur Lore zu nennen. Das sei zu unchristlich. Lore Josepha geht dann in Ordnung, obwohl der Zweitname bis heute keine Verwendung gefunden hat. Lore wächst mit ihrer zwei Jahre älteren Schwester Marianne im Arbeiterviertel Schinkel auf. Ihr Vater besitzt als selbstständiger Kaufmann ein Geschäft für Haushaltswaren und Dinge des täglichen Bedarfs. Oft fährt er selbst mit seinem Fahrrad und einem Anhänger über die Dörfer im Osnabrücker Umland und verkauft dort Betten, Gardinen, Kleidung oder Küchenartikel. Die Mutter übernimmt währenddessen den Verkauf im Ladengeschäft.

Lore hat ihre frühe Kindheit in guter Erinnerung. In der Nachbarschaft wohnen viele Kinder, mit denen sie in den Hinterhöfen herumtobt. Die Zeit der Weltwirtschaftskrise trifft jeden im Viertel, auch Lores Familie. Mehrfach wird im Laden eingebrochen, die Scheiben werden eingeschlagen, die Auslagen gestohlen, bis Lores Vater die Fensterläden vergittern lässt. Für viel Geld, das eigentlich nicht da ist, denn Kunden für Kleidung und Haushaltsbedarf kommen zunehmend seltener ins Geschäft, man gibt sein Geld für Lebensmittel aus. Mit der Machtergreifung der Nationalsozialisten ändert sich das blitzartig. Der Absatz von Stoffen steigt augenblicklich, die Kunden können sich wieder etwas Schönes leisten. Lores Vater renoviert voller Tatendrang sein Haus, baut der Familie eine Etagentoilette mit fließendem Wasser. Das miefige Plumpsklo im Hinterhof kann endlich zugeschüttet werden, die Wohnung über dem Laden wird geräumiger. Es ist Platz da für allerlei Erweiterungen. In den nächsten vier Jahren soll Lore so noch zwei weitere Schwestern und einen Bruder bekommen.

1934 wird Lore in eine katholische Volksschule eingeschult, die nur ein paar Straßen vom Elternhaus entfernt liegt. Ungefähr auf halben Weg befindet sich der von einem Juden betriebene Gemischtwarenladen *Samson David*. »Mit den leckersten Süßigkeiten der Stadt«, sagt Lore und erinnert sich an die bunten, pastellfarbenen Bonbons in großen Keramikkannen. »Ich habe mein ganzes Taschengeld dafür ausgegeben. Bonbons, Lutscher und Brause waren eben meine Waren des täglichen Bedarfs. Ich habe schnell gelernt, mit Geld umzugehen; mein Vater hat mir freie Hand gelassen. Er sparte selbst lange für ein Auto, das er sich 1936 endlich kaufen konnte. Einen Opel P4: 1,1 Liter und 23 PS. Er war mächtig stolz und wir mit ihm. Mit dem Wagen unternahmen wir am Wochenende viele Fahrten ins Umland. Ich hatte ein klasse Verhältnis zu meinem Vater – na ja, solange ich immer fleißig in die Kirche ging jedenfalls. Das war meinen Eltern, die tiefgläubig waren, sehr wichtig. Nicht nur sonntags, auch in der Woche musste ich hin. Das führte dazu, dass ich ab dem fünften Schuljahr auf eine Klosterschule in der Stadt ging: die Ursulaschule, Oberschule für Mädchen. Die Nonnen, die uns unterrichteten, waren oft streng mit uns. Aber meine Klassenlehrerin, Schwester Beatrix, die habe ich angehimmelt. Sie war unglaublich hübsch. Man tuschelte, sie sei aus Liebeskummer ins Kloster gegangen. Vorher ist sie Schauspielerin gewesen, und das merkte man ihr an ihrer wortgewandten und modernen Sprache noch deutlich an. Schwester Beatrix war ein Vorbild für viele Mädchen.«

Die ersten Ungerechtigkeiten gegen Osnabrücker Juden werden Lore während des Abends der Reichspogromnacht am 9. November 1938 bewusst. Sie übernachtet mit ihren Schwestern im Haus ihrer Großmutter, das in der gleichen Straße liegt wie die Synagoge, die von SA-Leuten in Brand gesteckt wird. »Wir sahen sie vom Fenster aus brennen. Der Qualm zog direkt an unserem Fenster vorbei. Viele Menschen waren draußen, wollten gucken, was los war. Oma ließ uns nicht raus. Ich verstand das nicht und begriff nicht mal die Zusammenhänge, als ich am nächsten Tag *Samson David* kaputt geschlagen vorfand. Es sah grotesk aus. Bonbons in Scherben. Ich sah mich den Waren meines täglichen Bedarfs beraubt und war traurig. Keiner redete mit uns Kindern darüber, warum das passiert war, auch nicht auf Nachfrage.«

Als im März 1939 der Jungmädelbund zur Pflicht wird, muss Lore noch ein halbes Jahr an den Treffen teilnehmen. »Ich bin vorher nicht gegangen, weil mein Vater es nicht zugelassen hat. Aber er musste sich dann fügen, da man ihm klargemacht hatte, dass er sonst sein Geschäft schließen müsse. Also gingen seine

Kinder auch zur HJ. Ich mochte die Treffen nur aus dem Grund nicht, weil ich mit Sport nichts anfangen konnte, und es drehte sich eigentlich immer nur um Höchstleistungen. Laufen, Rennen, Weitsprung. Die Scharführerin hat uns gedrillt und getriezt, das habe ich ihr nicht verziehen, auch nicht, als ich sie nach dem Krieg wiedergetroffen habe. Ich habe sie das spüren lassen.«

Vom Kriegsausbruch am 1. September 1939 hört die elfjährige Lore im Radio. »Ich habe nicht groß darüber nachgedacht, was Hitler da sagte, weil es weit weg war. Mit Polen konnte ich gar nichts anfangen, um ehrlich zu sein. Mein Vater war im Ersten Weltkrieg schwer verwundet worden, das wusste ich; das konnte jeder sehen, denn er hatte ein Holzbein. Er wurde glücklicherweise nicht in den neuen Krieg eingezogen. Wir haben von den ersten Jahren auch nicht viel mitbekommen. Man hörte wohl, dass alles prächtig für die Deutschen liefe; und immer wieder hieß es, der Krieg sollte bald vorbei sein.«

Dabei wird Osnabrück relativ früh von britischen Bombern angegriffen. Bereits am 4. September 1939, mit der Kriegserklärung Englands an Deutschland, schallt der erste Fliegeralarm über die Dächer der Stadt. Am 23. Juni 1940 fallen Bomben auf das Klöckner-Stahlwerk, und die ersten Luftkriegsverletzten und auch ein Toter werden geborgen. Es folgt eine ganze Reihe weiterer gezielter Angriffe dieser Art auf Osnabrücker Industriefabriken, die alle aber in der Bevölkerung nicht für besondere Unruhe sorgen. Das ändert sich schlagartig, sobald britische Flugzeuge gezielt Wohngebiete zerstören. Am 20. Juni 1942 erfolgt nach dem 173. Fliegeralarm der Stadt und nach dem 12. Bombenangriff der erste Großangriff auf Osnabrück. 9000 Phosphor- und Elektron-Thermit-Stabbrandbomben vernichten 90 Wohnhäuser komplett, weitere 900 werden beschädigt. Von da an trifft es die Stadt regelmäßig. Lore erinnert sich: »Man hörte von immer mehr Toten und bekam ein beklemmendes Gefühl. Die Stadt war abends stockfinster, alle mussten verdunkeln. Selbst die Scheinwerfer der Autos wurden mit Kappen ausgestattet, die ganz schmale Schlitze für die Lichter freiließen. Mein Vater hatte sein geliebtes und teuer erspartes Auto frühzeitig auf dem Land untergebracht, also versteckt, in weiser Voraussicht, denn es sprach sich herum, dass große Autos von der Wehrmacht beschlagnahmt würden. Wir verbrachten viele Nächte in unserem Luftschutzkeller, immer wieder gab es Alarm. Mit Angst einzuschlafen und wieder aus dem Schlaf gerissen zu werden ist ein schlimmes Gefühl.«

Inmitten der Schulferien, am 13. August 1941, erhalten Lores Eltern einen Brief des Oberpräsidenten für Höheres Schulwesen:

> *Mit der staatspolitischen Sicherstellung des Ursulinenklosters ist auch die staatlich anerkannte Oberschule für Mädchen geschlossen worden. Da die Schülerinnen und ihre Eltern ohne eigenes Verschulden in eine Not- und Zwangslage gekommen sind, werde ich grundsätzlich die Aufnahme der zur Umschulung gemeldeten Schülerinnen befürworten.*

Die Nazis dulden keine katholische Nonnenschule in der Stadt mehr, und damit ist Lores Schulzeit beendet. Sie ist nicht mehr schulpflichtig und beginnt eine Lehre zur Einzelhandelskauffrau im Geschäft ihres Vaters.

»Ich musste auch zur Berufsschule. Eine schöne Lehrzeit war das natürlich nicht, denn die Bombardements wurden immer heftiger; das störte nicht nur, sondern ging an die Nerven und die Substanz. Besonders nahm mich der Angriff am 13. Mai 1944 mit. Ich war draußen, als die Sirenen anfingen zu heulen. Das war schon Vollalarm. Und zwar so kurzfristig, dass wir die Flieger über uns brummen hörten und dann auch die Christbäume sahen, Lichter, die wie brennende Fackeln vom Himmel fielen.«

Für Augenzeugen des Luftkriegs waren die Beobachtungen am Himmel ein bedrohliches Schauspiel, das gleichzeitig beeindrucken und verängstigen konnte und, bevor die Bomben einschlugen, einem Feuerwerk glich. Über Fallschirm-Leuchtbomben oder die Funkanweisungen eines sogenannten *Master Bombers*, der nach angeordneten Zielen in der anvisierten Stadt suchte, konnten *Pathfinder*-Flugzeuge verschiedenfarbige Markierungsbomben abwerfen. Damit zeigten sie den nachrückenden Bomberverbänden an, wo diese ihre schweren Bomben ausklinken sollten. Das Lichterdrama, das viele Beobachter als Christbäume im Nachthimmel beschrieben, komplettierten die bis zu zwölf Kilometer hoch strahlenden Flakscheinwerfer am Boden, die zunächst versuchten, die *Pathfinder* zu blenden und dann ihrerseits die Bomber zu markieren.

»Die Flakgeschütze knatterten«, erzählt Lore weiter. »Die Menschen auf der Straße ergriff die blanke Panik. Sie ließen alles stehen und liegen, schubsten sich herum, stürzten, krochen auf allen vieren in ihre Häuser oder versuchten, noch in einen der großen Bunker zu kommen. Als wir in unserem Luftschutzkeller waren, merkten wir schon, dass etwas anders war. Die Bomben schlugen dicht vor und hinter unserem Haus ein. Das waren gewaltige Kräfte und ein unglaublicher Krach. Ich konnte den heftigen Luftdruck am ganzen Körper spüren, der bei jeder dieser gewaltigen Explosionen durch den Keller zog. Erst nach Stunden kamen wir wieder raus. Ich lief sofort ins Freie, weil ich ahnte, dass um uns herum einiges kaputt gegangen sein musste. Und das sah ich dann. Ich wankte auf die Straße, kriegte kaum Luft; es stank bestialisch, sodass ich mir ein Taschentuch vors Gesicht hielt. Der Rauch brannte in meinen Augen. Von überall her hörte man Menschen schreien. Mein Vater hat sofort nachgeschaut, dass in unserem Haus kein Brand ausgebrochen war. Einige Nachbarhäuser waren beschädigt, andere waren komplett eingestürzt und brannten. Feuer, das aus dem Boden schlug. Ich erschrak, denn auch das Haus meiner besten Spielkameradinnen aus Kindheitstagen war einfach weg. Nur ein Trümmerhaufen. Mir war klar, dass da keiner mehr rausgekommen war und der Luftschutz sie nur noch tot bergen konnte. Meine Freundin ist da drinnen mit drei ihrer Geschwister und ihren Eltern einfach begraben worden. Man kann hoffen, dass es schnell ging und Trümmer sie erschlagen haben, aber man stellt sich auch vor, wie Menschen qualvoll ersticken. Ich wusste, dass genau das Gleiche auch uns hätte treffen können. Der Tod entscheidet über wenige Meter. Vom Fenster aus beobachtete ich am Abend, wie die älteste Schwester meiner Freundin vor dem Trümmerhaufen ihres Hauses stand. Sie war in einem Bunker gewesen und kniete nun vor Schutt und Rauch nieder und heulte schrecklich. Und ich bin nicht rausgegangen, weil ich das nicht ertragen konnte. Ich fühlte mich ohnmächtig und weinte leise mit. Sie hatte auf einen Schlag alles verloren, ihre Eltern, ihre Geschwister. Der Anblick zerriss mir das Herz.«

Der 32. Luftangriff auf Osnabrück am frühen Nachmittag des 13. Mai 1944 soll eigentlich ein gezielter amerikanischer Präzisionsangriff auf Schienen und Industrieanlagen in Lores Stadtteil Schinkel werden. Zu viele Abwürfe der ausführenden 452. Bombergruppe aber verfehlen die Ziele und treffen das Wohngebiet. In Lores direkter Nachbarschaft sterben 243 Menschen. Ihr Vater beschließt kurzerhand, dass die Familie von nun an nicht mehr den Luftschutzkeller aufsuchen soll. Durch seine Arbeit hält er zu vielen Kunden auf dem Land engen Kontakt und hat dort Freunde. Er schafft es, seine Familie bei einem Bauern im Dorf Oesede unterzubringen.

»Zu der Zeit musste die Landbevölkerung bereits die ausgebombten Städter aufnehmen«, sagt Lore. »Und die Bauersfamilie, zu der wir kamen, war froh, dass sie uns kriegten, keine wildfrem-

Das Stadtgebiet Osnabrück wurde im Zweiten Weltkrieg zu mehr als 65 Prozent zerstört, die mittelalterliche Altstadt zu 94 Prozent.

den Menschen. Wir verbrachten von da ab die Nächte auf dem sicheren Bauernhof, mit Ausnahme meines Vaters, der weiter im Laden arbeitete und dort auch schlief. Er wollte nur seine Frau und seine Kinder geschützt wissen. Meine Mutter blieb tagsüber mit den beiden Jüngsten auf dem Land. Meine ältere Schwester Marianne war bei der Sparkasse beschäftigt, meine jüngere machte eine Ausbildung zur Einzelhandelskauffrau. Sie fuhren wie ich jeden Morgen mit dem Zug in die Stadt und dann abends zurück. Ich arbeitete weiter mit Vati in unserem Laden.«

Die einzige Abwechslung in dieser Zeit bieten Lore die Gespräche mit einem gleichaltrigen Jungen, der abends immer mit ihr im selben Zug aus Osnabrück nach Oesede fährt. »Joseph war etwas frech und gleichzeitig romantisch. Eine perfekte Mischung. Er hatte fast schwarze Locken und tiefblaue Augen und machte mir Komplimente. Ich genoss seine Zuwendung und freute mich auf jedes Treffen mit ihm abends am Bahnhof.«

Bei Alarm am Tage rennt Lore in den nächstgelegenen Bunker, der in einem Stollen liegt. Ihr Vater, der an Asthma leidet, will partout keine Bunkeranlage betreten; er fährt bei Fliegeralarm mit dem Fahrrad so weit von den Häusern weg wie möglich, legt sich in einen Straßengraben und hofft, zu überleben. Der 13. September 1944 wird zu Lores schrecklichstem Kriegstag. »Ich kam wie jeden Abend nach der Arbeit am Hauptbahnhof an«, erinnert sie sich. »Zunächst schien alles normal, außer dass ich Joseph nicht fand. Aber das war schon mal vorgekommen, kein Grund zur Sorge; man hatte ja nicht immer genau gleichzeitig Feierabend. Doch an diesem Tag kam er gar nicht, also musste ich alleine fahren. Der Zug, der wie meist völlig überfüllt war, fuhr gegen 18.00 Uhr am Gleis ein. Ich drückte mich in einen der Waggons. Alles in Ordnung, dachte ich. Eine Viertelstunde später fuhr er los, hielt aber nach ein paar Metern direkt wieder an. In dem Moment, wo der Zug quietschend angefahren war, hatte es Vollalarm gegeben. Wir alle hörten jetzt die bellenden Sirenen auf dem Bahnhofsplatz. Die Menschen vor und hinter mir rissen Fenster und Türen auf, stürzten aus dem Zug, liefen über die Gleise, um zum Bahnhofsbunker zu kommen. Ich stolperte gerade aus dem Wagen und fiel auf den Bahnsteig, da bemerkte ich schon, dass es zu spät war. Ich konnte über mir die Flieger sehen, die ihre Klappen öffneten. Die ersten Brandbomben schlugen gleich danach im Bahnhof ein. Ich sah den Zug, aus dem ich gerade rausgekommen war, in Flammen aufgehen. Da waren noch Menschen drin. In Todespanik stand ich auf und rannte um mein Leben, zum Bahnhofsbunker. Alte Männer, Frauen und Kinder, die nicht so schnell waren, blieben verletzt liegen. Niemand hatte Zeit, ihnen zu helfen. Ich sah, wie Menschen mit den Schuhen im glühenden Boden stecken blieben, zusammensackten und ihre Kleidung Feuer fing. Die konnten sich nicht mehr befreien, keine Chance! Sie verbrannten bei lebendigem Leibe. Der ganze Bahnhof stand in Flammen. Die Sprengbomben schlugen vor und hinter mir ein, der Boden vibrierte unter meinen Füßen, es war ein unglaublicher Lärm, der mich orientierungslos machte. Zwischen dem vielen Rauch erkannte ich riesige Krater auf dem Bahnhofsplatz. Es zischte, pfiff und knallte. Ich hielt mir die Ohren zu und kam an dem Bunker an, aber die Tür war schon zu. Es gab dann keine Chance mehr, noch hineinzukommen, das wusste ich. Ich würde also sterben jetzt, das schien klar. In einem letzten Anfall von Hoffnung drehte ich mich nach allen Seiten um und entdeckte dann etwa zwanzig Meter vom Bunker entfernt eine Art Holzbaracke, aus der ein paar Soldaten rausliefen. Ich lief wie hypnotisiert an ihnen vorbei und schmiss mich da rein. Da lag noch ein anderes Mädchen drin, das wimmerte. Wir hielten uns an den Händen, klammerten uns vor Angst aneinander fest. Es krachten noch mehr Bomben runter. Ich kriegte kaum Luft wegen des beißenden Brandgeruches. Ich betete das Vaterunser, das Mädchen neben mir zitterte dabei und schrie mir immer wieder rüber, ich solle doch lauter beten: ›Bitte, bitte, so bete doch lauter, etwas lauter, bitte!‹ Sie stand unter Schock so wie ich. Wir rechneten wohl beide damit, dass uns jeden Moment das Licht ausging. Plötzlich spürte ich, wie ich nach einem wahnsinnigen Druck von der Seite durch die Luft geschleudert wurde, ich hob ab und verlor gleichzeitig das Bewusstsein. Ich war nicht gestorben, sondern kam auf dem Rücken liegend wieder zu mir. Aber woanders. Es war ruhig. Fremde Gesichter über mir schauten mich an. ›Sie kommt zu sich‹, hörte ich eine Frau rufen. Sie

Lore Josepha (um 1944)

fragte nach meinem Namen und erklärte mir, dass sie mich vor dem Bunker gefunden hatten, als die Türen wieder aufgingen.« Lore lässt sich aufhelfen, jemand reicht ihr Wasser. »Wo ist das Mädchen, das neben mir gelegen hat in der Hütte?«, fragt sie die fremde Frau.

»Was für eine Hütte?«, antwortet sie. »Mädchen, du hast einen Schock. Bitte trink etwas!«

»Ich stand auf und schaute an mir herunter, stellte fest, dass ich kohlrabenschwarz war, aber mir tat nichts weh. Ich rief der Frau, die mich versorgt hatte, zu, dass ich nach Hause müsse, doch sie schüttelte nur den Kopf, nahm mich und setzte mich auf eine Bank. Sie hielt meine Hand, ich weiß nicht wie lange. Irgendwann stand mein Vater vor mir, redete mit der Frau und zog mich fest an sich. Er war wie immer draußen geblieben bei dem Angriff und hatte geahnt, dass ich noch am Bahnhof bin. Er trug mich aus dem Bunker. Der Anblick, der sich mir draußen bot, übertraf alles, was ich bisher gesehen hatte. Zwischen den ganzen Trümmern, den brennenden Holzbrettern und den Gittern steckten verkohlte Menschen im Asphalt. Einige Sanitäter waren dabei, Tücher und Laken über die Toten zu legen. Mein Vater sagte mir, ich solle nur nach vorne schauen. Er setzte mich auf sein Fahrrad und schob es vom Bahnhof weg, durch die brennende Stadt und aus ihr hinaus bis nach Oesede, die ganzen zwölf Kilometer. Wir haben nicht gesprochen.«

Drei *Squadrons* der RAF werfen an diesem Abend elf schwere Luftminen, etwa 2100 Spreng- und 170 000 Stabbrandbomben sowie 42 Phosphorkanister über Osnabrück ab. Das Bahnhofsviertel wird dabei fast vollständig zerstört. In der mittelalterlichen Altstadt wird ein Feuersturm entfacht, dem fast alle historischen Gebäude zum Opfer fallen.

»Ich lag nach dem Angriff zwei Wochen im Bett«, sagt Lore. »Ein Arzt hat mich untersucht. Ich hatte nur Quetschungen, Prellungen und leichte Verbrennungen. Wie durch ein Wunder war nichts gebrochen, aber ich stand noch lange unter Schock, konnte die Bilder kaum einsortieren. Immer wieder zogen sie vor mir auf, und ich dachte an das Mädchen, mit dem ich gebetet hatte. Ob sie es wohl geschafft hatte? Warum hatte man mich gefunden, aber sie nicht? Joseph besuchte mich in diesen Tagen und erzählte mir, dass er auch am Bahnhof gewesen war; er hatte sich mit ein paar anderen in einen Schacht unter dem Gleisbett zwängen können und hatte so überlebt.«

Lore bleibt traumatisiert. Jeden Morgen fährt sie mit Angst im Bauch in die Stadt, um zur Arbeit zu kommen. Jeden Morgen fragt sie sich, ob sie am Abend wieder zu ihrer Mutter zurückkehren wird oder ob es sie heute erwischen würde. »Joseph war der Einzige, der mich aufheitern konnte. Ich schilderte ihm meine Angst, ganz offen und ehrlich. Drei Wochen nach dem Angriff, wir waren mal wieder gemeinsam mit dem Zug nach Oesede unterwegs, fiel der Strom im Abteil aus. Er bemerkte meine Furcht. Es war stockdunkel und kalt, und er nahm mich in den Arm. Seine Hand wanderte an meine Taille, ich spürte seinen heißen Atem an meinem Ohr, merkte seine Lippen, die die meinen berührten. Es kitzelte. Er küsste mich lange und innig, und mein Herz erwärmte sich. Ich war verliebt, zum ersten Mal.«

Es ist der 13. Oktober 1944, genau vier Wochen nach Lores traumatischem Erlebnis. »Ein klarerer, sonniger Morgen in Osnabrück. Ich hatte zum ersten Mal seit Langem nicht an einen Angriff gedacht, als plötzlich die Sirenen mal wieder aufheulten. Wieder Vollalarm, es würde uns also erneut erwischen. Ich rannte, so schnell ich konnte, aus dem Geschäft zum Bunker. Er war gerappelt voll. Die Leute husteten, Kleinkinder weinten. Die Bomben kamen nicht, wir hörten auch keine Flieger. Womöglich waren die Flugzeuge abgedreht und hatten sich für eine andere Stadt entschieden. Ich atmete auf, als die Tür wieder geöffnet wurde. Doch die ersten Menschen, die draußen waren, kamen gleich wieder fluchend zurück. Über ihnen konnte ich die Christbäume erkennen und wusste Bescheid. Die Türen wurden wieder geschlossen, und dann ging die Hölle los. Die Einschläge erfolgten wieder ganz nah. Nach der Entwarnung hatte ich schon ein merkwürdiges Gefühl. Als ich nach Hause lief, sah ich von Weitem unsere Straße brennen. Ich rannte voller Entsetzen los. Ja, ganz klar. Das Dach unseres Geschäftes brannte. Die Flammen schlugen meterhoch in den Himmel. Ich hastete mit letzten Kräften, da sah ich meinen Vater von der anderen Seite mit dem Fahrrad den Berg runterstrampeln. Wir kamen fast gleichzeitig an.

›Was sollen wir jetzt tun?‹, rief ich.

›Alles raus aus dem Haus, was wir retten können‹, antwortete mein Vater, und wir stürmten in den Laden. Ich sah aus dem Hinterfenster, dass unser Lagerhaus eingestürzt war. Eine Luftmine hatte es getroffen, wie ich später erfuhr. Der Laden hatte durch eine Phosphorbombe Feuer gefangen. Der Qualm im Haus war dicht und beißend. Ich schmiss alles, was ich packen konnte und so schnell es ging aus den Fenstern. Die Waren landeten im Garten des Nachbarn, dessen Haus nichts abbekommen hatte, wo sie aber später fast sämtlich gestohlen wurden, weil wir ja nicht auch noch darauf aufpassen konnten. Plötzlich krachte es über mir, und dann rumste es auf dem Boden. Ich blickte mich um und sah unsere Nähmaschine, die von oben durch das Gebälk gebrochen und etwa einen halben Meter hinter mir gelandet war.

›Zu gefährlich, raus jetzt!‹, rief mein Vater, riss mich weg und zerrte mich aus dem Haus. Draußen sahen wir machtlos mit an, wie alles restlos herunterbrannte, das Geschäft war ja auch unser zu Hause, wo wir lebten. Ich weinte. Mein Vater auch. Ich habe ihn nie weinen sehen bis zu diesem Tag. Unsere Existenz und unser Wohnraum waren vernichtet. Ich versteinerte innerlich. An dem Tag, als unser Haus abgefackelt ist, bin ich erwachsen geworden, da bin ich mir heute sicher.«

In Oesede müssen Lore und ihr Vater der Mutter und den Geschwistern erklären, dass sie obdachlos sind und kein Geschäft mehr besitzen. Ihre Mutter ist geschockt und will es nicht glauben. Es kommt zu einem heftigen Streit zwischen Lores Mutter und ihrer ältesten Tochter Marianne.

»Es ist abgebrannt, ich habe es gesehen«, schreit Marianne. »Du hast ja keine Ahnung! Du sitzt hier friedlich und gemütlich auf dem Land, hast es sicher, wohlig und warm. Du weißt überhaupt nicht, was da unten los ist! Die Häuser sind kaputt. Alle sind kaputt. Die Menschen verbrennen. Geh doch in die Stadt und guck dir die verzweifelten Leute selbst an, wirf ein Blick auf die Toten am Straßenrand, dann weißt du, wie das ist. Da liegen so viele Leichen, das kannst du dir nicht vorstellen. Sei froh, dass *wir* noch leben, es ist *nur* unser Haus, das abgebrannt ist.«

An diesem 13. Oktober 1944 fallen 16000 Brand- und 2616 Sprengbomben auf Osnabrück. Am Abend sucht Lore Trost bei ihrem Freund Joseph, der ihr zu allem Übel noch mitteilt, dass er einberufen worden ist. »Ich ziehe in den Krieg für Führer, Volk und Vaterland«, sagt er in ironischem Tonfall. Lore kann nicht lachen. Der nächste Großangriff lässt nicht lange auf sich warten. Es ist der 21. November 1944. Lore setzt die Angst schon nicht mehr so zu wie vorher; sie funktioniert, der Krieg hat sich zur Routine entwickelt. Sie schafft es rechtzeitig in den Bahnhofsbunker, aus den Luken heraus beobachtet sie während des Angriffes, wie die Feuerschweife vom Himmel regnen und den kleinen Rest des Bahnhofs und der angrenzenden Gebäude in Brand stecken. Alles wirkt surreal. Das Schreien der Kinder, die sich an ihren Müttern festkrallen, weil der Bunker wackelt, ignoriert Lore; sie ist psychisch am Ende. Nach der Entwarnung verlässt sie den Schutzbau, trottet durch die Stadt zu ihrem ehemaligen Geschäft, auf dem sie bereits Steine und Schutt sammelt, weil der Vater Hoffnung trägt, es wieder aufbauen zu können. Lore läuft an brennenden Häusern vorbei, an Taschen und Koffern, die die Menschen in der Eile stehen gelassen haben, an zerborstenen Gasleitungen, an Tüchern, unter denen Leichen liegen. Sie lässt die Angst nicht zu, denkt an den Laden, der wieder aufgebaut werden muss.

»Aber man bleibt immer nur kurzfristig kalt, man schöpft ja Mut und wird aufs Neue enttäuscht. An diesem Abend erreichte uns noch eine entsetzliche Nachricht, die mich dann schon wieder Tränen gekostet hat. Mein Vater überbrachte sie uns. Seine Schwester, meine Tante Josefa, und mein kleiner Cousin Conny

Gedenktafel an der Osnabrücker Dominikanerkirche für die am 21.11.1944 umgekommenen Kinder

haben den Angriff nicht überlebt. Unsere Tante war Lehrerin und mit ihrer Schulklasse in einen als bombensicher geltenden unterirdischen Kalksteinstollen geflüchtet, zu dem man über den Heizungskeller eines Kinderheimes gelangen konnte. Ihren Sohn hatte sie an dem Tag mit. Das Heim wurde getroffen, die Tür zum Stollen aufgesprengt, und ein Heizungsrohr ist geplatzt. Das Kohlendioxidgas hat alle 102 Menschen darin getötet. 51 davon waren Kinder, das jüngste erst ein Jahr alt. Heute hängt eine kleine Tafel mit einem Bild einer Frau mit Kinderwagen an einer Osnabrücker Kirche, darunter stehen alle Namen der Kinder, auch der von meinem Cousin Conny. Die meisten Osnabrücker wissen heute jedoch mit dem Mahnmal nichts mehr anzufangen. Dabei war es für die Stadt so dramatisch, die Feuerwehrleute haben erzählt von den so ruhig daliegenden Kinderchen in ihren

Betten. Äußerlich unversehrt, waren alle zum Glück schnell erstickt oder im Schlaf gestorben. Ich kann mich entsinnen, wie mein Vater von der Leichenschau berichtete. Die toten Kinder wurden in Särgen vor ihrer Schule aufgebahrt und mussten dort von den weinenden Angehörigen identifiziert werden. Mein Vater hatte seine Schwester und meinen Cousin erkannt.«

Kurz vor Weihnachten 1944 gibt es für Lores Familie unerwartet mal wieder positive Nachrichten. Der Vater teilt mit, dass er zwei kleine Räume angemietet habe, wo sein Geschäft zwischenzeitig weiterlaufen könne. Lore solle den Verkauf im Laden übernehmen, er selbst wird wie früher mit dem Handkarren über das Land ziehen, um die Waren an der Tür anzubieten. »Schon komisch«, sagt Lore. »Ausgerechnet an diesem Tag dann wieder erhält Vater, der neuen Mut geschöpft hat, seine Einberufung zum Kriegsdienst. Da wurde er richtig wütend, schließlich hatte er nur ein gesundes Bein. Am Abend kam er zurück von der Behörde und konnte zum Glück erzählen, dass man ihn als Kriegsversehrten doch wieder freigestellt habe. Er müsse sich allerdings dennoch als Reservist auf Abruf bereithalten, da es bald kriegswichtige Tätigkeiten für alle geben könnte.«

Der letzte schwere Angriff auf Osnabrück ereignet sich am Palmsonntag 1945. 132 Hallifax-, 14 Lancaster- und 10 Mosquito-Bomber werfen 2518 Spreng- und 1500 Brandbomben sowie 200 000 Stabbrandbomben ab. Weitere 15 000 Osnabrücker werden obdachlos. Am Ende sind die mittelalterliche Altstadt zu 94 Prozent und das gesamte Stadtgebiet zu mehr als 65 Prozent zerstört.

Lore erlebt den bizarr anmutenden Palmsonntagsangriff von Oesede aus. »Alle hatten sich aufs Osterfest vorbereitet, Eier bemalt, die Häuser geschmückt. Es war sonnig und warm. Aus den Dörfern kamen die Menschen in die Frühmesse und waren erleichtert, dass es Osnabrück wohl überstanden hatte und der Krieg endlich aus sei. Man wusste, dass die Amerikaner und Briten bereits auf unsere Stadt zu marschierten. Aber gegen neun Uhr heulten dann doch wieder die Sirenen.«

»Feindliche Bomber im Weiterflug auf den Raum Lüneburg« verkünden die Volksempfänger. Also Glück gehabt, denkt Lore, die sich nicht vorstellen kann, warum man ihre kaputte Heimatstadt noch einmal angreifen sollte. »Osnabrück war ja nun nahezu ungeschützt, man erwartete die Kapitulation.« Um 9.48 Uhr fallen die Bomben. Lore bleibt das Bild in schrecklicher Erinnerung. »Die Katharinenkirche stand wie eine riesige Fackel inmitten der Stadt. So ein Bombengriff ist auch aus der Ferne schockierend.«

Die Erzählungen derer, die den Angriff in der Stadt überlebt haben, sind grauenvoll. Wenige Stunden nach der Entwarnung flüchteten Hunderte Ausgebombte in die Dörfer, auch nach Oesede. »Sie erzählten von Menschen, die in ihren vollgelaufenen Kellern ertrunken waren, von in Kissen eingewickelten Babys, die man eingesammelt hatte, deren Mütter gestorben waren. Ich bin froh, dass ich wenigstens an diesem Tag nicht in der Stadt war. Ich hatte längst genug von alldem gesehen.«

Kurz bevor die US-Amerikaner den Südkreis von Osnabrück erreichen, zieht ein Trupp erschöpfter deutscher Soldaten auf den Bauernhof, den Lores Familie bewohnt, und verlangt, verpflegt zu werden. »Mitten auf dem Hofplatz stellten sie ein Geschütz auf. Wir wollten endlich Ruhe. Mein Vater redete auf den anwesenden, jungen Leutnant ein, dass das nicht ginge, was er da vorhabe, dass hier Kinder seien, die den Krieg überleben sollten. Den Soldaten war das egal. Vater erzählte ihnen, er kenne sich in der Gegend gut aus und wisse eine Stelle, wo die Kanone unentdeckt stehen könnte und sie eine viel bessere Schussposition auf die Hauptstraße hätten. Da zeigten sie sich einverstanden. Er führte die Männer ins Unterholz, wo sie ihre Stellung aufbauten. Danach schienen sie besser gelaunt, kochten Gulaschsuppe und verschenkten den Rest an die Kinder auf dem Hof. Als mein Vater wenig später die ersten amerikanischen Panzer in der Ferne sah, lief er noch mal hoch zu den Soldaten, um Bescheid zu geben. Vorher hatte er Klamotten zusammengesammelt, Hosen und Hemden vom Bauern, die er auf einer Karre hochfuhr. Sie sollten ihre Uniformen ausziehen und abhauen, hat er ihnen gesagt. Wir sahen Vater mit ihnen streiten. Einer der Soldaten bedrohte ihn schließlich mit einem Gewehr und wollte ihn als Vaterlandsverräter erschießen. Mein Vater erzählte später, dass er ihnen in aller Ruhe zu bedenken gegeben habe, dass die Amerikaner den Schuss hören würden und sie dann alle dran wären. Sie hatten nach der Ansage ein Einsehen und liefen auf der anderen Seite des Berges hinunter. Ein paar der Männer machten aber den Fehler und rannten stadtwärts den Hügel runter; sie wurden von den heranrückenden Amerikanern bemerkt und erschossen. Die Panzer fuhren auf der Straße an uns vorbei. Wir hörten danach die Schreie eines verletzten deutschen Soldaten, der schwer verwundet den Berg zu uns hochkroch. Mein Vater und der Bauer konnten das nicht mit ansehen, er war noch ein Junge. Sie bargen ihn und brachten ihn ins Haus, wo meine Schwester Marianne, die einen Kurs zur Notfallversorgung absolviert hatte, die Schusswunde erstversorgte. Sie war noch nicht fertig, als mein Vater nervös in die Stube lief und uns alle aufforderte, weiße Laken und Tischdecken einzusammeln und damit in den Hof zu kommen. Amerikanische Jeeps und Panzer seien auf dem Weg.«

Mit einem weißen Tuch in der Hand sieht Lore, wie die amerikanischen Soldaten aus den Fahrzeugen aussteigen. Ohne ein Wort zu sagen, durchsuchen sie das Bauernhaus und schleppen den verletzten Wehrmachtssoldaten hinaus. Er wird auf einen

Lkw geladen. »Meinen Vater nahmen sie auch mit. Wir wussten nicht, ob wir ihn wiedersehen würden. Aber er kam abends zurück und erzählte, dass man ihn den ganzen Tag verhört hatte, aber ihm nichts anzulasten wäre. Wir wägten uns in Sicherheit. Auf dem Nachbarhof lief es inzwischen nicht so glimpflich ab wie für uns. Polnische Zwangsarbeiter plünderten den Hof; der Bauer versuchte, das zu verhindern, und wurde erschossen. Schließlich kamen die Engländer und beendeten solche Überfälle, von denen es mehrere in der Umgebung gab. Sie richteten eine Kommandantur im Gemeindehaus ein. Alle Dorfbewohner mussten ihre Radios abgeben. Meine kleine Schwester Helene spionierte dort herum, brachte immer Schokolade mit. Eines Tages kam sie doch tatsächlich mit unserem konfiszierten Radio zurück. Sie hatte es in einer Scheune neben vielen anderen entdeckt und einfach mitgenommen. Keiner hatte sie dabei gesehen. Wir beschlossen, es zu behalten. So konnten wir dann vom Kriegsende hören.«

Lores Familie bleibt noch ein Jahr auf dem Oeseder Hof. In der Stadt werden Lebensmittel getauscht. Jeder versucht, zu überleben und das Nötigste zu besorgen. Lores Vater verkauft sein Auto, das er den ganzen Krieg über auf dem Land versteckt hat. Sein Plan ist es, so schnell wie möglich seinen Gemischtwarenladen wiederaufzubauen, er hofft, dass dadurch die Familie wieder unabhängig wird. »Er konnte einen Tischler bezahlen, der uns auf dem Dorf ein kleines Holzhaus mit sechs winzigen Zimmerchen anfertigte. Dahinter bauten wir ein Plumpsklo. Drei Jahre haben wir so gewohnt und währenddessen unser Haus in Osnabrück wiederaufgebaut. Das machten alle im Stadtteil. Die meisten Männer waren nicht heimgekehrt oder noch in Gefangenschaft, also mussten alle mit anpacken. Meine Mutter, meine Schwestern und ich fuhren jeden Morgen in die Stadt, pickten den Mörtel von Steinen ab und schichteten sie auf. Wir alle wurden Trümmerfrauen, und die Solidarität untereinander erwies

Lore Josepha und Joseph kurz nach dem Krieg

sich als groß. Ich war auch stolz, Teil davon zu sein. Ich sah überall Frauen arbeiten, in der Stadt, aber ebenso auf dem Land. Sie hackten Holz, bestellten die Felder. Und alle machten sich Hoffnungen, dass es aufwärtsgehen würde. Leider wurde das Grundstück, auf dem unser Wohnhaus und Geschäft zuvor stand, von den Engländern beschlagnahmt, aber immerhin konnten wir unser altes Lagerhaus wieder aufbauen und da drinnen den neuen Laden einrichten.«

Es dauert etwa ein Jahr, bis Lore ihren Joseph am Bahnhof wiedertrifft, da fährt sie noch einmal nach Oesede und der junge Mann mit den schwarzen Locken gesteht ihr, dass er seit Tagen jeden Abend an dieser Stelle stehe und darauf hoffe, dass Lore den Zug nehmen würde. Er ist in Dänemark in Gefangenschaft gewesen und nach seiner Entlassung wegen einer Verletzung noch einige Monate oben geblieben. Joseph lässt Lore fortan nicht mehr aus den Augen, im Sommer 1949 macht er ihr einen Verlobungsantrag, ein Jahr später wird geheiratet. Lore bekommt vier Kinder. Mit allen hat sie später ganz offen über ihre Kriegserlebnisse gesprochen und tut das bis heute, auch mit ihren Freundinnen. Nie aber ist es ihr gelungen, einen Kriegsfilm zu schauen, weder einen Spielfilm noch eine Dokumentation. Es ist die Angst vor der Angst, die dann wieder hochkommen könnte.

MARTA UND DIE MÖRDERISCHEN TIEFFLIEGER

Marta lebt seit einem halben Jahr in einer Seniorenresidenz in Delbrück im Kreis Paderborn. Oft ist sie seitdem einsam, schaut Serien im Fernsehen oder telefoniert mit Familienangehörigen. Die anderen Bewohner des Heimes sind zu Martas Ärger nicht so agil wie sie – oder sie wollen es nicht sein, wie sie vermutet. Eigentlich hat sie sich vorgestellt, neue Freundinnen kennenzulernen, gemeinsam mit Altersgenossen etwas in der Gegend zu unternehmen, Spaziergänge machen, klönen, über alte Zeiten sprechen. Marta liebt es und braucht es, das Reden. Ihrem Ärger über die lahme Gemeinschaft im Haus macht sie lauthals Luft, so wie sie es immer getan hat, und geigt auch mal den Pflegerinnen die Meinung. »Früher hat man mich beschrieben als naturblond mit schönen blauen Augen, aber dafür als ziemlich frech. Man sagte, ich sei vorlaut, könne den Mund nicht halten. Ist halt rheinländisch. Das passt heute alles noch, nur bin ich jetzt eben naturgrau.«

Marta wird 1924 in Remscheid geboren und wächst mit zwei Schwestern und drei Brüdern auf. »Wir waren im Kaiserreich mal die drittreichste Stadt Deutschlands«, erzählt sie mit stolz erhobener Stimme. »In Remscheid waren die wichtigsten Industriezweige ansässig. Das Mannesmann-Röhrenwerk, das Alexanderwerk für Küchenmaschinen, die Bergische Stahlindustrie, um nur ein paar Beispiele zu nennen. Im Grunde gab es keine Maschine und kein Werkzeug, das man in der Stadt nicht kriegte, aber ich bin definitiv zur falschen Zeit dort geboren.«

Als Marta zur Welt kommt, ist Remscheid als eine der letzten Städte noch von französischen Truppen besetzt. Einen Zahlungsengpass der vom Versailler Vertrag aufgezwungenen Reparationen nutzt die französische Regierung, um im Januar 1923 mit 60 000 Soldaten in das gesamte Ruhrgebiet einzumarschieren und es als Pfand für ihre Wirtschaft so lange auszubeuten, bis die Schulden getilgt sein würden. Es kommt zu Generalstreiks unter deutschen Industriearbeitern, auf die das französische Militär mit Gewalt reagiert. Mindestens 137 Arbeiter werden erschossen. Erst durch amerikanische Vermittlung und den Dawes-Plan ziehen sich die Besatzer ab dem 3. September 1924 vollständig zurück. Die Wut auf die Franzosen bleibt.

Martas Vater ist gelernter Schlosser, kann aber den mittelständischen Betrieb seiner Familie nicht übernehmen, weil er durch Arm- und Beinschüsse, die er im Ersten Weltkrieg erlitten hat, zu stark beeinträchtigt ist. »An der rechten Hand konnte er nur Daumen und Zeigefinger bewegen, und ein Bein hinkte. Vater war nicht mehr in der Lage, wirklich zu arbeiten, nur ab und an konnte er mit aushelfen. Er war lange Zeit arbeitslos, bis er später bei der Post anfangen konnte. Meine Mutter unterstützte ihn und uns. Sie stammte aus einer wohlhabenden Familie. Meine Großeltern führten eine florierende Gastwirtschaft in Wuppertal. Uns ging es daher insgesamt nicht schlecht. Wir hatten eine große Dreizimmerwohnung und teure, schicke Möbel, und das in einem Arbeiterviertel. Mein Vater verdingte sich also dann als kleiner Landbriefträger im Rheinischen. Er kriegte nur wenig Lohn, aber er hatte etwas zu tun und mochte das Gefühl, gebraucht zu werden. Das war ihm wichtig. Nach der Machtergreifung hat er daher ganz pragmatisch gedacht und ist gleich in die NSDAP eingetreten, um sich Anerkennung und Aufstiegsmöglichkeiten zu erarbeiten. In unserem Viertel gab es viele Kommunisten, und wir bekamen hautnah mit, wie es denen erging. Nicht nur, dass sie ihre Arbeitsstellen verloren, die SA machte auch Hausdurchsuchungen. Die Väter von zwei meiner Freundinnen wurden abgeholt und in ein KZ gebracht.«

Marta tritt mit zehn Jahren in den Jungmädelbund ein. »Unsere Treffen fanden samstags statt, meistens in den Milchkellern verschiedener Schulen oder in Vereinshäusern, die angemietet wurden. Wir Mädel wurden dafür vom regulären Schulunterricht befreit. Das war Anreiz genug für mich.« Marta lacht. »Aber es hat auch wirklich Spaß gemacht. Ich erinnere mich vor allem gerne daran, wie wir durch Wald und über Landstraßen marschierten und dabei Volkslieder sangen. Ich fühlte mich nicht politisch indoktriniert und erlebte das Jungvolk auch nicht als kriegerisch, meine Brüder übrigens ebenfalls nicht. Der Krieg kündigte sich eher unterschwellig an: Sirenen wurden auf den Häusern installiert, Luftschutzkeller eingerichtet, ganze Hausgemeinschaften nahmen an Lehrgängen teil, um sich im Katastrophenfall – durchgespielt wurde eigentlich jedes Mal ein Bombenangriff – richtig zu verhalten. Die jungen Männer wurden zum Kriegsdienst eingezogen und immer mehr Frauen aufgefordert, sich Arbeit in Fabriken zu besorgen. Mein Vater hatte, kurz bevor der Krieg losging, schon eine ganze Handvoll weiblicher Kollegen, die schwere Pakete schleppen mussten. Das Verhältnis zu Frankreich wurde nicht besser. Alle schimpften noch auf die Franzosen und ihre Ruhrbesetzung. In der Schule hat man sämtliche französischen Wörter ausgemerzt, die wir kannten und die noch üblich waren. Wir liefen nun nicht mehr über die *Chaussee*, sondern über die

Landstraße zum Bahnhof, und nicht mehr zur *Gare*, und stiegen dann in ein Zugabteil statt ins *Coupé*. Das Radikale fängt mit Sprachverwerfungen an. Es gab mächtig Ärger von unserer Lehrerin, wenn wir Fremdwörter weiter benutzt haben, ganz besonders eben aus dem verhassten Französischen.«

Marta beendet 1938 die Volksschule, fängt dann eine kaufmännische Lehre in einem Bekleidungsgeschäft für Damen- und Kindermode an. Sie möchte im Anschluss ihr Abitur auf dem zweiten Bildungsweg erwerben, um Lehrerin für Handarbeit und Erdkunde zu werden. Zwei Mal pro Woche findet der Unterricht in einer Berufsschule statt. Alles läuft nach Plan, zwischen Abschluss der Lehre und Studium soll nur noch das Pflichtjahr liegen, das die achtzehnjährige, sehr schlanke und kleingewachsene Marta 1942 antreten muss. Sie hofft, dass ihr nicht zu viel abverlangt wird und dass die Familie des Landwirtes nett ist. »Ich sollte bei einem evangelischen Bauern in Natrup-Hagen im Osnabrücker Land unterkommen. Die letzte Etappe bin ich mit dem Zug aus Münster gefahren. Ich hatte zwei große Koffer dabei und an alles gedacht, Sommer- und Winterkleidung. An dem Mini-Bahngleis wartete die Bäuerin, ich sah sie schon aus dem Fenster, und sie lächelte nicht. Sie hatte eine Sackschürze an und hielt einen kleinen Jungen auf dem Arm. Ich hatte im Zug ein paar Soldaten kennengelernt, die mir halfen, die Koffer rauszustellen. Das passte der Bäuerin schon nicht. Sie schnauzte ekelhaft rum, sie hätte eine kräftige Achtzehnjährige bestellt und keine vierzehnjährige Göre. Warum ich denn nicht mal die Koffer selbst tragen könne? Ich kriegte gleich Wut im Bauch. Der nette Offizier war schon drauf und dran, mein Gepäck wieder reinzuholen. Er sagte, er würde mir einen Brief ausstellen und unterschreiben, dass die Bauersfrau mich nicht haben wollte, weil ich ihr zu dünn sei. Der Bäuerin schrie er zu: ›Seien Sie doch froh, Mensch, dass Sie eine schlanke Achtzehnjährige bekommen und nicht so ein dickes vollgefressenes Weib wie die, die hier sonst so auf dem Bahnsteig rumstehen.‹ Er meinte natürlich die Bäuerin, denn eine andere Frau stand hier nicht. Ich triumphierte innerlich, der Spruch hätte von mir kommen können. Ich merkte, dass die Bauersfrau sich schämte und kleinlaut bekannt gab, dass sie es nicht so gemeint habe und mich selbstverständlich gerne nehmen würde. Ich verabschiedete mich von meinen Beschützern und wusste gleich, ich würde mir in den nächsten Monaten ein noch dickeres Fell zulegen müssen. Aber das war kein Problem, ich war zwar körperlich klein, aber kleinkriegen konnte mich keiner. Und auch diese Frau nicht, die mich weiter schikaniert hat. Ich war froh, wenn ich meine Arbeit in Ruhe erledigen konnte. Ich stand um halb fünf morgens auf, um die Kühe zu melken, denn die Milch musste um sechs Uhr draußen stehen. Dann kümmerte ich mich um die Tiere. Wir hatten zweihundert Hühner, acht Kühe, zwei Pferde und einen Haufen Schweine. Ich pflegte den Gemüsegarten, zog Unkraut, half beim Mähen der Felder. Nicht die kleinste Anerkennung habe ich je bekommen, egal wie sehr ich mich anstrengte. Mit mir arbeiteten drei Gefangene aus Frankreich auf dem Hof, die in einem Lager wohnten und abends wieder gingen. Nur eine bequeme Unterkunft und ausreichende Verpflegung vermittelten mir, dass ich nicht als Sklavin gehalten wurde. Als die Frau aber noch anfing, mich vor anderen runterzuputzen, reichte es mir. Ich musste mir Respekt verschaffen. Sie hatte oft Gäste zum Essen, während ich draußen schuftete. Ich zog Möhren aus der Erde und benutzte dafür eine Fußbank. Als sie das einmal sah, schrie sie aus dem Fenster, ich solle die Bank wegstellen und mich vernünftig bücken. Ich hörte die Damen, die sie zu Kaffee und Kuchen eingeladen hatte, von drinnen lachen und kichern. Daraufhin schrie ich zu ihr rüber: ›Haben denn Ihre Gäste eine Fresskarte mitgebracht oder fressen die wieder auf anderer Leute Kosten? Hat es der Bezirksbauernführer so dicke, ja? Man müsste ihn mal fragen.‹ Das hatte gesessen, sie hielt die Klappe und schloss das Fenster. Von da an war Schluss mit der Schikane, sie ließ mich in Ruhe, wir gingen uns aus dem Weg. Ich kommunizierte nur noch mit ihrem ganz netten, aber ihr unterwürfigen Mann und der Magd, die in Ordnung war.«

Während ihrer Pflichtjahrzeit beobachtet Marta drei Großangriffe auf die Stadt Osnabrück, die Familie des Bauern geht währenddessen in den Keller des Hauses. »Kein richtiger Luftschutzkeller, nicht mal einen zweiten Ausgang gab es da«, sagt Marta. »Also bin ich da nicht mit rein, natürlich hatte ich auch keine Lust auf die dicke Bauersfrau. Also habe ich mir das Spektakel einfach angeschaut. Ich konnte erahnen, was die Menschen in der Stadt durchmachten. Meine Güte, ich höre heute noch die Flakgeschütze, die auf den Bergen drumherum hämmerten. Ich sah, wie die Christbäume herunterregneten und die Dächer der Stadt Feuer fingen. Ich habe auch Flugzeuge abschwirren und explodieren sehen, irgendwo zwischen Osnabrück und Natrup-Hagen. So ungefährlich war ein Angriff selbst auf dem Land nicht. Zumindest habe ich gesehen, wie der Hof eines Nachbarn, der ein paar Kilometer entfernt lebte, durch einen Brandbombentreffer abgefackelt wurde. Die Flieger warfen ja Ballast ab, wenn sie abdrehten, und da war es denen egal, wo die Bomben runtergingen. Die Stadt war ziemlich kaputt nach den drei Angriffen, das weiß ich, weil ich alle zwei Wochen samstags Ausgang hatte. Mit einem Pflichtjahrmädchen von einem anderen Hof, die auch aus dem Rheinland kam, fuhr ich dann in die Stadt und ging ins Kino. Das machte ich gerne, es gab vier Filmtheater in Osnabrück. Aber die Einheimischen mochten uns nicht. Einmal hat so eine hochnäsige Göre den Hilfspolizisten in den Kinosaal geholt. Die kontrollierten vor der Vorführung, ob man auch achtzehn war. Wenn nicht, flog man raus. Wenn jemand zum zweiten Mal erwischt wurde, dann drohte Jugendgefängnis. Jedenfalls kam er zu uns und meinte, dass ihm die Mädchen auf den hinteren Bänken erzählt hätten, wir seien Ausländer und würden mit unserem Gesabbel stören.«

»M'r sein kein Ausländer, sein Rheinländer un sprechen kei esu schön Osnabrücker Huhdütsch«, sagt Marta, und der Polizist fängt sofort an zu lachen. »Dat hür isch wal. Ming Moder sprich och esu. Baschtich Feez beim Film«, antwortet der in vertrautem rheinländischen Platt und geht wieder aus dem Saal. Marta und ihre Begleiterin lachen.

Endlich ist das Pflichtjahr am 14. März 1943 vorbei, und Marta fährt um einige bittere Erfahrungen reicher zurück nach Remscheid. Dort erwartet sie bereits die postalische Benachrichtigung über eine Notdienstverpflichtung. Zwei Wochen hat sie Urlaub, dann soll sie wie alle anderen Frauen eine Arbeit in einer Fabrik aufnehmen. Marta bekommt ein paar zur Auswahl. »Ich hatte keine Lust mehr auf Schufterei. Zum Glück erzählte mir meine Freundin Marianne, dass sie eine Dienststelle bei der Bahn ergattert hatte. Ich war heilfroh, dass das auch zählte. Und Marianne sagte, da solle es ganz locker zugehen. Sie nahm mich mit zur Arbeit und stellte mich dem Chef vor. Ich zeigte mich von meiner Schokoladenseite. Es gab dann eine Art spontanes Einstellungsgespräch, und er stellte mir ein paar Fragen zur Geografie. Darin war ich gut, denn mein Plan war ja sowieso, Erdkundelehrerin zu werden. Als ich ihm das verriet, gab er mir einen Bescheid für das Arbeitsamt mit, dass ich am Bahnhof Remscheid anfangen könne, und zwar sofort. Das klappte. Die Reichsbahn nannte man viertes Glied der Wehrmacht, daher kam sie auch als Kriegshilfsdienst infrage. Ich fand mich gut ein, habe Schichtdienst am Schalter gemacht. Also Fahrkarten ausgestellt für Inland- und Auslandsverkehr. Die meisten Reisenden damals waren Geschäftsleute, die nach Holland, Belgien, Dänemark, Frankreich und Ungarn fuhren. 280 Mark als Lohn für das Fahrkarten drucken und stempeln im Monat fand ich super. Ich machte lieber Frühdienst. Der Spätdienst war nämlich erst um 23.00 Uhr zu Ende, und dann ging keine Bahn mehr. Ich wohnte weiter bei meinen Eltern, musste immer zu Fuß nach Hause laufen, und das bedeutete gut eine Stunde Fußweg.«

In der Nacht vom 30. auf den 31. Juli 1943 erlebt Marta einen heftigen Großangriff auf Remscheid. »Ich war gerade vom Spätdienst nach Hause gekommen, der Alarm war schon unterwegs losgegangen. Als ich die Haustür aufschloss, sah ich die Blitze der Christbäume aus den Augenwinkeln. Das war knapp. Ich bin sofort in den Luftschutzkeller gestürmt, der voll war mit allen sieben Familien aus dem Haus. Erst heulten die Bomben von weit her, wie ich es aus Osnabrück kannte, dann wackelte der ganze Keller. Wir wurden von Explosionen hin und her geschüttelt. Die Menschen hatten Todesangst. Jeder Einzelne! Nach zwei Stunden hörte es auf. Als die Sirenen dann Entwarnung gaben, wollten alle nur raus an die frische Luft. Aber die war nicht da. Heißer, dicker Qualm zog mir ins Gesicht, ich kriegte einen Hustenanfall, wie ich noch nie einen hatte. Das Nachbarhaus, zu dem wir im Keller einen Durchbruch hatten, brannte lichterloh. Alle drei Stockwerke standen in Flammen, da war nichts und niemand mehr zu retten. Die Feuerwehr kam nicht, es gab nicht genug Kapazitäten. Wir liefen zurück ins Haus und holten unsere gepackten Koffer schon mal raus, weil wir natürlich befürchteten, dass die Flammen überspringen würden. Meine Mutter hat noch vorsichtshalber die Oberbetten rausgeholt. Ich war die Letzte im Haus, rannte noch in unsere Küche und suchte nach etwas Essbarem, denn ich hatte nach der Arbeit noch nichts gegessen. Da krachte plötzlich die Brandmauer des Nebenhauses einfach zusammen. Tischdecke, Stühle, alles bei uns fing sofort Feuer. Ich klemmte mir schnell die Brottrommel unter den Arm, rettete einen Braten aus dem Topf und lief dann wieder auf die Straße. Wir alle schafften

Das Ruhrgebiet zählte aufgrund seiner vielen Industrieanlagen zu den bedeutenden Zielen alliierter Luftangriffe.

es raus, aber unsere Wohnung war verloren. Das ganze Haus brannte restlos runter. In dieser Nacht haben wir draußen auf einem Hinterhof geschlafen, ich hatte starke Schmerzen im Gesicht. Am nächsten Tag musste ich ins Krankenhaus wegen einer Brandvergiftung meiner Augen. Mit Schmerzmitteln und Augentropfen kriegte ich das in den Griff. Ich sah zwar ein bisschen so aus, aber war überhaupt nicht aus Zucker.«

243 Lancaster-, Halifax-, Stirling- und Wellington-Bomber der RAF werfen in dieser Nacht 295 Tonnen Sprengbomben und 483 Tonnen Brandbomben, überwiegend Phosphorbrandbomben und Stabbrandbomben, ab. 1063 Zivilsten sterben in den Flammen, 11401 Häuser werden beschädigt, davon 3418 völlig zerstört. Die durch Störmittel kaum effektiv arbeitende Remscheider Flak

schießt 15 britische Flugzeuge ab. Martas Bruder ist zu der Zeit in der Lehre auf einem Bauernhof in Wipperfürth, wo er zwei Zimmer für seine ausgebombte Mutter und Martas jüngere Geschwister organisieren kann. Ein paar Monate später werden sie nach Kühlungsborn an die Ostsee evakuiert. Martas Vater bekommt ein Zimmer im Postgebäude zugewiesen. »Da stellten wir drei Betten rein. Meine ältere Schwester war auch dienstverpflichtet, schuftete in einer Waffenfabrik. Wir mussten in der Stadt bleiben und schliefen also mit unserem Vater in einem kleinen Zimmer. Alles total unbequem und mein Fußweg zum Bahnhof war jetzt noch weiter. Ich besaß kein Fahrrad und musste nach einer Spätschicht jetzt ganze anderthalb Stunden nach Hause laufen.«

Marta versucht, sich das Leben nicht vermiesen zu lassen. Sie kann gratis mit der Bahn fahren und will sich wenigstens noch etwas anschauen, bevor auch sie allzu jung stirbt. Also ist sie in ihrer Freizeit mit dem Zug unterwegs, die meisten Städte aber kann sie schon nicht mehr als solche bezeichnen. Doch trotzdem lohnt es sich. Im Herbst 1943 fährt sie mit dem Zug nach Hagen, um etwas einzukaufen, auf dem Rückweg lernt sie einen Soldaten kennen, der ihr den Hof macht. Er sieht sympathisch aus, hat aber kaum noch Haare auf dem Haupt. Marta gibt ihm zu verstehen, dass er zu alt für sie sei, doch es stellt sich heraus, dass er nur zwei Jahre älter ist. Werner ist Marinesoldat auf Heimaturlaub, sein Schiff liegt auf der Krim. Er berichtet Marta ganz offen von einem Angriff auf sein Boot, bei dem ihm Akkusäure auf den Kopf gekippt ist. Nun habe er zwar diesen Schönheitsfehler und die Frisur eines Greises, aber er könne das ausgleichen, weil er fantastisch kochen würde. Seine Mutter sei gelernte Köchin, und er habe das Talent von ihr geerbt, sodass er auch in seiner Marineeinheit als Ersatzschiffkoch ausgewählt wurde. Marta findet Gefallen an Werners Spontanität und lässt sich eine Einladung auf ein selbst gekochtes Mittagessen nicht entgehen. Seine

Kochkünste stellen sich als wirklich bewundernswert heraus, das muss sie sich eingestehen. Und Liebe geht durch den Magen. Marta verliebt sich und beschließt ein paar Wochen später, ihn ihrer Mutter vorzustellen. Werner ist einverstanden. Auch er fährt als Soldat umsonst mit der Bahn, und so brechen sie auf nach Kühlungsborn an die Ostsee. Aber nicht, ohne sich vorher Berlin anzuschauen, denn beide kennen die deutsche Hauptstadt noch nicht. »Unfassbar beeindruckend, und Berlin war noch ganz, es sah überhaupt nicht nach Krieg aus«, sagt Marta. »Ich hatte zwei Zimmer in einem noblen Hotel gebucht. Ein Doppelzimmer, das war nicht möglich, wenn man nicht verheiratet war. Aber wir waren ja eh die ganze Zeit zusammen und wollten auch nur drei Nächte bleiben. Am zweiten Abend, es war der 18. November 1943, saßen wir im Restaurant, wo viele hohe Herrschaften und Offiziere dinierten. Ich hörte den Ober am Nebentisch zu einem Leutnant sagen, dass in Berlin Voralarm ausgelöst worden war. Keiner am Tisch regte sich. Ich rief den Kellner zu mir und fragte ihn, ob das stimme. Er bestätigte, aber gnädiges Fräulein solle sich wie alle anderen keine Sorgen machen, das käme in Berlin häufig vor, doch Bomben würden nicht fallen. Ich hatte ein ungutes Gefühl, mittlerweile konnte ich Gefahr aus der Luft riechen. Ich erkundigte mich nach dem Weg zum Luftschutzkeller des Hauses und sagte zu Werner, er solle die Rotweinflasche mitnehmen, wir würden sie im Keller austrinken. Zuerst holten wir aber noch unser Gepäck aus den Zimmern. Als wir im Luftschutzraum saßen, erschütterten die Bomben selbst die stabilen Hotelmauern. Plötzlich kamen alle Gäste des Restaurants aufgeregt und mit bleichen Gesichtern die Treppe runter. Die Offiziere, die sich zuvor nicht hatten stören lassen, sahen nun recht besorgt aus. Sie liefen durch den Raum und verschwanden hinter einer Kellertür, die in den Berliner Untergrund führte.«

Marta (1944)

Marta und Werner bestellen sich auf den Schock eine weitere Flasche Rotwein und schlafen dann auf ihren Zimmern, oder auf einem davon. Am nächsten Morgen hat Marta keine Lust mehr. Sie hat das Gefühl, Bomben wittern zu können. Sie schlägt Werner vor, er solle direkt nach Wien fahren und von dort aus zurück auf die Krim. »Er war etwas enttäuscht, aber er verstand, dass ich nicht mehr in Urlaubsstimmung war. Ich wollte die Gelegenheit nutzen, um mit meiner Mutter ein paar ernste Themen zu besprechen. Werner hat mich durch die Stadt begleitet, und wir schauten jetzt auf ein kaputtes, brennendes Berlin. Er brachte mich bis zum Bahnhof Gesundbrunnen, wo mein Zug abfuhr. Auch da brannte es. Ein toter Mann lag einsam zwischen den Gleisen. Ich verabschiedete mich in dieser skurrilen Kulisse von meinem Liebling und schickte ihn los. Er musste am Görlitzer Bahnhof einsteigen, um nach Wien zu kommen.«

Martas Gespür hat sie nicht getrügt. In der Nacht vom 18. auf den 19. November erlebt sie die erste Bombennacht der vom britischen Bomberkommando ausgerufenen Luftschlacht um Berlin, die bis März 1944 andauern wird und während der Tausende Hauptstädter sterben und Hunderttausende obdachlos werden. Marta fährt indes über Rostock nach Kühlungsborn und verbringt einige Tage ohne Bomben bei ihrer Mutter und den kleinen Geschwistern. »Dieser ganze Bombenterror ging mir nur noch auf die Nerven. Ich habe insgesamt acht Großangriffe erlebt. Irgendwie zog ich die Bomben an. Da bin ich im Oktober 1944 mit meiner Schwester nach Köln gefahren, um von dort aus ihren Freund zu besuchen, der in einer Flakbatterie in Knappsack stationiert war. Kaum waren wir eine Stunde da, griffen mitten am Tag britische Bomber das Industriegebiet von Knappsack an. Immerhin waren wir rechtzeitig im Flakbunker, reisten nach dem Angriff aber sofort wieder ab. Urlaub war nicht mehr zu machen.«

Marta und Werner schreiben einander häufig und schicken Fotos hin und her. Erst Weihnachten 1944 sieht sie ihn wieder. Sie machen das Beste aus ihrer gemeinsamen Zeit. Nach seinem Weihnachtsurlaub wird Werner nicht zurück nach Russland versetzt, sondern nach Schleswig-Holstein verlegt. Er soll dort in einem Einmannsprengboot die Briten in der Deutschen Bucht aufhalten. Auch der Remscheider Bahnhof wird zwischen September 1944 und März 1945 mehrmals angegriffen, vor allem von Tieffliegern. Das Personal verschanzt sich dann unter einer Unterführung, da es am Bahnhof keinen Bunker gibt. Aber die Angriffe sind zu gewaltig. Die Werke, die drumherum stehen, werden dem Erdboden gleichgemacht, und bevor der Tunnel unter den Gleisen einstürzt, entscheiden sich Marta und ihre Kolleginnen, bei Alarm einen in der Nähe gelegenen Spitzbunker aufzusuchen, einen sogenannten Zuckerhut. Oft kommen sie gerade noch rechtzeitig an oder manchmal auch zu spät, denn sobald die Tür einmal geschlossen ist, bleibt sie zu. »An einem Tag Ende 1944 wurde unser Bahnhof gleich drei Mal bei Tage von Tieffliegern beschossen. Ich schaffte es zweimal in den Bunker, beim letzten Mal nicht. Die Flieger waren schon über uns, und wir warfen uns flach auf den Boden. Es war dann nur noch Glückssache. Die britischen Piloten schossen auf in Panik flüchtende Frauen und Kinder, und sie trafen auch. Da kannten sie nichts. Das war pure Absicht, die sahen ganz genau, auf wen sie zielten. Es waren ja nur Frauen unterwegs, und wir trugen erkennbar Röcke und keine Hosen. Neben mir in den Ruinen eines Geschäftes lag an dem Tag ein etwas jüngeres Mädchen, das vor Angst bibberte. Sie weinte und rief immer zu, sie wolle nach Hause. Ganz klar, sie hatte einen Schock. Das war gefährlich. Ich habe sie angeschrien, sie solle bloß nicht aufstehen, sondern ganz ruhig liegen bleiben, nur noch ein paar Minuten, es würde alles gut werden. Auf keinen Fall solle sie hochkommen, auch wenn die Flugzeuge schon vorbeigeflogen waren. Ich wusste, dass einige Maschinen nach hinten raus feuerten. Aber dieses Mädchen stand zu früh auf. Ein Flieger war über uns hinweg, und ich sah den Bordschützen im Heck, konnte sein Gesicht erkennen. Er schoss und zielte genau. Ich schaute zu dem rennenden Mädel, das nur ein paar Meter von mir entfernt war. Eine Kugel durchschlug ihren Unterbauch, das Blut spritzte über den ganzen Platz. Sie starb auf der Stelle. Ich war so sauer und niedergeschlagen an diesem Tag und wütend auf die Briten und auf Hitler. Auf den ganzen scheiß unnützen Krieg.«

Am 14. April 1945 besucht Marta vor ihrer Nachtschicht ihren Bruder in Wipperfürth, um ein paar Sommersachen zu holen, die sie dort untergebracht hat. Die nächsten Wochen soll es warm werden. »Auf dem Rückweg sah ich, wie einige deutsche Soldaten Kriegsgefangene einsammelten und auf einen Hof sperrten. Ich plauderte kurz mit einem Unteroffizier, und er sagte mir ganz ernst, es ginge auf das Ende zu, der Krieg sei so gut wie aus und verloren. Er sah verzweifelt aus und schenkte mir ein paar Konserven aus Wehrmachtsbeständen, die er übrig hatte. Ich konnte sie gut gebrauchen.«

Während ihres Nachtdienstes kommt morgens um drei Uhr eine Gruppe schwarzer amerikanischer Soldaten mit Gewehren im Anschlag in die Bahnhofshalle. Marta steht mit ihrer Kollegin am Schalter. Als die Amerikaner erkennen, dass ihnen keine Gefahr droht, springen sie in den Schalterraum, reißen Schubladen auf und machen sich einen Spaß daraus, mit der Maschine Fahrkarten zu drucken und zu stempeln. »Eine Dreistigkeit«, sagt Marta. »Ich hatte den weißen Soldaten, der abseits stehen geblieben war, auch längst bemerkt, ging auf ihn zu und redete ihn gleich auf Deutsch an.«

»Woher wissen Sie, dass ich Ihre Sprache spreche?«, fragt der ganz verdutzt. »Ich trage eine amerikanische Uniform, oder nicht?«

»Wissen Sie, ich bin zwar klein und blond, aber nicht blöd«, antwortet Marta. »Ich weiß natürlich, dass ein weißer Mann, der mit der Vorhut mitgeht, deutsch spricht, um im Falle des Falles Informationen zu bekommen.« Marta schaut den Offizier ernst an. »Und vorstellen können Sie sich nicht, oder was ist los? Na, wie heißen Sie denn, Sir? Mister Müller oder Herr Meyer?«

»Fräulein, Sie sind ja ziemlich frech«, antwortet der Mann. »Aber so etwas mag ich. Keine Angst, wie? Ich heiße Rottenberg.«

Marta überlegt. »Seltener Name, aber mir wohl bekannt. Haben Sie Verwandte hier bei uns in Remscheid?«

»Woher wissen Sie denn das jetzt schon wieder?«

»Sie sind Jude!«

Der Soldat schweigt, schluckt und schaut Marta weiter verdutzt an.

»Ich hatte eine jüdische Klassenkameradin«, sagt sie. »Die ist 1938 noch rausgekommen, wollte nach Palästina und später nach Amerika auswandern: Poldi Rottenberg.«

»Sie haben wirklich Poldi gekannt?« Der amerikanische Hauptmann hat Tränen in den Augen.

»Natürlich, die ganze große Familie. Sie besaßen drei Häuser in unserer Straße, davon ein Möbelgeschäft. Ich hatte also viele Rottenbergs als Nachbarn. Aber Poldi, mit der war ich echt befreundet. Die kannte ich schon mit vier Jahren, wir sind später in die gleiche Schule gegangen.«

»Wissen Sie, ob ihr Haus noch steht?«

»Neulich bin ich da lang, ich gehe viel zu Fuß in den letzten Jahren, kann mir kein Rad leisten. Wenn Ihre Kameraden in den großen Flugzeugen es also nicht in den letzten Tagen abgeschossen haben, dann wird es wohl weiter da stehen.«

»Wohnen Sie denn noch da?«

»Nein«, antwortet Marta. »Wir haben alles verloren, unser Haus ist ausgebombt. Da fällt mir ein, wollen Sie nicht mal Ihre Kameraden am Schalter zur Raison rufen? Sie sehen doch, dass meine Kollegin Angst hat.«

Captain Rottenberg fährt die Kollegen an, die daraufhin mit der Spielerei aufhören und sich in eine andere Ecke des Bahnhofes verkriechen.

»Auf Wiedersehen«, sagt Marta. »Ich nehme mal an, der Krieg ist aus, dann mache ich wohl Feierabend.«

»Halt, warten Sie. In der Stadt wird noch geschossen. Ich bringe Sie nach Hause.«

Marta nimmt das Angebot überrascht und dankend an und steigt zu Mister Rottenberg in einen Jeep. Er verrät ihr, dass Poldi seine Cousine ist, und bittet sie, ihm den Weg zu den Häusern seiner Familie zu weisen. Marta navigiert ihn dorthin und beobachtet ihn aus dem Wagen, wie er unter Tränen Fotos von den Gebäuden schießt. Dann bringt er Marta heim. »Ich war perplex, am nächsten Tag schellte Rottenberg noch einmal bei uns und lieferte ein riesengroßes Fresspaket ab, mit extra viel Schokolade, und dazu Medikamente, weil ich erzählt hatte, dass mein Vater an Ruhr litt und wir nicht an Medizin herankämen. Eine merkwürdige, aber wundervolle Geste, mit der ich niemals gerechnet hatte.«

Werner kehrt Anfang 1946 aus britischer Gefangenschaft zurück. Wegen eines Beindurchschusses liegt er noch mehrere Wochen in einem Münsteraner Lazarett. Danach gibt es aber kein Halten mehr. Der Frieden wird ausgenutzt, und Marta heiratet ihren Werner am 20. April 1946. Ein Jahr später ziehen sie aus Remscheid weg, bauen in Brakel bei Höxter ein Haus und ihre Tochter wird geboren. Ein kleines Trauma bleibt. »Noch jahrelang schmiss ich mich auf den Boden, wenn ich einen Tiefflieger hörte. Die Angst kriegte man nicht so schnell raus. Die Nachbarin, die sich darüber lustig machte, die habe ich mir sofort zur Brust genommen. Mich kriegt man nicht klein.«

Ruhe in Frieden, Marta!

ERDMUTHE UND DIE STIEFEL DER FRANZOSEN

Erdmuthe mochte ihren auffallenden, germanischen Vornamen nie, deswegen nennt sie sich schon seit 90 Jahren einfach nur Mulli. Heute ist sie 95 Jahre alt und sitzt mit ihrem Enkel Sebastian am Frühstückstisch ihres Elternhauses in Weißenfels in Sachsen-Anhalt. Mit im Haus wohnt ihre zweite Enkeltochter, um die Ecke ihre älteste Tochter. Mit Verwandtschaft und Freunden, die nicht in der Nähe leben, tauscht sie täglich WhatsApp-Messages aus. Mulli geht es prima, bis auf ein paar Zipperlein ist sie bei bester Gesundheit. Was ihr fehlt, ist ihre Zwillingsschwester Ulla, mit der sie in ihrem langen Leben fast alles geteilt hat. »Mein Kinderzimmer, die Schicksalsjahre im Krieg, die Leidenschaft zu Gesang und Musik.« Mulli zeigt auf ihre Gitarre. »Die haben wir abwechselnd gespielt, wenn Fliegeralarm war. Die Zwangsarbeiter in unserer Firma für Militärstiefel haben mit uns gesungen. Was für eine Zeit.«

Mullis Schwester liegt seit knapp zehn Jahren in einem Pflegeheim. »Ulla ist fast vollständig dement«, sagt Mulli, die sie weiterhin regelmäßig besucht und der sie aus ihrem Leben erzählt. »Sie erkennt mich nicht, kann nicht mehr sprechen. Das ist ein merkwürdiges Gefühl. Ich habe sie immer als Vorbild gesehen. Sie war in allem ein bisschen besser als ich, besaß die schönere Stimme, den größeren Ehrgeiz, sie war klüger und hatte viel mehr Verehrer. Deswegen hat vermutlich sie Jacques damals abbekommen und nicht ich.«

Mulli und Ulla werden 1925 in Weißenfels geboren, das mit knapp 70 Fabriken nach Pirmasens damals zweitgrößte Schuhproduktionszentrums Deutschlands. Die Zwillingsschwestern haben schon einen dreijährigen Bruder mit dem Namen Volkmar. Ihr Vater ist ein angesehener Arzt, auch weil er der Einzige in der Gegend ist, der homöopathische Behandlungen durchführt. Ihre Mutter arbeitet als ausgebildete Krankenschwester mit in der Praxis, die im Haus untergebracht ist. Die Familie ist musikalisch, jeden Sonntag findet ein Hauskonzert statt. »Meine Mutter Klavier, mein Vater und ich Gitarre, Ulla Geige und Volkmar Cello. Und alle haben selbstverständlich gesungen.«

Mulli und Ulla besuchen die Weißenfelser Volksschule und sind überall beliebt. Wenn die Klasse sich schlecht beträgt, droht der Lehrer, dass *die Täubchen* – so werden die Schwestern gerufen – nicht mehr singen werden, was sie jeden Tag machen sollen und wollen. Regelmäßig leihen auch Parallelklassen die Mädchen aus, wenn zum Beispiel jemandem ein Geburtstagsständchen gesungen werden soll. »Ich stand gerne im Rampenlicht. Ich wollte damals unbedingt Schauspielerin werden. Ich habe die Stars der Kinoleinwand angehimmelt: Zara Leander, Marika Rökk, Heinrich George, Luis Trenker. Natürlich bin ich selbst oft ins Kino in Weißenfels gegangen, sobald nur irgendein neuer Film anlief. Kaum erwarten konnte ich die Filme von Leni Riefenstahl.«

Mullis Eltern zählen sich politisch zu den Deutschnationalen und Patrioten. »Mein Vater war ein großer Bismarck-Verehrer und stolz auf unser Deutschland. Wie viele machte er sich aber Sorgen über den gesellschaftlichen und wirtschaftlichen Zusam-

Erdmuthe (Mullli) und ihre Zwillingsschester Ulla

menbruch Ende der 1920er-Jahre. Unserem Haus direkt gegenüber lag das Arbeitsamt. Die Schlange davor am Freitag, wenn die Menschen kamen, um ihr Arbeitslosengeld zu holen, wurde immer länger. Nachdem Hitler an der Macht war, hörte das sofort auf; das erstaunte meinen Vater, und von da an stand er der neuen Bewegung aufgeschlossen gegenüber.«

Ab 1935 besuchen die Zwillingsschwestern das Lyzeum in Weißenfels und gehen einmal die Woche mittwochs zum Heimatnachmittag der Jungmädel. Nach erfolgreicher Absolvierung der Jungmädelprobe, die innerhalb eines halben Jahres abgelegt werden muss, sind sie Vollmitglieder. Erst dann dürfen die Mädchen Halstuch und Knoten tragen, die sie feierlich von der Führerin überreicht bekommen, sowie auch Abzeichen erwerben. Bestehen müssen sie für die Probe einen 60 Meter-Lauf unter 14 Sekunden, einen Weitsprung über zwei Meter und einen Ballweitwurf über zwölf Meter. Außerdem wird die Geschicklichkeit getestet, und ein ärztliches Gutachten soll Gesundheit bescheinigen. Zur Anforderung gehört ferner die Teilnahme an einer eintägigen Fahrt, die aus einer Wanderung von acht Kilometern besteht. Mit zwölf erhalten die Täubchen das Jungmädel-Leistungsabzeichen, nachdem sie von ihrer Führerin positiv in den Bereichen Kameradschaft, Sport, Fahrt und politische Weltanschauung bewertet worden sind.

»Die Wanderungen und Reisen haben wir genossen und das Beisammensein unter Gleichaltrigen. Das Geführtwerden von älteren Mädchen, denen wir nacheiferten, begeisterte uns. Wir wollten dann unbedingt selbst mal Vorbild für andere sein, den Jüngeren gefallen und Führerinnen werden. Diese Disziplin und der Wettkampfgedanke übertrugen sich auch auf die Schule. Auf unser Mädchengymnasium gingen ein paar wenige Juden. Im ganzen Lyzeum waren wir zwei Zwillingspaare. Wir – Ulla und ich – und Anneliese und Margot, das waren Halbjüdinnen. Sie wurden nicht schlechter behandelt als andere Schüler, von uns nicht, von den Lehrern nicht, jedenfalls soweit ich das mitbekommen habe. Wir haben uns immer ein bisschen als Zwillingspärchen verglichen. Wir beide waren musikalisch, die beiden sportlich.

Vor allem mit Volleyball haben die mich beeindruckt. Am evangelischen Religionsunterricht nahmen sie nicht teil wie eben auch die paar Katholiken nicht, die auf unserer Schule unterrichtet wurden. Das war einleuchtend und hat uns nicht skeptisch werden lassen. Warum sollte es das auch getan haben? Der jüdische Vater der Zwillinge hatte ein Fuhrgeschäft in Weißenfels, die Mutter war Deutsche. Nach den großen Ferien 1937 kamen Anneliese und Margot nicht wieder in die Schule. Die Lehrerin sagte, sie seien nach Palästina ausgewandert, und ich habe mich nur gewundert, warum sie sich nicht von uns verabschiedet hatten. Da war ich sogar enttäuscht, weil sie ja zu uns gehört hatten. Weiter haben wir nicht darüber nachgedacht. Andere Juden waren auch bald ausgesiedelt, das wurde ganz normal. Konzentrationslager, die es auch bei uns gab, haben wir bis nach dem Krieg nur mit Verbrechern und Kommunisten in Verbindung gebracht.«

Beim BDM, dem sie mit 14 beitritt, wird Mulli Mädelschaftsführerin und erhält die Verantwortung über eine Schaft, die aus zwölf Mädeln besteht. Sie gründet in Eigeninitiative auch eine Theater-Schaft und inszeniert vor allem Stücke für jüngere Mädchen wie zum Beispiel Zwerg Nase. »Was wirklich klasse war beim BDM, dass jeder seinen Interessen nachgehen konnte und entsprechend Talente gefördert wurden. Mit politischer Erziehung hatte ich bis auf die regelmäßigen Zeitungsschauen und den ausschließlich kritiklosen Besprechungen der Hitler-Reden kaum mehr etwas zu tun. Das langweilte jedes Mädel, soweit ich mich erinnere. Ulla und ich traten in die Spielschar ein. Sie ging mit ihrer tollen Stimme in den Chor und ich in die Theaterspielgruppe, weiterhin mein Berufsziel Schauspielerin fest vor Augen. Das BDM-Heim hatte neben Gruppenzimmern eine beeindruckende große Bühne. Wir haben viel Puppen- und Schattenspiel gemacht, Sprecherziehung gelernt und abwechslungsreichen Tanzunterricht genossen. Oh, und die BDM-Zeltlager waren aufregend.«

Im Alter von 14 Jahren tritt Erdmuthe dem BDM bei.

In den Sommerferien 1939 – Ulla und Mulli haben den BDM abgeschlossen – fahren sie mit ihrer Familie in den Urlaub nach Österreich. »Mit unserem Auto, einem Adler Trumpf. Bevor wir da ankamen, haben wir ein paar Tage Halt in München gemacht, weil zu dem Zeitpunkt dort die große Deutsche Kunstausstellung stattfand. Die wollten meine Eltern unbedingt erleben. Als wir am Haus der Deutschen Kunst eintrafen, gab es einen riesigen Tumult auf dem Platz davor. Meine Mutter rief plötzlich hellauf begeistert: ›Da kommt Hitler, da kommt Hitler, seht doch!‹ Sie streckte den rechten Arm in die Höhe. Und dann sah ich ihn auch, den Führer, der mit seinem Wagen etwa fünfzig Meter entfernt an mir vorbeifuhr. Die Massen waren wie in Ekstase, winkten mit Fahnen, Fähnchen und Wimpeln und sprangen vor Freude umher. Ich habe mitgejubelt und geschrien, es hat mich in dem Moment wie eine Welle mitgerissen, aber die Begegnung hat mich nicht nachhaltig, also nicht darüber hinaus beeindruckt. Das taten dafür die zwei Operetten, die wir in München angesehen haben. Erst *Der Freischütz* und dann *Die lustige Witwe*. Da gab es wieder Getuschel. Propagandaminister Goebbels saß mit seiner Frau Magda in der Loge, in der Pause hat er sich feiern lassen. Er trug einen weißen Smoking, stand auf, und die Zuschauer heilten ihm zu. Für meine Eltern ein großes Erlebnis. Meine Geschwister und ich waren zu fasziniert von dem Stück, um uns noch über Goebbels zu freuen. Ein Akt war ganz in Rosa, einer in Türkis. Im letzten Akt hat eine Frau alle Hüllen fallen lassen und stand splitterfasernackt auf der Bühne. Meine Güte, wir hatten ja bis dahin nie eine nackte Frau gesehen. Ich war so beschämt, dass ich mich kaum getraut hatte, hinzusehen.«

Beim anschließenden Urlaub im österreichischen Villach kommt die Familie in einem Gasthaus unter. Die Wirtin begrüßt sie alle einzeln mit *Heil Hitler*. »Die hat tagelang vom Führer geredet, mit glühenden Augen. Voller Stolz erklärte sie immer, wie sehr sie sich doch freue, dass Österreich nun endlich zu uns gehöre. Das fanden meine Schwester und ich ziemlich merkwürdig, irgendwie sogar verrückt und auf die Dauer anstrengend. Der Führer hier, der Führer da. Im Nachhinein betrachtet, würde ich sagen, diese Wirtin war die vehementeste Nationalsozialistin, die ich je erlebt habe. Als wir nach dem Urlaub auf der Rückreise waren, gab es kaum Benzin an den Tankstellen, da haben wir uns gewundert und uns gefragt, warum das plötzlich so knapp war. Das klärte sich dann schnell. Es war der 28. August 1939. Wir sind einen Tag nach Kriegsausbruch, am 2. September, zu Hause angekommen, und ab da änderte sich viel. Mein Bruder Volkmar fand seinen Einberufungsbefehl vor, konnte gerade noch sein Notabitur absolvieren und ist anschließend schon an die Front abkommandiert worden. Auch mein Vater wurde als Stabsarzt eingezogen. Er war Reservist, hatte im Ersten Weltkrieg bei der Marine gekämpft. Er hat dann im Zweiten Weltkrieg zunächst ein Lazarett in Swinemünde und danach eines in Koserow auf Usedom geleitet. Da haben wir ihn ein paar Mal besucht. Die Soldaten freute es. Am Strand haben sie uns den Hof gemacht, heute würde man sagen angebaggert. Da haben sich einige ziemlich schnell verliebt. Ich glaube, im Krieg ist es für jeden Mann wichtig, eine Frau zu Hause zu haben, von der er träumen kann und die vielleicht auf ihn wartet. Mit der er sich schreiben kann und so. Ulla und ich hatten noch kein großes Interesse am männlichen Geschlecht. Die Soldaten hielten uns garantiert für älter, und wir haben das genossen. Ich lernte aber wirklich kurze Zeit später meinen ersten Freund kennen, und es war natürlich ein junger Soldat. Ich habe so geschwärmt für ihn, wir haben oft getanzt. Er war etwas Besonderes: Karl-Heinz. Er wollte Diplomat werden, ich habe ihn geliebt. Er ist kein Diplomat geworden, denn er ist 1941 auf der Krim gefallen. Der Krieg hatte mir meine Liebe genommen.«

Ab 1943 leitet Mullis Vater als Oberstabsarzt drei Lazarette in Frankreich. Zu der Zeit treten sie und ihre Schwester mit siebzehn Jahren dem BDM-Werk Glaube und Schönheit bei, die letzte Stufe der NS-Erziehungsarbeit für Mädchen. »Neben Sport hatten wir vor allem Gesang, Chor und Schauspiel, worauf wir uns weiter akribisch konzentrierten«, sagt Mulli. »Wir fuhren mit der Spielschar noch im September 1941 ins besetzte Polen, um vor den dort neu angesiedelten beziehungsweise umgesiedelten Bessarabiendeutschen zu musizieren. Da zogen wir mit Pferdewagen von Dorf zu Dorf, spielten in Schulen, bei Bürgerfesten oder vor Feuerwehrleuten. Heute wundert mich die Lockerheit, dass wir so gar nicht darüber nachgedacht haben, dass zu der Zeit ein großer Krieg mit der Sowjetunion tobte. Uns war nicht mal im Ansatz klar, dass uns etwas passieren hätte können in einem fremden Land. Ich war naiv – und wieder verliebt, in einen Freund meines Bruders: Gotthart. Er war etwas Besonderes, wir musizierten oft, er Cello, ich Gitarre. Er wollte Arzt werden, ich wollte ihn heiraten. Er ist kein Arzt geworden, denn er fiel kurze Zeit später in Russland. Als Sanitätssoldat, während er einem anderen, verwundeten Kameraden das Leben retten wollte. Ich war unendlich traurig. Der Krieg hatte mir die zweite Liebe genommen. Ich entschloss mich kurzerhand, mich nicht mehr zu verlieben, es schmerzte zu sehr.«

Mulli und Ulla konzentrieren sich aufs Abitur am Mädchengymnasium, zu dem auch die Absolvierung von drei Praktika gehört. Eines in einem Säuglingsheim, eines in einem Kinderheim, eines in einer Familie mit Kleinkindern. Die schriftliche Abiturprüfung bestehen Ulla und Mulli im Sommer 1943. Gleich danach müssen sie ihren Reichsarbeitsdienst in Freiburg absolvieren. Sie werden dort das erste Mal getrennt, schlafen in unterschiedlichen Lagern. »Meine Schwester wurde in der Landwirtschaft eingesetzt, ich betreute die Heilstube unseres Lagers, weil ich eine Rotkreuzschulung gemacht hatte. Da wurde nicht lang gefackelt, da es gerade großen Bedarf an Hilfsschwestern gab, weil unter den Maiden Angina pectoris ausgebrochen war.«

Ausgerechnet zu der Zeit erkranken auch Mullis Eltern. Erst ihre Mutter, die an der Gebärmutter operiert werden soll und unter starken Blutungen leidet. »Mein Vater wollte aus Frankreich zur OP kommen«, erzählt Mulli. »Er wurde dann aber selbst schwer krank und kam in ein Krankenhaus nach Halle, wo ich ihn noch mal gesehen habe. Wenig später ist er an den Folgen eines Schlaganfalls gestorben. Für meine Mutter war das alles schreck-

Erdmuthe in Diensttracht des RAD

lich, sie kriegte Depressionen. Ich konnte nach Hause, um sie zu pflegen, wurde deswegen eher aus dem Arbeitsdienst entlassen, bis sie über den Berg war. Ich wusste abschließend gar nicht, was ich tun sollte. Ich hatte mich für das Sommersemester 1944 schon zum Studium an einer Krankengymnastikschule in Freiburg angemeldet, als Alternative, weil ich die Schauspielerei nicht weiter verfolgt hatte, keine Zeit mehr hatte, Filme zu gucken, und irgendwie dachte, ich müsse etwas Sicheres lernen. Bis zum Semesterbeginn blieb noch einige Zeit. Ich wollte aber unbedingt was tun beziehungsweise nicht nichts machen. Ich bin dann zur Volksschule in Weißenfels gegangen und habe dort gefragt, ob ich nicht wenigstens Kinder unterrichten könne, da zu der Zeit Lehrermangel herrschte. Das kam an. Ich kriegte eine pädagogische Schnellschulung, und nach acht Tagen unterrichtete ich dann schon zwei zweite Klassen in Deutsch und in Mathe, eine für Mädchen, eine für Jungen. Ich wählte den Erziehungsstil meines alten Lehrers. Wenn die Kinder frech wurden, habe ich angedroht, nicht zu singen und nicht Gitarre zu spielen. Dann herrschte immer Ruhe. Gitarre war damals noch etwas ziemlich Exotisches, und die Kinder liebten sie. Ich musste meine Schüler bei Fliegeralarm ja alle in den Luftschutzkeller runterbringen, und die Gitarre beruhigte sie, lenkte sie völlig ab. Die Flieger donnerten über Weißenfels, und wir hörten die Bomben in der Ferne detonieren, konzentrierten uns aber auf das Singen. Ich merkte, was man mit Musik und Sprache erreichen kann, und fühlte mich in diesen Momenten dazu berufen, Lehrerin zu werden. Zum Sommersemester 1944 hat sich Ulla an der Uni Leipzig für Medizin eingeschrieben und ich mich also für Lehramt Musik und Deutsch. Alles war so spannend. Dort habe ich meinen späteren Mann Johannes kennengelernt, der im selben Semester Germanistik studierte. Auch wenn es erst nur eine tiefe Freundschaft war und noch ein paar Jahre dauern sollte, denn ich wollte und konnte mich nach den beiden Verlusten nicht mehr verlieben, der Beschluss stand fest. Und der Krieg brauchte mich augenscheinlich auch für anderes. Ich wurde nämlich dann kriegsdienstverpflichtet.«

Die Zwillinge erhalten ihren Verpflichtungsbescheid noch während des ersten Semesters – so wie alle anderen weiblichen und männlichen Studenten ihres Jahrgangs. »Als Medizinstudentin kam meine Schwester in ein Lazarett nach Nauenburg, mir wies man eine Schuhfabrik in Weißenfels zu, wo Militärstiefel für die Front hergestellt wurden.« Dort wird ein seit 1939 einheitliches Modell gefertigt: der Marschstiefel M35, unter Soldaten häufig Knobelbecher genannt. »Ich kam in die Einbinderei, arbeitete zusammen mit acht Frauen hinter den großen Maschinen. Es war Akkordarbeit und wahnsinnig anstrengend. Mit den blanken Händen mussten wir Messer, Hämmer und Aale anpacken und mit Pechdraht das Oberleder der Schäfte an die Brandsohle annähen. Vor allem die erste Zeit über dachte ich, mir fallen die Hände ab, ich hatte ständig Blutergüsse und Abschürfungen.« Mulli muss eine bestimmte Anzahl von Stiefeln pro Schicht fertigkriegen, um Anspruch auf die Schwerarbeiterkarte für Lebensmittel zu haben. Nach einer intensiven Einarbeitungszeit schafft sie 16 Stiefel in einer Schicht von zehn Stunden. Eigentlich ist es den Frauen verboten, mit den französischen Zwangsarbeitern zu sprechen, die ab und an kommen, um fertige Schuhe abzuholen oder neue Materialien zu bringen. »Es war aber immer eine so nette Abwechslung, und irgendwann packte mich die Neugier. Wozu hatte ich denn acht Jahre Französisch in der Schule gehabt, wenn ich es nicht mal in der Praxis anwenden konnte? Außerdem taten mir die Franzosen leid, sie waren immer dreckig und lebten in Baracken neben der Fabrik, ähnlich wie auf der anderen Seite die ukrainischen Zwangsarbeiterinnen, die in der Stepperei tätig waren. Ich lernte also Jacques kennen. Jeden Tag wagte ich es trotz Verbot, ein paar Minuten mit ihm zu reden. Er erzählte von seiner Heimat und dass er als Bauer einen kleinen Hof in der Bretagne besessen hatte. Wir freundeten uns schnell an, auch mit den anderen Zwangsarbeitern wechselte ich hin und wieder ein paar freundliche Worte; wir machten sogar geheime Tauschgeschäfte. So Aufmerksamkeiten eben, ich kriegte Blumen, er ein Stück Seife. Das war aber alles nicht so ungefährlich, wie es sich heute anhört. Vielleicht war mir auch nicht bewusst, was mir hätte passieren können. Meine Schwester kam im November 1944 auch in die Fabrik, als ihr Notdiensteinsatz zu Ende war. Ich hatte ihr vorgeschlagen, hier etwas Geld zu verdienen. Wir arbeiteten zusam-

Erdmuthe (mit Gitarre) unter den Arbeiterinnen und Arbeitern der Fabrik

men. Ich stellte ihr die Franzosen vor, und Jacques war gleich überaus angetan von ihr. Nun, und umgekehrt sie auch von ihm. Da entwickelte sich etwas, beide trafen sich heimlich vor Dienstbeginn. Ich nahm es hin, denn ich wollte mich ja eh nicht mehr verlieben und gönnte es meiner Schwester.«

Ein besonderer Moment während ihrer Kriegsdienstzeit soll Mulli für immer in Erinnerung bleiben. »Am letzten Tag vor dem Weihnachtsfest 1944 arbeiteten wir ganz normal, freuten uns und sangen vergnügt Weihnachtslieder. Am Nachmittag wurde eine der großen Maschinen nach der anderen abgestellt. Es war merkwürdig, dass es langsam immer leiser wurde, so kannten wir die Halle nicht. Richtig andächtig fühlte es sich an, wir sangen weiter und bald war es so still, dass wir die Franzosen, die in der Zwickerei nebenan arbeiteten, in ihrer Sprache mitsingen hörten, und dann die Ukrainerinnen auf Ukrainisch aus der Stepperei. *O du fröhliche* und *Stille Nacht*. Ich bekam Gänsehaut, und mir rannen die Tränen nur so runter, den anderen auch. Ich erlebte damals einen der rührendsten Momente meines Lebens. Ein kleiner Weihnachtsfrieden, der für fünfzehn Minuten anhielt. Nach Weihnachten wurde ich wegen einer Sehnenscheidenentzündung ins Zentrallager versetzt, wo ich die Kontrolle über den Warenbestand übernahm. Während Ulla also Jacques nun für sich allein hatte, suchte ich mir dort einen anderen Gesprächspartner. Jules war ein schlanker, großer und stolzer Franzose. Er brachte Abrechnungen für Schäfte und Sohlen zu mir auf meinem Schreibtisch. Wir verbrachten schnell unsere Pausen zusammen, im Zentrallager war man nahezu unbeobachtet. Also Aufseher kamen nicht her, solange man keinen Alarm schlug, und die sprachen eh kein Französisch. Jules redete sehr offen und machte keinen Hehl daraus, dass er die Nazis hasste, nicht aber die Deutschen. Er sagte, wir alle seien Opfer, nur wüssten wir es nicht, weil wir gewisse Dinge nicht gesagt bekämen. Ich wurde neugierig und hakte immer wieder nach. Irgendwann erzählte Jules dann davon, wie er während des Frankreichfeldzuges gefangen genommen wurde und dass er bis vor Kurzem in einem großen Straflager gewesen war. Dort sei er mit Leuten in Kontakt gekommen, die ihm erzählen konnten, wie die tatsächliche militärische Lage Deutschlands gerade sei. Er nannte keine Details, insistierte aber, dass ich nichts darauf geben solle, was uns die Propaganda vom Kriege mitteilte. Es seien Lügen. Er meinte, die Deutschen würden bald alles verlieren. Das konnte ich gar nicht glauben, ich wurde richtig wütend. Wir glaubten doch alle fest an den baldigen Endsieg. Es sollten ja Wunderwaffen eingesetzt werden, sagte man. Im März steckte Jules mir dann, dass es keine zwei Wochen

Französische Kriegsgefangene wurden überwiegend als Zwangsarbeiter in der Industrie und Landwirtschaft eingesetzt.

mehr dauern würde und wir hoffen sollten, dass die Amerikaner vor den Russen nach Weißenfels kommen würden, die Russen nämlich würden schlimme Dinge tun, gerade mit uns Frauen. Den Amerikanern könnten wir trauen.«

Mulli macht sich zum ersten Mal große Sorgen, auch weil die Zahl der Fliegeralarme während der Arbeitszeit rasch zunimmt. Immer wieder muss die Arbeit unterbrochen werden, und die ganze Belegschaft harrt im Luftschutzkeller der Fabrik aus. Wie mit den Kindern spielt Mulli nun Gitarre für die Arbeiter. Die Täubchen singen, und die Franzosen und Ukrainerinnen hören andächtig zu oder steigen in den Gesang ein, wenn sie die Melodie erkennen. Mulli beginnt in dieser Zeit ein kleines Tagebuch anzulegen. Am 5. April 1945 notiert sie:

Nun ist das eingetreten, was wir alle nicht geglaubt haben: Die Amerikaner stehen vor unseren Toren. Fliegerangriffe spannen die Nerven bis zum Zerreißen. Dazu die Ungewissheit: Wann sind die Feinde da? Es ist schlimm. Die Stadt lebt wie in einer Psychose. Ein Alarm jagt den anderen. Die Stimmung unserer Gefangenen, unserer Franzosen, ist glänzend.

Am 11. April kommt Mulli das letzte Mal in die Fabrik, die Aufseher sind geflohen. Sie trifft Jules, der ihr in seiner französischen

Uniform entgegenkommt. Er sieht gut aus. Sie würden von den Amerikanern evakuiert, erklärt er ihr, und er würde nach Frankreich zurückkommen. »*La guerre est fini pour nous toutes,* flüsterte er mir zu, nahm mich in den Arm, drückte mich ein bisschen fester als sonst, blickte mir etwas tiefer in die Augen als vorher, hielt meine Hand zärtlicher und länger. Beinahe berührten sich unsere Lippen. Aber dann brach er ab und befahl mir, nach Hause zu gehen, er müsse nun los, alles würde gut werden. Ich hatte einen Kloß im Hals, hörte später nie wieder etwas von Jules.«

Am 12. April erreichen die Bodentruppen der 69. US-Infanterie-Division die Stadt und überqueren die Saale. Die letzten versprengten Wehrmachtssoldaten und der Volkssturm in Weißenfels stellen sich ihnen entgegen und wehren sich bis zum 15. April.

»In unserem Haus hielten sich meine Mutter auf, meine Schwester, mein Großvater und sein Hausmädchen, ein älterer Mann mit Holzbein aus der Nachbarschaft und ein zugelaufener, verängstigter Hund. Wir versteckten uns allesamt im Keller. Am Morgen des 12. Aprils rannten noch vier Jungen zu uns ins Haus, höchstens dreizehn oder vierzehn Jahre alt, in viel zu großen feldgrauen Wehrmachtsuniformen. Sie wollten auf unseren Dachboden und dort ein Maschinengewehr aufstellen. Wir sind hochgegangen und haben versucht, ihnen das auszureden, haben ihnen Bonbons gegeben und gesagt, sie sollen sich irgendwo verstecken und die Uniformen bloß ausziehen. Sie haben eindrucksvoll erklärt, sie seien keine Vaterlandsverräter, sind dann aber abgezogen, um sich ein anderes Schlupfloch zu suchen. Vielleicht hatten sie bei uns keine optimale Sicht. Die Jungen wurden zwei Tage später tot in der Nebenstraße gefunden. Alle vier. Mittags am 12. April gab es Panzeralarm, um 14.00 Uhr sollte die große Saalebrücke gesprengt werden, um die amerikanischen Truppen aufzuhalten. Die Explosion war so heftig, dass alle unsere Türen und Fensterscheiben rausflogen. Auf der Straße wurde eine Weile geschossen. Als es eine Zeit lang ruhiger war, schaute ich aus einem Kellerfenster und dann sah ich den ersten Amerikaner. Ein kräftiger schwarzer Bursche, das Gewehr fest im Griff. Wir wussten nicht, was wir tun sollten, und stellten uns in einer Reihe im Keller auf. Die Tür oben wurde aufgestoßen, wir hörten schwere Schritte die Treppe herunterkommen. Ich hatte wahnsinnige Angst. Es kamen drei Offiziere runter. Sie sahen uns an und schrien: ›*Hands up!*‹ Wir blieben ganz still, während sie unser Haus nach versteckten Soldaten absuchten. Einer klopfte mit seinem Gewehrkolben auf das Holzbein unseres Nachbarn, um sich zu versichern, dass es echt ist. Dann zogen sie ab. Am nächsten Tag suchten uns wieder zwei Amerikaner auf, mit Gewehren im Anschlag, und guckten sich mürrisch um. Einer wies mich an, den verschlossenen Schreibtisch meines Vaters zu öffnen. Ich sagte ihm, dass ich keinen Schlüssel dafür besäße. Ich wusste, dass dort der teure Schmuck meiner Mutter versteckt war, und wollte ihn nicht hergeben. Er senkte dann sein Gewehr, legte an und war im Begriff, das Schloss aufzuschießen. Ich dachte an meinen Vater und dass ihm das gar nicht gefallen hätte, also sagte ich ihm, er solle es nicht tun, und zeigte dem Offizier dann, wie man die Schublade mit einem Trick aufmachte. Er steckte sich ohne eine Gewissensreaktion Brillanten, Ketten und Ohrringe ein. Anschließend riss er meinem sprachlosen Großvater die goldene Uhr vom Handgelenk. Ohne Worte. Ich fand das abartig. Als ich bemerkte, wie er sich die Orden meines Vaters, die er in beiden großen Kriegen gesammelt hatte, auch noch einsacken wollte, brüllte ich ihn an, wies auf ein Bild meines Vaters an der Wand und rief laut: ›*My father was a medic. He helped all, Germans and Americans, in France.*‹ Der Offizier schaute mich mit großen Augen an, hatte aber augenscheinlich Respekt vor dem Mumm, mit dem ich meinen Vater zu verteidigen wusste und den ich mir selbst gar nicht zugetraut hatte. Aber so rette ich Vaters Orden, die er zurück in die Schublade legte. Dann salutierte er sogar vor Vaters Porträt. Die Soldaten verließen unser Haus. Das war meine Erfahrung mit denen, die bald Befreier genannt wurden. Ulla und ich waren zwanzig Jahre alt und sicherlich attraktiv, aber uns hat keiner sexuell belästigt. Aber nett waren sie nun auch nicht gerade. Jeder hat da wohl andere Erfahrungen gemacht. Die Amerikaner blieben jedenfalls, die Schuhfabrik machte wieder auf, und wir stellten nun statt für die Wehrmacht Militärstiefel für die US-Armee her.«

Am 8. Mai 1945 notiert Mulli in ihrem Tagebuch:

> *Nach fast 6-jährigem Ringen endlich das Ende. Aber wie! Man könnte bitter werden. Warum nur immer wir Deutschen? Aber wenn man so nach und nach erfährt, was die Führung mit uns und unserem Volk gemacht hat, dann muss man sich bald schämen, ein Deutscher zu sein. Da haben sie [die Nazis] von Moral gepredigt und haben es selbst schlimmer getrieben. Aber wer hat so etwas geahnt! Das ganze Volk ist betrogen und hintergangen worden. Oh, es ist grässlich.*

»Drei Tage nach dem Einmarsch der Amerikaner waren wir ganz erstaunt und Ulla außer sich vor Freude, als unser französischer Freund Jacques uns zu Hause aufsuchte. Er wollte sich bedanken und sich von uns – vor allem von meiner Schwester – verabschieden. Sie gingen eine Weile fort, kamen dann wieder, er drückte mich fest, küsste meine weinende Schwester Ulla ein letztes Mal und verließ uns für immer. Auch Jacques haben wir nie wiedergesehen. Aber ich bin sicher, beide, Jacques und Jules, haben es nach Hause geschafft und sind glücklich geworden. Sie gehörten nicht hierher.«

Nach zweieinhalb Monaten verlassen die Amerikaner die Stadt und übergeben am 1. Juli 1945 Weißenfels der sowjetischen Besatzungsmacht. »Wir stellten nun also in unserer Fabrik Stiefel nicht mehr für die Wehrmacht und auch nicht mehr für die Amerikaner her, sondern für die Sowjetarmee«, sagt Mulli. »Wir arbeiteten nach dem Krieg bis Ende 1945 weiter dort, weil wir das wenige Geld, das wir bekamen, dringend gebrauchen konnten.«

Mulli studiert später in der DDR Lehramt und schließt außer mit einer 4 in Marxismus und Leninismus mit Bestnoten ab. 1950 heiratet sie ihren Johannes, und die beiden bekommen eine Tochter. Bis zu ihrer Pensionierung im Alter von 60 Jahren unterrichtet Mulli als Lehrerin an einer Oberschule in Nauenburg die Fächer Deutsch und Musik. Der Traum ihrer Schwester Ulla, Ärztin zu werden, erfüllt sich nicht, weil es im System der DDR für sie als Tochter eines Arztes und aus bürgerlichem Elternhaus stammend keine Chance gibt. Bevorzugt werden nun Arbeiterkinder dafür genommen. Mullis Mutter baut nach dem Krieg aus der Praxis ihres verstorbenen Mannes einen Massagesalon, in dem Ulla bis 1953 mitarbeitet. Danach besucht sie die staatliche Hochschule für Theater und Musik in Halle und lässt sich zur professionellen Sängerin ausbilden, die es in der DDR zu beachtlichem Erfolg bringt. Ulla tritt in Rundfunk und Fernsehen auf und gewinnt viele Fans. Ihr größter ist und bleibt ihre Zwillingsschwester. Und manchmal, wenn Mulli sie heute im Pflegeheim besucht und ihr etwas vorsingt oder von den Franzosen erzählt, meint sie, ein Lächeln auf ihren Lippen zu erkennen.

LORE UND ANNELENE – HAMBURG UND GOMORRHA

Lore sitzt am Wohnzimmertisch ihrer Wohnung in Hamburg Sülldorf. Die Balkontür ist offen, die weißen Gardinen davor flattern. Ein sanfter, kühlender Wind zieht in das aufgeheizte Zimmer, das von der strahlenden Sonne hell ausgeleuchtet ist. Draußen ist bestes Badewetter, aber daran ist für die 97-Jährige lange nicht mehr zu denken. Das macht jedoch nichts, sie hat ihre Erinnerung und ihre Fotoalben für diese Tage. Sie blättert in einem herum und blickt auf die Schwarz-Weiß-Bilder, auf denen sich junge Frauen in Bikinis am Strand rekeln. Sie lassen die Füße von einem Steg ins Wasser hängen oder fahren mit einem Paddelboot. *Neustrelitzer Badeleben 1944* steht in sauberer Handschrift zwischen einigen Fotos geschrieben. Oft zu sehen sind eine schlanke blonde Frau in kariertem Bikini und eine etwas stämmigere in einer gepunkteten Ausführung. »Ich und meine beste Kollegin oder Kameradin, ach eigentlich Freundin, die Ilse halt«, sagt Lore. Auf einigen Bildern liegen Männer in kurzen Badehosen neben den beiden Damen auf einer breiten Decke. »Soldaten aus einem nahegelegenen Lazarett.« Auf anderen Fotos strecken sich Lore und Ilse mit fünf weiteren leicht bekleideten Damen im

Sand, bilden einen Kreis, in dessen Mitte sich ihre Fußspitzen berühren. »Die neue goldene 7« steht darunter geschrieben. Hier lassen sich die Wehrmachtshelferinnen der Annahme- und Entlassungsstellung des Luftgaukommandos XI fotografieren, das hier für ein Jahr in einer Neustrelitzer Kaserne wohnt. »Nach Krieg sieht das nicht aus, oder?«, fragt Lore und lacht. »Hin und wieder gab es schöne Tage, beste Badetage, wenn man am richtigen Ort zur richtigen Zeit war. Davor und danach war ich aber häufiger auch zur falschen Zeit an den falschen Orten. Der Krieg hält immer wieder merkwürdige Überraschungen und Zufälle bereit. Oft kann ein Tag alles umkrempeln und man ist in einem Moment noch himmelhochjauchzend, im nächsten zu Tode betrübt.«

Lore wird 1923 im sogenannten Walddorf Farmsen geboren. Die ländliche Exklave gehört zu Hamburg, ein paar Kilometer preußische Wiesen und Wälder liegen zwischen der Hansestadt und Farmsen. Lore ist und bleibt Einzelkind. Ihr Vater hat Architektur studiert und betreibt als Maurermeister ein florierendes Bauunternehmen am Ort. In den Goldenen Zwanzigerjahren hat er viele Aufträge erhalten. Ganz stolz ist er auf fünf Schulen, die er für Hamburg gebaut hat. Einer Partei gehört er nicht an, auch wenn sein Herz traditionell eher links schlägt. Das hat er von zu Hause mitbekommen. Sein Vater ist bis zur Machtergreifung als Finanzbeamter und Bürgermeister von Farmsen SPD-Mitglied gewesen. Im April 1933 stürmen SA-Männer das Rathaus und Privathaus des Großvaters und durchsuchen die Räumlichkeiten. Auf dem Dachboden finden sie den Armeerucksack seines Sohnes Edmund, den dieser hier seit seiner Rückkehr aus dem Ersten Weltkrieg platziert hat und in dem er eine Militärpistole verwahrt.

»Immerhin hatten sie einen Vorwand«, sagt Lore. »Man warf meinem Opa vor, dass er mit dem alten Revolver einen Aufstand gegen die Nazis planen wolle. Er musste aber nur vier Wochen im

KZ einsitzen, bis Onkel Edmund das aufgeklärt hatte. Natürlich blieb er als ehemaliges SPD-Mitglied unter Beobachtung. Mir hatte das damals niemand gesagt, weil ich noch zu jung war und mir keine Sorgen machen sollte.«

Lore selbst erlebt den Tag der Machtergreifung während des Unterrichts in ihrer Dorfschule. »Um zehn Uhr stellte sich die überschaubare örtliche SA mit Fahnen und Kapelle vor den Schulhof und feierte den Führer. Wir jubelten einfach mit, ohne genau zu verstehen, was der Aufzug zu bedeuten hatte. Kurz darauf wurden aber auch schon fast alle meine Klassenkameradinnen in den Jungmädelbund eingegliedert. Ich hatte von meinem Vater striktes Verbot, an den JM-Treffen teilzunehmen. Das kam von meinem Opa aus. Da der Beitritt freiwillig war, blieb ich den Heimabenden und Veranstaltungen fern, obwohl ich gerne dabei gewesen wäre, das muss ich zugeben. Es hatte seinen Reiz.«

Lore bemerkt nun bald Repressionen gegen ihre Familie. Da die fünf Schulen, die der Vater gebaut hat, alle als Sozi-Bildungsstätten gegolten haben, erhält er beruflich immer weniger Aufträge. Während es überall wirtschaftlich bergauf geht, geht sein Bauunternehmen den Bach herunter. Als der beste Lkw seiner Firma von den Nazis beschlagnahmt wird, versinkt der Vater in eine Depression und verfällt dem Alkohol. Lore darf nach der Beendigung ihrer Volksschule wegen *sozialistischer Umtriebe* ihrer Familie nicht auf ein städtisches Gymnasium überwechseln. Sie besucht deswegen ab 1934 die private und christliche Elise-Averdieck-Oberschule für Mädchen in Eilbek. Bis zum Abitur kann sie nicht bleiben. Als sich ihre Mutter 1938 von ihrem Vater scheiden lässt, besitzt weder sie noch er das Geld, um die Schule weiter zu bezahlen. Lore wechselt auf die Höhere Handelsschule und zieht mit ihrer Mutter in ein Mietshaus in Altona ein, wo auch die Großeltern mütterlicherseits leben. »Ich habe meinen Vater sehr gemocht und ihn schrecklich vermisst, ihn so oft besucht, wie es ging. Für ihn selbst war ich sein ein und alles. Er hat sich auch wieder aufgerappelt, spätestens im Krieg hat man ihn wieder gebraucht. Er hat dann Bunkeranlagen in Hamburg gebaut. Heute stehen noch 1200 Bunker in der Stadt. Mich würde mal interessieren, an wie vielen er gewerkelt hat, ich habe nie gefragt. Auf jeden Fall weiß ich sicher, dass er am Altonaer Hochbunker mitgebaut hat, in den ich so oft gelaufen bin. 1943 ist er nach Kiel gezogen, um dort Siedlungen für Marinesoldaten und Hafenarbeiter zu errichten. Er war bei der Organisation Todt beschäftigt, dem paramilitärischen Bautrupp des NS-Regimes. Als er mitbekam, dass bei einem Bombenangriff ein Tiefbunker einen Volltreffer abbekommen hatte und alle Menschen verschüttet wurden, musste ich ihm versprechen, dass ich immer nur in Hochbunkern Schutz suche. Die hielt mein Vater für sicher. Er sah sich da als Spezialist an. Ich glaubte ihm und versprach es.«

Lores Traum ist schon lange, einmal als Sekretärin auf einem Ozeandampfer zu reisen, und den hegt sie noch, als sie 1939 ihre Berufsschule als Handelskauffrau abschließt. »Meinen Berufswunsch hatte ich auch mal in einem Aufsatz zum Thema *Was willst Du mal für Dein Volke tun?* geschrieben, was mir viele kritische Blicke eingebracht hatte. Ich wollte eben ans Meer, aber das Vaterland hatte andere Pläne, und einer davon hieß Pflichtjahr.«

Lore arbeitet im Haushalt einer Familie mit drei Kindern im Stadtteil Blankenese. »Das war eine gute Zeit. Ich hatte mein eigenes Zimmer, habe kochen gelernt und mit dem jüngsten Sohn fleißig Schulaufgaben erledigt. Was witzig war: Die Tochter war genau so alt wie ich und machte gleichzeitig das Pflichtjahr in einem anderen Haushalt. Vielleicht wurde ich deswegen wie ein Familienmitglied behandelt, weil ich einen Platz auffüllte. Während des Pflichtjahrs brach dann im September der Krieg aus. Ich hatte frei an dem Tag, war bei Mutter zu Hause in der Küche. Da

Wehrmachtshelferinnen wurden für unterschiedliche Aufgaben eingesetzt, wie hier als Nachrichtenhelferinnen im Gefechtsstand einer Flak-Division.

stand unser Mini-Volksempfänger, der 35 Reichsmark gekostet hatte und den wir *den kleinen Goebbels* nannten. Und da haben wir die Hitlerrede gehört: ... *ab 5 Uhr 45 wird jetzt zurückgeschossen* ... Und meine Mutter bekam gleich Sorge. Ich nicht, ich hatte keine Zweifel an einem schnellen Sieg.«

Der Erfolg der Blitzkriege gibt Lore weitere Zuversicht. Als sie sich im Sommer 1940 beim Arbeitsamt vorstellt, ist gerade Frankreich spektakulär besiegt worden. »Die Hoffnung, mit meinem Ozeandampfer um die Welt zu schippern, konnte ich aber gleich wieder begraben. Die Sachbearbeiterin stellte mir nur zwei Optionen zur Wahl: Fließbandarbeiterin in einer Munitionsfabrik in Fuhlsbüttel oder Wehrmachtshelferin bei der Luftwaffe in Blankenese. Ich bat um Bedenkzeit. Onkel Edmund kannte sich mit allem aus, den zog ich zuerst zu Rate. Ich solle unbedingt zur

Luftwaffe gehen, da würde ich mehr verdienen und könnte mir sogar den anstehenden Reichsarbeitsdienst ersparen, stellte er gleich klar. Auch mein Vater fand das sinnvoller, denn er wusste, dass es die englischen Bomber zu der Zeit noch vor allem auf Rüstungsfabriken abgesehen hatten. Also stand die Entscheidung fest, ohne zu wissen, was mich genau erwarten würde. Was sollte das schon sein, Helferin der Wehrmacht in Hamburg? Ich ließ mich drauf ein und wurde so beim Luftgaukommando XI in Blankenese vorstellig.«

Auf deutschem Reichsgebiet werden bei Kriegsbeginn 17 Luftgaukommandos eingerichtet. Zu den Aufgaben dieser militärischen Einrichtungen gehört die komplette Bodenorganisation der Luftwaffe im jeweils unterstellten Gau. Soldaten der Luftgaukommandos betreiben und verwalten sämtliche Funktionsstätten, die für den Flugbetrieb notwendig sind, zum Beispiel alle Flugplätze, Werkstätten, Munitions- oder Treibstofflager.

Ihre Einweisung erhält Lore in der Hauptstelle des Leithorstes in Blankenese. Nach etwa zwei Wochen wird sie der Aufnahme- und Entlassungsstelle zugewiesen, die in einer Nebenstelle des Kommandos in Rissen liegt. »Meine Aufgaben sind schnell umschrieben. Ich wurde den Sekretärinnen der Entlassungsstelle zugeteilt. Bei uns wurden Soldaten aus dem gesamten Gau vorstellig, die aus dem Dienst entlassen werden wollten. Wir nahmen ihre Papiere und Berichte auf und schickten die Männer dann mit den Unterlagen zur Untersuchung in die medizinische Abteilung, die direkt nebenan war. Ich habe die meiste Zeit an der Schreibmaschine gesessen, aber auch interessante Männer kennengelernt. In den ersten zwei Jahren kamen vor allem Soldaten mit verschiedenen Krankheiten, später waren es in der Mehrzahl Verwundete, teilweise fehlten ihnen die Gliedmaßen, mancher war völlig entstellt.

Bei uns wurde dann entschieden, ob der Soldat noch *k. v.* – kriegsverwendungsfähig – ist oder *h. v.* – heimatverwendungsfähig. Einige versuchten zu markieren, aber das hat nicht geklappt. Eher hatte ich das Gefühl, dass da manchmal Kumpanei bei der Entscheidung eine Rolle gespielt hat. Doch das ging mich nichts an. Ich war nur eine kleine Sekretärin. Es arbeiteten etwa fünfzehn ältere Soldaten in unserer Abteilung; sie waren zwischen 35 und 50 und für uns Mädchen steinalt. Mein Abteilungsleiter war ein Major; mein Vorgesetzter, der Kommandeur der Annahme- und Entlassungsstelle, ein Oberst, Oberst Westpfahl, ein stolzer Soldat und angenehmer Mensch. Es gab neben uns logischerweise noch die Annahmeabteilung, wo das ganze Prozedere andersherum funktionierte. Wir waren insgesamt immer etwa acht weibliche Helferinnen und erledigten in der Regel Büroarbeit. Wehrmachtsverpflegung stand uns zunächst nicht zu, also durften wir nicht ins Casino. Wir hatten für uns eine eigene Küche und brachten das, was wir brauchten, von zu Hause mit. Wir bekamen auch keine Uniformen und schliefen im Gegensatz zu den männlichen Kollegen, die in der Kaserne untergebracht waren, weiter bei den Eltern. Ich lernte Arbeit und Atmosphäre schnell schätzen und fand in meiner Kollegin Ilse eine anständige Freundin.«

Bereits 1940 greifen kleine Geschwader die mit 1,7 Millionen Einwohnern zweitgrößte Stadt Deutschlands an. »Bei Fliegeralarm in der Nacht liefen Mutter und ich in unseren Luftschutzkeller, den wir mit acht Familien aus dem Haus teilten. Bewohner aus den Hinterhäusern, die keinen Keller hatten, kamen noch dazu. Es war eng und unangenehm. Eigentlich diente der Keller für die Lagerung von Kohle, die mussten alle zu Kriegszeiten stattdessen auf dem Dachboden unterbringen. Das waren natürlich erstklassige Brandbeschleuniger, wenn das Dach Feuer fing. Die Angriffe wurden von Mal zu Mal heftiger, und es starben zunehmend mehr Menschen. Ab 1943 lief ich bei Alarm nur noch in den Hochbunker meines Vaters. Es war immer etwas unheimlich, aber wurde doch bald zur Routine. Ich habe nie und nimmer damit gerechnet, dass die ganze riesige Stadt ausgelöscht werden könnte, wie es im Juli 1943 passierte. Am 23. fuhr meine Mutter an die Ostsee in den Urlaub. Sie hatte es sich verdient, war inzwischen notdienstverpflichtet worden und hatte lange Schichten auf dem Finanzamt zu ertragen. Sie hat sich natürlich Sorgen gemacht. Ich habe ihr aber versprochen, bei Fliegeralarm mit der Oma sofort in den Hochbunker zu laufen. Ein Koffer mit den wichtigsten Unterlagen und notwendigsten Sachen stand ja immer bereit. Am nächsten Abend hörte ich gegen 23.00 Uhr im Radio den Kuckucksruf, danach im Drahtfunk: *Hier ist der Reichssender Hamburg! Große feindliche Verbände im Anflug auf die Deutsche Bucht.* Das war noch keine direkte Warnung, aber ich blieb natürlich wach.«

Zu dieser Zeit befinden sich 791 britische Flugzeuge über der Nordsee, um die penibel vom Bomberkommando unter dem Decknamen Operation Gomorrha vorbereitete Schlacht auf Hamburg zu starten. Die Piloten der 347 Lancaster-Bomber, 125 Stirlings und 73 Wellingtons wissen, was von ihnen verlangt wird. Der Tagesbefehl von Arthur Harris ist eindeutig gewesen: »Die Millionenstadt an der Elbe auslöschen!« Die Crews sind angespannt; je näher sie dem Ziel kommen, desto konzentrierter müssen sie sein, aber damit steigt auch ihre Angst. Die Wahrscheinlichkeit, von der deutschen Flak oder einem Nachtjäger abgeschossen zu werden, ist hoch. Die Abschlusswahrscheinlichkeit für ein Flugzeug liegt bei 20 Prozent. Doch dieses Mal soll alles sicherer werden, hat das Kommando groß verkündet, dank einer Luke, die wenige Tage zuvor an ihren Maschinen angebracht worden ist, und dank mit an Bord gebrachter Kartons, die mit Silberpapier gefüllt sind. *Window* wird die neue Wunderwaffe genannt. Vor und während der Angriffe sollen Crewmitglieder die geöffneten Päckchen durch die Luken werfen, aus denen insgesamt etwa 90 Millionen 27 Zentimeter lange Silberstreifen aus Stanniol fallen, die sich dann im Himmel über ganz Norddeutschland verteilen und die Radargeräte der deutschen Luftwaffe derart irritieren, sodass es für sie unmöglich sein soll, die britischen Bomber zu lokalisieren.

»Um halb eins morgens kam der Fliegeralarm«, erzählt Lore. »Das heißt, es wurde ernst. Innerhalb von fünf Minuten war ich angezogen, holte meine Großmutter, und wir liefen zum Hochbunker. Die Flak knatterte schon, als wir dort ankamen, das irritierte mich etwas. Die anderen offensichtlich auch. Menschenmassen drängten in Panik zur Tür, die man gar nicht mehr erkennen konnte. Es wurde geschoben und gequetscht. Ich kriegte kaum Luft, hielt Oma fest, bis wir irgendwann durchrutschten. Der Bunker war voll besetzt. Wir bekamen noch einen Platz auf einer Holzpritsche im dritten Stockwerk.«

Das System *Window* hat Erfolg. Die deutsche Radarortung gerät völlig durcheinander und meldet im Minutentakt Flugzeuge, wo keine vorhanden sind. Als gegen 1 Uhr nachts die ersten Bomben auf Hamburg fallen, jagen deutsche Jagdflieger über Holland und Belgien britische Phantomflugzeuge. Die 80 Hamburger Flak-Batterien können keine feindlichen Flieger orten und müssen blind in den Himmel schießen; in dieser Nacht erwischen sie nur zwei Maschinen. Innerhalb von drei Stunden werfen die britischen Flugzeuge 2300 Tonnen Bomben über der Hansestadt ab nach einem ausgeklügelten System des Bomberkommandos. Laut Tagesbefehl werden zunächst Luftminen geworfen, die die Fensterscheiben der Wohnhäuser zerstören, die Häuser quasi freilegen. Es folgen schwere Sprengbomben, die die Wasserleitungen der Stadt zer-

Im Rahmen der Operation Gomorrha wurde Hamburg weitestgehend zerstört.

trümmern, sodass nicht gelöscht werden kann, und schließlich Brandbomben, die das Feuer in die offenen Häuser treiben. In der Altstadt, der Innenstadt, Eimsbüttel und Altona werden auf diese Weise große Flächenbrände entfacht. Etwa 1500 Hamburger sterben in dieser ersten Nacht der Operation Gomorrha.

»Ich war schon oft in dem Bunker«, sagt Lore. »Aber an diesem Tag war es anders, es hörte einfach nicht auf. Über drei Stunden bebten die meterdicken Wände des Turms. Da draußen tobte ein

Inferno, das war jedem klar. Es sprach sich schnell rum. Ein paar Bonzen im Keller des Bunkers hatten immer Funk- und Telefonverbindung; sie gaben die Nachrichten weiter, dass es bisher keinen vergleichbaren Angriff gegeben haben solle. Unter anderem sollte Eilbeck komplett abbrennen. Meine Oma machte sich sofort wieder schreckliche Sorgen, weil ihre zwei Schwestern dort lebten. Da die Sirenen im Bunker ausgefallen waren, kamen wir erst nach fünf Stunden raus.« Lore fällt draußen als Erstes ein unerträglich beißender Gestank auf. »Ich war richtig benebelt, konnte kaum sehen; alles erschien in einem merkwürdigen Zwielicht, das nicht Nacht und nicht Tag war. Ich hörte ein unheimliches Surren und Brummen aus den Straßen, und in der Ferne schrillten die Sirenen der Feuerwehr unaufhörlich. Als ich meinen Blick nach vorne richtete, traute ich meinen Augen nicht. Der Himmel brannte. Er brannte wirklich, er war glutrot und aus ihm regneten Rußflöckchen auf uns herunter.«

Lore hakt ihre zitternde Oma ein und läuft mit ihr nach Hause. In den Nachbarstraßen brennen ein paar Hausdächer, in ihrer Straße aber nur ein einziges – es ist nicht ihres. Mit anderen Frauen hilft Lore bei den Löscharbeiten. Sie bilden Eimerketten durch das Treppenhaus. Die Jungen vom Zivilen Luftschutz schaffen es gerade, den Dachstuhl zu löschen, als das Wasser versiegt. »Es gab nichts mehr, keinen Strom, kein Gas, kein Wasser. Ich schaute zu Hause in den Spiegel und bemerkte, dass meine blonden Haare, mein Gesicht, meine Arme komplett schwarz waren. Ich erkannte mich nicht mehr.«

Erschöpft fällt Lore ins Bett, wacht schon drei Stunden später wieder auf. Ihre Oma verlangt, dass sie nach ihren Schwestern schaut. Sie schwingt sich auf ihr Rad und fährt los. Dichter Qualm versperrt ihr die Sicht und beißt in ihren Augen, sodass sie immer wieder anhalten muss. Sie kommt bis zum Altonaer Bahnhof. Dahinter ist die Große Bergstraße mit Lkws abgesperrt. »Ich nahm mein Rad und zwängte mich durch. Da war keine Straße mehr, auch kein Haus. Es war eine Trümmerwüste. Ich wollte es versuchen, hob mein Rad hoch und kletterte über die Schuttberge, zwischen denen immer wieder mal ein verkohlter Arm oder ein verdrehtes Bein hervorlugte. Das war grässlich, so etwas hatte ich noch nie gesehen. Mir war klar, dass ich über Leichenberge ging. An der Hafenstraße brannte ein fünfstöckiges Haus komplett aus. Wie gebannt starrte ich in die lodernden Flammen. Ich weiß nicht, warum ich das gemacht habe, in dem Moment war ich wie hypnotisiert. Als das Mauerwerk einkrachte, kam ich schlagartig wieder zu Bewusstsein, trat in die Pedale und konnte den herabfallenden Trümmern so gerade ausweichen.«

Über der gesamten Oststadt liegt eine riesige Rauchwolke, aber Eilbek brennt nicht. Lore fährt zu ihren Tanten, nimmt sie in die Arme und ruht sich eine Weile aus. Sie ist erst ein paar Minuten auf dem Rückweg, da beginnen Menschen zu schreien, zu fluchen und zu weinen. Sie laufen hektisch in verschiedene Richtungen davon. Vollalarm. Autos der Wehrmacht und der Polizei fahren durch die Straßen und warnen mit Handsirenen vor einem unmittelbar bevorstehenden Angriff. Lore lässt ihr Fahrrad stehen und rennt hinter der größten Menschengruppe her. Sie quetscht sich in den Hochbunker am Eilbeker Weg und wird Ohrenzeuge, wie 110 US-amerikanische Bomber den Hamburger Hafen angreifen. Industrieanlagen werden zerstört, Schiffe versenkt, Mineralölbetriebe gehen in Flammen auf. Wegen der starken Rauchentwicklung durch den vorausgegangenen Nachtangriff der RAF finden die US-Bomber während ihres Tagesangriffes nicht alle Ziele. Nach zehn Minuten drehen die Flugzeuge ab; am nächsten Tag kehren sie zurück und erledigen den Rest. 186 Tonnen Sprengbomben legen den Hafen in Schutt und Asche, 150 Hafenarbeiter und Zivilisten sterben. Lore findet ihr Fahrrad wieder und schafft es über Umwege nach Hause. Sie grüßt ihre

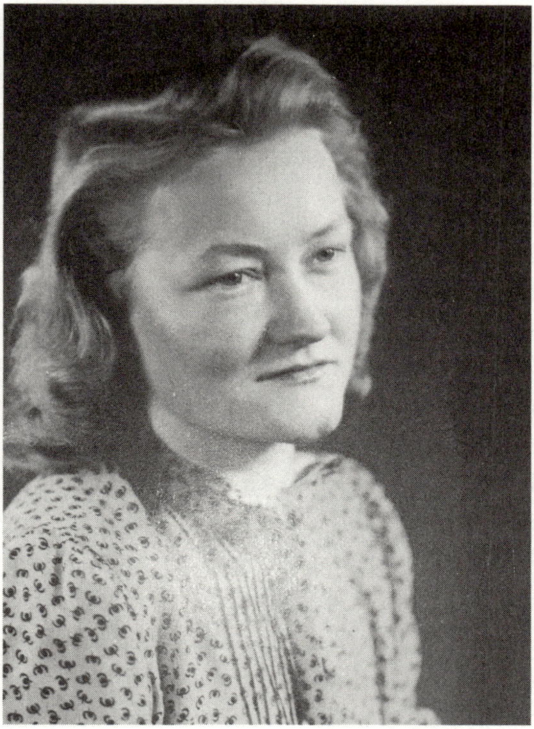

Lore (1943)

Oma von ihren Tanten, die sich daraufhin beruhigt. In dieser Nacht schläft Lore vollbekleidet. Es bleibt aber ruhig. Am Morgen fährt sie zur Arbeit.

»Einige meiner Kollegen waren ausgebombt worden, ein Kamerad hatte Frau und Kind verloren, ließ sich aber von niemandem trösten. Er stand unter Schock. Oberst Westphal befahl uns, nach der Schicht nicht zurück in die Stadt zu fahren. Es hatte weitere Angriffe auf Hamburg gegeben, und da er einen Großangriff befürchtete, erlaubte er uns Helferinnen, zwei Zimmer in der an die Dienststelle angeschlossenen Kaserne zu bewohnen. Die Soldaten unserer Abteilung konnten, sofern sie Familie in

Hamburg hatten, diese ebenfalls zu uns holen. Ich war froh. Um meine Oma brauchte ich mir keine Sorgen zu machen. Ich wusste, dass Onkel Edmund sie an diesem Tag mit aufs Land genommen hatte, wo er ein Mietshaus besaß. Meine Mutter blieb an der Ostsee. Hier in der Kaserne hatten wir Wasser und warmes Essen. Ich blieb über eine Woche in Blankenese, bis die Angriffe auf Hamburg aufhörten, weil nichts mehr da war, was man kaputtmachen konnte. Das Schlimmste musste ich so nicht durchmachen.«

1939 leben 1,7 Millionen Menschen in Hamburg. Bis zur Operation Gomorrha haben etwa 150 000 Personen aufgrund von Wehr- oder Arbeitsdiensten die Stadt verlassen. Während der Großangriffe im Juli 1943 kommt es zu einer panikartigen Flucht aufs Land. Die Bevölkerungszahl sinkt zwischenzeitlich auf 800 000 ab. Lores Familie ist sicher. Der Vater ist in Kiel, und auch die Schwestern ihrer Oma sind evakuiert worden. Die Wucht der kommenden Angriffe bekommt Lore aber selbst im Bunker der Kaserne zu spüren. Blankenese wird nicht angegriffen, es fallen nur ein paar Bomben, die von abdrehenden Fliegern als Notlast abgeworfen werden.

Die Ereignisse des nächsten Großangriffs in der Nacht vom 27. auf den 28. Juli haben zur Folge, dass mindestens 30 000 Menschen den Tod finden. Innerhalb nur weniger Stunden.

Das Feuer, das die Brandbomben entfachen, ist so gewaltig, dass es allen Sauerstoff in der Stadt ansaugt. In den Kellern der Häuser entsteht ein Vakuum, das die Brandgase hinabzieht. Die Menschen, die hier Schutz suchen, ersticken an Rauchgasvergiftungen. Die bis zu 1000 Grad heiße Luft saugt die kühle Luft von außerhalb der Stadt an, die dann durch die Straßen geblasen wird und als neues Futter für die bis zu sechs Kilometer in die Höhe schlagenden Flammen dient. Es entsteht ein Kamineffekt, den man als Feuersturm bezeichnen wird. Die enormen Kräfte ziehen

Menschen in die Mitte eines Orkans. Wer in die bis zu 250 km/h starken, mit Millionen Funken durchzogenen Winde gerät, stirbt meist augenblicklich an einem Hitzschlag.

Bis zum 3. August wird Hamburg weiter bombardiert. Am Ende sind etwa 40 000 Menschen tot, fast 6000 Kinder sind darunter. 277 330 Wohnhäuser sind komplett zerstört, die Hälfte aller Wohnungen in der Hansestadt existiert nicht mehr. 580 Industriebetriebe und 2 632 Gewerbebetriebe werden vernichtet, außerdem 277 Schulen, 77 Kinos und Theater, 58 Kirchen, 24 Krankenhäuser und 12 Brücken. Der Verkehr kommt in der gesamten Stadt zum Erliegen. Trotzdem kehrt nach Ende der Operation Gomorrha ein Großteil der Hamburger Flüchtlinge zurück, um beim Wiederaufbau zu helfen. Lore und ihre Mutter ziehen wieder in ihre unzerstörte Wohnung. Doch Oberst Westphal hält bald den Betrieb der Aufnahme- und Entlassungsstelle in Hamburg für unmöglich. Die Stadt ist weiterhin eine Trümmerwüste, und den verletzten Soldaten, von denen viele auf Krücken laufen, ist der Weg nicht mehr zuzumuten. Er beantragt eine Versetzung der Dienststelle beim Kommandeur des Luftgaukommandos. General Wolff erteilt die Erlaubnis. Mit Lkws wird der gesamte Geräte- und Aktenbestand in einen extra bereitgestellten Güterwagen der Wehrmacht verladen. Lore und andere zivile Angestellte aus Hamburg nutzen die Gelegenheit und verfrachten heimlich auch private Wertsachen aus ihren Wohnungen in den Zug.

»Anfang März 1944 ging es los nach Neustrelitz an die Mecklenburgische Seenplatte«, erzählt Lore. »Dort wohnten wir alle, auch die Wehrmachtshelferinnen und die Frauen der Offiziere, in einer mächtigen alten Kaserne, die noch aus dem Kaiserreich stammte und nun der Luftwaffe diente. Wir erhielten jetzt auch Wehrmachtsverpflegung, und jeweils zwei oder drei Frauen zusammen bekamen ein eigenes Zimmer. Ich natürlich eines mit

Ilse. Wir passten aufeinander auf. Alles war nun etwas militärischer organisiert. Es gab einen beeindruckenden Fuhrpark mit schweren Militärlastern, wir Helferinnen wurden zu den Kameradschaftsabenden der Soldaten eingeladen, trugen nur noch Hosen und bekamen auch anderweitig Beschäftigung. Zum Beispiel ein Sportprogramm, für das wir extra Sportanzüge erhielten. Mein einziges Kleidungsstück mit einem Hakenkreuz drauf. Bei gutem Wetter hat uns Oberst Westphal auch mal früher freigegeben, sodass wir im Zierker See baden gehen konnten. Mein Schwarm damals hieß Martin. Ich habe ihm aber nicht mehr geschrieben danach. Ilse hat das mit ihrem Freund gemacht, und als der gefallen ist, gab es tagelang bittere Tränen.«

Während Lore auch den Herbst im unzerstörten Neustrelitz genießt und den Schrecken von Hamburg hinter sich lässt, kommt die ein Jahr jüngere Annelene neu in der ausgebombten Hanse-

Lore (rechts) beim Baden am Zierker See.

stadt an. Am Hauptbahnhof steigt sie mit ihren Koffern aus, bereit dazu, wieder eine Etappe in ihrem Leben anzutreten, die sie nie für sich vorgesehen hatte. »Ich kannte Hamburg nicht«, erzählt die 96-jährige Annelene, die heute mit Töchtern, Enkeln und Urenkeln in einem Mehrgenerationenhaus in Herdecke lebt. »Ich musste mich am Schalter erst mal erkundigen, wie ich zum Flakbunker Wilhelmsburg komme, wo ich an diesem Tag meinen Kriegshilfsdienst antreten sollte.«

Annelene wird 1924 in Stralsund geboren, sie hat zwei ältere Brüder: Geert und Ernst. Beide werden später Marinesoldaten. Ihr Vater ist Schiffbauer. Als er 1933 eine bessere Anstellung in einer Kieler Werft findet, zieht die Familie um. Annelene besucht das Hindenburg-Gymnasium und macht dort 1943 Abitur. »Ich hatte eine Kindheit, die durch ständige Bombenangriffe geprägt war«, sagt sie. »Immer wieder waren wir in unserem Luftschutzkeller zu Hause oder in dem im Rathaus, wenn wir während des Unterrichtes Alarm hatten. Zwischendurch wurde es so gefährlich, dass alle Kieler Oberschüler im Rahmen der Kinderlandverschickung ein halbes Jahr nach Usedom evakuiert wurden. Das hat mir gutgetan. Zurück in Kiel ging alles von vorne los. Selbst mein Abitur konnte ich nicht in Ruhe schreiben. Mitten in den Prüfungen gab es Alarm, und wir mussten raus, natürlich nicht, ohne vorher unsere bearbeiteten Aufgaben abzugeben. Während die Wände im Rathaus bei dem Angriff wackelten, beobachteten uns die Lehrer und passten auf, dass wir ja nicht über die Lösungen miteinander tuschelten.«

Annelenes Vater ist als begeisterter Hobbysegler engagiertes Mitglied im nationalsozialistisch organisierten Yacht-Club von Deutschland (YCvD) und muss daher keiner Partei angehören. Wegen eines Herzfehlers braucht er auch nicht an die Front. Annelene und ihre Mutter finden ebenfalls ihre Beschäftigungen und Freundeskreise im Segelklub. »Das war wie Urlaub im Krieg während des Krieges. Hier habe ich meinen Freund und späteren Mann kennengelernt. Ich war siebzehn, er siebenundzwanzig. Gustav war als leitender Tiefbauingenieur im technischen Marinedienst am Kieler Hafen stationiert und bei der Hafenbaudirektion angestellt. Er baute dort U-Boot-Bunker und Befestigungsanlagen. Gustav war schon schwer verwundet worden, gleich zu Beginn des Krieges in Danzig. Dort hatte er Tiefbauingenieurswesen studiert und wurde bei Kriegsbeginn sofort eingezogen. Bei der Eroberung der Halbinsel Hela geriet er mit seiner Pioniereinheit in einen Hinterhalt an einer katholischen Kapelle. Seine Truppe ist mit dem Maschinengewehr beschossen worden, fast alle Kameraden sind gefallen. Gustav erlitt einen Halsdurchschuss und hat nur überlebt, weil genug Leichen über ihm lagen. Während eines großen Tagesangriffs auf Kiel im Dezember 1943 war Gustav auf einem Schiff in der Förde unterwegs, um Arbeiteranlagen zu kontrollieren, die bis zum Ende der Schuhmacherstraße reichten, wo wir lebten. Als er bemerkte, dass auch die Häuser in unserer Straße Feuer gefangen hatten, reagierte er blitzschnell und kommandierte ein Löschboot zu uns. Der Dachstuhl brannte und die der Nachbarhäuser auch. Wir waren alle schon draußen und sahen dann den Strahl vom Hafen kommen, der unser Haus retten konnte.«

Im März 1944 wird Annelene zum Reichsarbeitsdienst eingezogen. In Kiel erhält sie einen Ausweis, wird eingekleidet und dann als Arbeitsmaid nach Geesthacht geschickt, wo sie in einem Barackenlager des RAD untergebracht wird. »Die Mädchen kamen aus ganz Norddeutschland. Wir waren insgesamt 35, mit einer Führerin und einer Unterführerin; wir versorgten uns selbst, hatten Landwirtschaft und Tiere. Ich wurde Schweinemajor gerufen, weil ich mich um die Schweine kümmerte. Ich hatte abwechslungsreiche und intensive Monate, genoss das Landleben. Ich dachte wirklich, hier würden wir eine Weile vom Krieg verschont. Aber so ganz stimmte das nicht.«

Annelene beim Reichsarbeitsdienst in Geesthacht

Innerhalb der Woche werden die Arbeitsmaiden in Geesthacht eingeteilt, um bei verschiedenen Bauern in umliegenden Dörfern zu helfen. Auf einem Hof freundet sich Annelene mit einem französischen Kriegsgefangenen an, der als ungefährlich eingestuft ist. Zusammen mit ihm pflügt sie gerne die Felder und kümmert sich um die Pferde. Sie spricht gut Französisch, und er hat nach einem Jahr seiner Tätigkeit bei dem Bauern schon etwas Plattdeutsch gelernt. »Eines Tages wurden wir bei der Arbeit ganz unvermittelt von britischen Flugzeugen angegriffen«, erzählt

Annelene. »Sie flogen auf uns zu und schossen schon von weitem. Ich wusste gar nicht, was ich machen sollte. Der Franzose packte mich und schmiss mich auf den Boden. Ich hörte das Tackern des Maschinengewehrs und sah hinterher die Einschläge auf dem Feld. Wir haben wohl Glück gehabt, doch der Schrecken saß tief. Ich hatte so etwas nicht für möglich gehalten. Die Flieger kamen öfter mal, davor wurde nicht gewarnt. Dadurch haben sie die Bevölkerung auf dem Land zermürbt. Das geschah mit purer Absicht. Ich habe auch gesehen, wie diese Tiefflieger Personenzüge beschossen haben.«

Nach einem halben Jahr ist der allgemeine RAD für Annelene Anfang November 1944 beendet. Die Arbeitsdienstführung teilt den Maiden mit, dass sie gleich im Anschluss zum Kriegshilfsdienst eingezogen werden. Annelene soll als Flakhelferin beim Küstenschutz dienen.

»Ich bin fast durchgedreht, das wollte ich nicht. Zum Glück hatte ich kurz zuvor eine Zusage auf eine Bewerbung für eine Krankengymnastik-Schule in Kiel erhalten. Die konnte ich bei der Reichsarbeitsdienststelle vorzeigen und so argumentieren, dass ich in den Sanitätsdienst müsste. Man fand für mich einen Kompromiss, ganz ohne Flak sollte es wohl nicht mehr gehen. So musste ich zwar keine Scheinwerfer oder Messgeräte bedienen, arbeitete aber als Hilfsschwester bei der Flak in einer besonders großen Stellung, nämlich in einem Flakturm mit vielen Kanonen, die direkt über mir feuerten. So kam ich dann also im November 1944 nach Hamburg.«

Annelenes Einsatzort ist der 42 Meter hohe, im Oktober 1943 erbaute Flakturm Wilhelmsburg. Für den auch als Gefechtsturm VI bezeichneten Koloss werden über 80 000 Kubikmeter Stahlbeton verbaut. Auf seinem Dach befinden sich die vier Hauptflakstellungen mit Namen Anton, Berta, Cäsar und Dora, in denen je eine 12,5-cm-Zwillingsflak bedient wird, die bis zu 21 Kilometer

Der Flakturm IV in Sankt Pauli diente ebenso wie der Flakturm Wilhelmsburg zur Luftraumverteidigung Hamburgs und als Luftschutzraum für die Zivilbevölkerung.

weit und 15 Kilometer hoch schießen und über zwanzig 60 Kilogramm schwere Granaten pro Minute abfeuern kann. Im Stockwerk darunter befinden sich noch einmal in alle Richtungen ausrichtbare 2-cm- und 3,7-cm-Flaks, die gegen Tieffliegerangriffe eingesetzt werden können. Schon auf der Reise nach Hamburg macht sich Annelene bewusst, dass ihre Tätigkeit viel von ihr abverlangen wird. Ihre Schwägerin Else hat als Lernschwester den Feuersturm in der Hansestadt miterlebt und bei dem Anblick der unzähligen verbrannten Menschen einen Nervenzusammenbruch erlitten.

»So groß hatte ich mir den Bunker nicht vorgestellt«, erzählt Annelene. »Das war ein bombastischer Komplex mit ganzen neun Etagen. Das Krankenhaus und unsere Quartiere lagen im siebten

Stock. Mit mir fingen noch zwei andere Maiden an. Wir wurden von unserer Chefin eingewiesen, einer Ärztin mit goldenem Parteiabzeichen, auf das sie mächtig stolz war. Wir kriegten Arbeitskleidung, bestehend aus einem gestreiften Kleid und einer weißen Schürze, und richteten uns in einem Schlafsaal ein. Wir waren insgesamt acht Kriegshilfsdienstmaiden und verstanden uns blendend. Zusammen hatten wir einen sauberen Aufenthaltsraum, bekamen Wehrmachtsverpflegung wie die Flaksoldaten, deren Quartier in der Etage über uns lag. Wir versorgten sie medizinisch. Und sie hatten damit großes Glück, wohl die wenigsten Flakbatterien verfügen über eine Krankenstation. Als die Stellungen über uns einmal schwer getroffen wurden, taumelten die Soldaten blutend zu uns runter und konnten sofort von uns behandelt werden. Keiner ist gestorben. Aber wir erfüllten Doppelfunktion. In erster Linie waren wir nämlich nicht für die Soldaten zuständig, sondern für die Zivilisten, die bei Bombenangriffen in den im Flakturm für sie eingerichteten Luftschutzraum – in dem auf den ersten vier Etagen hatten bis zu 30 000 Menschen Platz – hatten, kamen oder nach einem Angriff bei uns behandelt wurden. Und die starben und starben. Ein Aufzug fuhr die Verletzten zu uns hoch. Ich schlotterte jedes Mal, wenn sich der Fahrstuhl in Bewegung setzte, denn die Anblicke waren immer grausam. Aber sobald die Tür aufging, riss ich mich zusammen und tat, was ich konnte. Es kamen auch verletzte Frauen und Kinder an, am häufigsten kriegten wir aber Hafen- und Dockarbeiter mit schwersten Verbrennungen, die sie nach den vielen Angriffen auf das Hafengelände, auf die Öltanks und Raffinerien in Wilhelmsburg erlitten hatten. Zuerst mussten wir sie aus der Kleidung befreien, die Schuhe ausziehen, sie auf Liegen betten und irgendwie stabilisieren: Blutungen stillen, Druckverbände anlegen und vor allem so schnell wie möglich Schmerzmittel verabreichen. Die Leute schrien wie wahnsinnig, Verbrennungen verursachen höllische

Schmerzen. Ich kann mich auch an eine Frau erinnern, der ein ganzes Bein fehlte und die mich so anbettelte, dass ich ihr Morphium verabreiche. Sie ist vor meinen Augen gestorben. Die, die nicht starben, kamen zur Notoperation. Bei uns arbeiteten gut geschulte Ärzte und RK-Schwestern, alles war mit modernen medizinischen Geräten ausgerüstet worden. Nach heftigen Angriffen kamen Chirurgen aus anderen Krankenhäusern dazu. Ich half auch im OP, meistens wurden Gliedmaßen amputiert. Danach kümmerten wir uns um die Pflege der Patienten: waschen, Essen anreichen, Toilettengänge, Stuhlbeseitigung, seelische Betreuung. Sobald die Verletzten transportfähig waren, wurden sie auf andere Krankenhäuser der Stadt verteilt. Wenn es keine Bombenangriffe gab, lagen bei uns auch mal Hafenarbeiter mit Arbeitsunfällen oder Zivilisten. Einer Frau war mal eine Straßenbahn über das Bein gefahren. So etwas passiert eben auch im Krieg. Die stationären Patienten wurden aber alle sofort verlegt, wenn nach Angriffen Bombenopfer kamen. Die hatten immer Vorrang. Und da machten wir keine Unterschiede, es gab keine Erste-Klasse-Patienten. Einmal, nach einem schweren Bombardement auf den Hafen, kamen Dutzende KZ-Häftlinge bei uns an. Eine große Werft unterhielt ein Außenlager des KZ Neuengamme für die Unterbringung von Zwangsarbeitern. Das waren russische Kriegsgefangene. Am nächsten Tag war die SS sofort bei uns und verlangte die frisch operierten Insassen mitzunehmen. Meine Chefin tobte. Ein fürchterliches Gekeife auf der Station. Das hat mich beeindruckt, ich hielt sie für den größten Nazi überhaupt, und da verteidigte sie so vehement ihre russischen Patienten und ließ sie nicht gehen.«

Zu Weihnachten 1944 erhält Annelene Urlaub und reist vorerst das letzte Mal nach Kiel zu ihrer Mutter. Bei Lore ist es umgekehrt. Ihre Mutter besucht sie in Neustrelitz. »Am ersten Weihnachtstag fuhren wir mit dem Zug zu einer Tante nach Fürstenberg«, erzählt sie. »Kurz vor dem Bahnhof stoppte der Zug, weil er noch keine Einfahrtsgenehmigung hatte. Da sah ich einen Tross von Frauen auf dem Sandweg neben der Bahn, mit blauen Jacken, schweren Schuhen und Schaufeln. Die Fenster waren auf kipp, und ich konnte sie singen hören. Ich kannte das Lied:

Wilde Gesellen vom Sturmwind durchweht,
Fürsten in Lumpen und Loden,
zieh'n wir dahin, bis das Herze uns steht,
Ehrlos bis unter den Boden.«

Lore beobachtet die Frauen. Die Szene wirkt surreal. Sie überlegt, ob der Text passt oder nicht. Ihre Mutter erklärt, dass die Frauen KZ-Häftlinge seien. Sie tun Lore aber gar nicht leid. »Zu dieser Zeit war ich mir sicher, dass jeder, der im KZ war, etwas ausgefressen hatte. Dass jemand unschuldig ins KZ gesteckt wurde, kam mir bis Kriegsende nicht in den Sinn. Das beschäftigt mich aber heute, auch weil ich ja noch erfahren habe, dass mein Opa selbst drin war, und der war sicher kein Verbrecher.«

Die Gräueltaten, die nach dem Zusammenbruch der Ostfront seit Januar 1945 von vorrückenden Sowjetsoldaten an deutschen Frauen begangen werden, bleiben Oberst Westphal nicht verborgen. Als die Rote Armee in Schneidemühle steht, ersucht er bei General Wolff um eine abermalige Versetzung seiner Annahme- und Entlassungsstelle. Wieder hat er Erfolg. Ein Güterzug verlädt am 8. Februar 1945 den gesamten Dokumentenbestand der Dienstelle und bringt ihn samt Personal und Ausrüstung nach Hannover. Dort wird die Abteilung in einem evakuierten Altenheim neu aufgebaut. »Wir hatten uns kaum eingerichtet, da kriegten wir schon einen Angriff, der auch traf«, erzählt Lore. »Es gab dort nur einen Tiefbunker. Die ganze Stelle ist darein geflüchtet, aber ich hatte noch die Worte meines Vaters im Ohr: niemals in einen Tiefbunker gehen. Ich wollte zu den drei Entlassungssoldaten, die gerade bei uns verweilten, in den Keller, kam aber nur bis zum Treppenhaus. Da warf mich die Wucht einer Explosion um. Ich konnte wieder hochkrabbeln und mich befreien, hatte nur ein paar Schrammen. Doch der Keller war eingestürzt. Statt entlassen waren unsere drei Soldaten jetzt tot. Ich bin also mal glücklich zu spät gekommen. Die Hälfte des Altersheims war zusammengekracht. Der Tiefbunker hatte gehalten.«

Die Annahme- und Entlassungsstelle muss abermals umziehen. Diesmal verfrachtet sie der bestellte Zug der Wehrmacht in ein Lager nahe dem schleswig-holsteinischen Hohenlockstedt, das zwölf Kilometer von Itzehoe entfernt liegt. »Die Baracken, in denen wir uns einrichteten, gehörten einst zu einem Flugplatz der Luftwaffe, der aber nicht mehr genutzt wurde«, sagt Lore. »Er trug den Namen *Hungriger Wolf*. Es war eine einzige Einöde; ich glaube, es fand nicht ein Entlassungssoldat mehr zu uns. Hier war ich wirklich fernab vom Krieg. Ich beobachtete nachts aus dem Fenster die Bombenangriffe auf Kiel, das etwa vierzig Kilometer entfernt von uns lag. Das war ein surreales Erlebnis. Es sah aus, als würden viele kleine Perlen auf die Erde herabtropfen. Ich machte mir natürlich Sorgen um meinen Vater, der zu der Zeit in Kiel lebte und dort Bunkeranlagen und Siedlungen für Hafenarbeiter baute. Ich hoffte, er saß sicher in einem seiner Hochbunker.«

Auch Annelene macht sich im Hamburger Flakbunker Sorgen, als sie von den Angriffen im März 1945 auf Kiel erfährt. Sie steht kurz vor Beendigung ihres Kriegshilfsdienstes. Da erreicht sie noch ein Brief ihrer Mutter, dass ihre Eltern in den Ort Bistensee evakuiert worden sind und sie nicht nach Kiel kommen solle. Ihr Haus sei ausgebombt worden.

»Ich dankte dem Himmel, dass Vater und Mutter lebten. Mich hielt nichts mehr in Hamburg. Ich kriegte am 26. März meine Entlassungspapiere und machte mich auf Richtung Bistensee. Ich fuhr mit dem Zug, dann mit einem Pferdewagen, die letzte Etappe mit einem Transporter der Wehrmacht. Nach einer Woche war ich dort und schloss meine Eltern in die Arme. Sie waren im Haus eines Pfarrers untergekommen, und der hatte kein Problem damit, dass wir uns ein Zimmer zu dritt teilten. Überall im Dorf tummelten sich Flüchtlinge aus dem Osten, die in Scheunen untergebracht waren. Der 8. Mai war ein herrlicher Sommertag. In Bistensee hatte sich eine Luftwaffeneinheit der Wehrmacht zurückgezogen. Die hatten Radios, und so konnte ich mithören, dass die Waffen schwiegen. Es ging ein Seufzer durch das ganze Dorf, das kampflos übergeben wurde. Die Briten verhielten sich erstaunlich freundlich.«

Während der 90 Luftangriffe auf Kiel zwischen 1940 und 1945 werfen die Bomber der RAF und der USAAF 44 000 Sprengbomben, 900 Luftminen und 500 000 Brandbomben auf das Stadtgebiet ab. 35 Prozent aller Wohnhäuser werden komplett zerstört, wodurch 167 000 Menschen obdachlos werden. Im Verhältnis sterben mit etwa 3000 Menschen wenige Kieler, was damit zu tun hat, dass die Stadt schon zu Beginn des Krieges durch den Bau Tausender Bunkeranlagen als hochsicher gegolten hat.

Auch Lores Vater hat in Kiel die letzten Angriffe in einem Bunker überlebt, wie sie später erfahren sollte. Ihre ersten Begegnungen mit den Briten verlaufen nicht so glimpflich. Ab Mitte April jagen Tiefflieger über Itzehoe und beschießen die Bauern auf den Feldern. Oberst Westphal befiehlt seinen Wehrmachtshelferinnen, sich Einmannlöcher direkt vor den Baracken zu graben, in die sie sofort springen sollen, wenn sie das Brummen von Fliegern hören. »Die Kugeln haben zwar in den Dörfern eingeschlagen, aber nicht in unser Barackenlager«, erzählt Lore. »Warum erschließt sich mir nicht. Ich vermute, dass sie vielleicht gedacht haben, un-

Bei der Bombardierung Kiels wurde die Werft Deutsche Werke Kiel zu zwei Dritteln zerstört.

sere unscheinbare Barackensiedlung diene als Gefangenenlager und sie könnten eigene Leute treffen.«

Die Arbeit in der Annahme- und Entlassungsstelle steht still. Lore und ihre Freundin Ilse hören den ganzen Tag Radio. Am 1. Mai kommt die Meldung durch, dass Hitler tot ist, am 3. Mai wird bekanntgegeben, dass Hamburg kampflos an die Engländer übergeben worden ist. Dann die Nachricht von der bedingungslosen Kapitulation am 8. Mai. »Auf der Landstraße, die an unserem Lager vorbeiführte, fuhren jetzt die ersten Lorries und Jeeps der britischen Armee vorbei. Wie zuvor schon die Flieger schienen sie sich weiterhin nicht für das Lager zu interessieren. Es war verrückt. Überhaupt nicht. Unseren Soldaten, die längst alle Litzen und Rangabzeichen verbrannt hatten und sich in den Barracken verkrochen, war das natürlich ganz recht. Aber wie lange sollte das so weitergehen? Unseren Oberst ärgerte die Ignoranz der Briten mächtig. Sollten er und seine Annahme- und Entlassungsstelle des Luftgaukommandos XI denn so unwichtig gewesen sein, dass nicht mal *ein* Wagen anhielt? Der Oberst wollte unbedingt mit den Engländern Kontakt aufnehmen und stolzierte schließlich in voller Uniform mit Orden und Ehrenzeichen vor dem Lagertor hin und her. Ilse und mir reichte es. Es wurde albern. Wir schrieben am 13. Mai unsere Kündigung und sind damit zum Oberst gegangen, der immer noch nicht gefangen genommen worden war und uns gerne Entlassungspapiere und ein Zeugnis ausstellte. Außerdem wies er den Fourier an, uns einen Wehrmachtsrucksack mit Verpflegung vollzupacken. Wir erhielten auch noch zwei Wehrmachtwolldecken in bester Qualität und durften auf Nachfrage sogar die guten Leinengardinen aus unserem Büro einstecken. Daraus wollten wir uns Kleider nähen. Wir sagten allen Tschüss. Die anderen Helferinnen wollten nicht mit, weil sie Angst hatten, in Gefangenschaft zu geraten. Wir glaubten da nicht dran, dass sie Frauen einsperren würden, und machten uns mit den Fahrrädern, die wir seit Hamburg immer mittransportiert hatten, auf den Weg. Die Landstraßen waren leer, es war keine Menschenseele zu sehen. Im Grunde war es eine beschaulich schöne Radtour bei bestem Wetter. Wir hatten nicht die Spur von Angst, der Krieg war für uns aus, man spürte es mit jedem Atemzug. Der Frieden lag in der Luft und roch fantastisch. Die Engländer, die ab und zu mit ihren Wagen an uns vorbeifuhren, grüßten nur freundlich, winkten oder pfiffen uns mal hinterher. Über Horst, Elmshorn und Uetersen ging es schließlich die sechzig Kilometer bis nach Wedel an die Grenze zu Hamburg. In einem Wachhäuschen neben einer Schranke stand ein englischer Soldat, der den Grenzverkehr kontrollierte. Ich denke, er war so alt wie ich. Als wir ihn anlächelten und dann brav unsere Entlassungspapiere vorzeigten, ließ er uns ein ins alte Hamburg. Wir fuhren beide nach Hause. Das Glück und die Erleichterung, die ich empfand, als ich Mutter, Vater und Oma wieder in die Arme schließen konnte, kann ich genauso schwer beschreiben wie die Angst, die Wut und die Verzweiflung, die ich in den Horrormomenten des Krieges erlebte. Das muss man selbst erleben, aber ich wünsche es wirklich keinem.«

Lore träumt bald wieder von der großen Schifffahrt. Doch der Anblick des zerstörten Hafens lässt ihren Traum schnell verblassen. Hamburg muss komplett neu aufgebaut werden, und die Trümmerfrauen leisten ganze Arbeit. Für Lore scheint die Zeit bei der Luftwaffe noch nicht zu Ende zu sein. Nun bietet ihr das Arbeitsamt eine Stelle bei den ehemaligen Feinden an. Sie wird zu einer RAF-Einheit in Blankenese vermittelt. Anderthalb Jahre schreibt Lore Berichte für die Feuerwehrstelle und die Gerichtsabteilung der RAF. Nach der Währungsreform endlich erblickt sie ein Plakat am Hamburger Hauptbahnhof: *Schifffahrtsfirma sucht Sekretärin*. Sie bewirbt sich sofort und wird Sekretärin, zwar nicht auf einem Ozeandampfer, aber für einen solchen. Bei einer Schiffslinie organisiert sie in den nächsten zwölf Jahren als Reiseverkehrskauffrau Fahrten für Passagiere aus Deutschland in die ganze Welt. 1950 lernt sie ihren Mann kennen, ein Jahr später heiratet sie. Als sie mit 37 schwanger wird, kündigt Lore, die nun durch und durch Mutter sein will. Sie bekommt einen Sohn und danach eine Tochter, dann drei Enkel, die heute längst erwachsen sind. Nun wünscht sie sich nur noch eines: einen Urenkel oder eine Urenkelin.

MARGARETE IM BUNKER FÜR SCHWANGERE

Margarete, die lieber Marga genannt wird, ist stolze 100 Jahre alt und nicht nur geistig, sondern auch körperlich fit. Kaum steht sie der zwanzig Jahre jüngeren Renate nach. Die beiden Cousinen, die sich bereits im Krieg kennengelernt haben, gehen heute gerne gemeinsam spazieren. Margas Wohnung liegt nur ein paar hundert Meter hinter dem immer noch existierenden Hochbunker an der Rotermundstraße in Hannover. Einer von 47 Bunkern, die es nach Ende des Zweiten Weltkriegs weiterhin im Stadtgebiet gibt. Meistens gehen die beiden Frauen einfach daran vorbei, manchmal bleiben sie stehen und reden über ihre Erinnerungen aus dem Krieg. Renate ist zu jung gewesen, an einen Aufenthalt im Bunker kann sie sich nicht erinnern, nur an die Nächte als Fünfjährige im Luftschutzkeller. Noch heute machen ihr massive Türen Angst. Marga ist in vielen Bunkern der Stadt gewesen. »Hier in diesem ein paar Mal«, sagt sie und zeigt auf den riesigen Betonklotz, der mit Graffiti besprüht und mit Moos bewachsen ist. »Da gab es einen Raum extra für Schwangere. Nun, und ich war da 1944 drin, weil ich meinen Rüdiger erwartete. Da kriegte der Bunker einen Volltreffer, und als ich rauskam, waren alle

Fahrräder und Kinderwagen, die davor abgestellt waren, kaputt. Das war viel Aufregung für die Mütter.«

Marga wird 1920 in der Hannoveraner Weinstraße geboren, einer vornehmen Gegend. »Damals wohnte dort die Hautevolee der Stadt«, sagt Marga. »Zu der wir allerdings nicht zählten. Mein Vater war ein unterer Beamter in der Verwaltung bei der Eisenbahn. Wir haben unterm Dach in einem Zimmer geschlafen, das dem Eigentümer vorher als Speisekammer gedient hatte. In Hannover war Wohnraum in den Zwanzigerjahren ziemlich knapp, und so wurde vermietet, was irgendwie abgegeben werden konnte. In unserem Schlafzimmer standen das Elternbett, mein Kinderbett und eine große Voliere, in der mein Vater Vögel hielt, mehr nicht. Der Vermieter lebte mit im Haus, eine Etage tiefer. Da hatten meine Eltern von ihm ein ehemaliges Umkleidezimmer zur Miete gestellt bekommen, das er nicht nutzte. Mein Vater hat es zu einer Wohnküche umgebaut. Wenn der Hauswirt auf die Etagen-Toilette wollte, musste er durch unsere Küche. Heute unvorstellbar.« Ihre Kindheit hat Marga in warmherziger und lebhafter Erinnerung. »Ich bin froh, dass ich das Leben in den Zwanzigerjahren mitbekommen habe. Es war wundervoll in meiner Gegend, vor allem im Sommer, wenn der Eiswagen kam und wir Kinder bis spät abends durch die Straße tobten. Es hätte alles so schön bleiben können. Die Geschichte, die Menschen wollten es anders. Nach dem Krieg war da nichts von unserer Stadtteilidylle wiederzuerkennen.«

1926 zieht Margas Familie um, in ein Neubauwohngebiet am Jahnplatz. »Die neue Wohnung war groß genug, sodass ich bald noch ein kleines Schwesterchen bekam, die Hildegard. Wir besaßen einen riesigen Balkon mit atemberaubendem Ausblick über die Stadt.«

Marga besucht im gleichen Jahr die Volksschule in der Alemannstraße, in ihrer Klasse werden 22 Mädchen unterrichtet. Sie wäre später gerne aufs Lyzeum gegangen, aber ihre Eltern können sich die Gebühren von 23 Reichsmark im Monat nicht leisten. So wird Marga 1930 für nur 15 Reichsmark monatlich auf eine staatliche Mittelschule geschickt. »Die Auswirkungen der Wirtschaftskrise waren überall zu spüren. Alle verloren Arbeit, mein Vater hatte großes Glück mit seinem Beamtenposten, auf einmal hatten wir mehr Geld als die anderen Familien um uns herum. Das Elend sah man auf den Straßen, und es breitete sich aus. Eines Tages kam meine damalige Freundin in die Schule und sagte, ihre Mutter habe sich den Hals durchgeschnitten. Mir ist das noch so präsent, weil ich mich damals gefragt habe, wie so etwas gehen soll und warum jemand das machen würde.«

Nicht wenige Menschen begehen Anfang der 1930er-Jahre aus wirtschaftlicher Not heraus Selbstmord. In Margas Klasse erklärt die Lehrerin die Umstände.

»Mein Vater hat sich auch Sorgen gemacht, das konnte ja nicht so weitergehen. Er brachte eines Tages eine Parteizeitung der NSDAP mit nach Hause, und ich kann mich erinnern, wie er beim Lesen von Hitler zu schwärmen anfing. Er klatschte auf das Papier und rief lachend so Dinge wie: ›Das ist es. Das braucht dieses Land. Ein Mann aus dem Volk, ein einfacher Frontsoldat wie ich auch einer war.‹ Ab da habe ich den Namen öfters gehört. Als Hitler 1933 an die Macht kam, da mochte ihn mein Vater allerdings schon nicht mehr leiden, weil sich ein paar Leute von der SA ihm gegenüber respektlos verhalten haben. Mehr erzählte er nicht. Ich glaube, er ist in eine Schlägerei geraten. Das hatte sich eingebrannt. Er wollte nicht mal mit uns kommen, als Hitler Hannover besuchte.«

Die NSDAP ist in Hannover schon lange beliebt. Bereits vor der Machtergreifung hat Hitler drei Reden in der Stadthalle gehalten. Kurz nachdem er die Macht im ganzen Land innehat, erhält er die Ehrenbürgerschaft von Hannover. Am 14. September

1933 lädt ihn der örtliche Stahlhelmbund zu seinem Reichsführertreffen ein, zu dem 30 000 Mitglieder geladen sind. Hitler lässt sich im offenen Wagen und mit erhobenem rechtem Arm zur Stadthalle chauffieren. Zigtausende Hannoveraner jubeln ihm zu. Marga ist dabei.

»Meine Mutter und ich wollten uns das auf keinen Fall entgehen lassen. Da kam der prominenteste Deutsche zu uns. Wir standen mit unseren Fähnchen in der Menge am Straßenrand und jubelten dem Führer zu. Das hatte was. So ein Gefühl der Masseneuphorie kann man kaum beschreiben. Und erst schien ja auch alles richtig. Mit Hitler zog der Wohlstand wieder ein, man hörte nichts mehr von Selbstmorden. Den Leuten in Hannover ging es sofort merklich besser. Es wurde richtig feierlich auf einmal.«

Marga ist 14 Jahre alt, als sie freiwillig in den BDM eintritt. »Wir nannten uns Kameradinnen, waren gute Freundinnen, die sich aufeinander verlassen konnten. In unserem BDM-Heim war ein Untergau untergebracht. Wir haben auch die Führerinnen geduzt. Die Älteren haben sich toll um uns gekümmert. Als ich mit sechzehn mit der Schule fertig war, wusste ich noch nicht, was für eine Lehre ich absolvieren wollte; eigentlich hatte ich vor, einfach mein erstes eigenes Geld zu verdienen. Unsere Untergauführerin Ilse hat sich ausgiebig Zeit für mich genommen, sich meine Zeugnisse angeschaut und mich gefragt, was ich mir beruflich vorstellen könnte. Ich war gut in Stenografie, das ich drei Jahre in der Schule gelernt hatte, und wir haben also gemeinsam nach entsprechenden Stellen gesucht. Sie hat mir mehrere zur Auswahl vermittelt.«

Nach reiflicher Überlegung entscheidet sich Marga für eine Stelle als Sekretärin beim Reichsnährstand (RNST). Das Landleben hat sie schon immer als besonders romantisch empfunden, wenn sie die Ferien bei ihren Großeltern verbracht hat. Dafür will sie sich einsetzen.

Mit 14 Jahren tritt Marga dem Bund Deutscher Mädel bei.

Nach dem Gesetz über den vorläufigen Aufbau des Reichsnährstandes vom 13. September 1933 werden sämtliche Arbeiter und Betriebe aus der Landwirtschaft, der Fischerei und des Gartenbaus gleichgeschaltet und die Landwirtschaftskammern zwangsvereinigt. Mitte der Dreißigerjahre zählt der von Reichsminister für Ernährung und Landwirtschaft Walther Darré geleitete RNST über 17 Millionen Mitglieder und kümmert sich um alle Belange der Organisation des agrarwirtschaftlichen Lebens.

»Mein Arbeitsplatz lag an der Leopoldstraße«, sagt Marga. »Ich hatte meinen eigenen Schreibtisch mit Schreibmaschine und kriegte 60 Reichsmark im Monat. Das war schon was. Vom ersten Geld habe ich mich neu eingekleidet. Ein teurer Strandanzug war darunter. Ich weiß noch, mein Vater hat sich schrecklich aufgeregt, weil er nicht verstehen konnte, warum man neben einem Badeanzug, den ich schon besaß, einen Strandanzug benötigt. Aber ich brauchte den eben, und ich verdiente nun selbst und schließlich zahlte ich ja ab da einen Teil der Miete, um weiter bei meinen Eltern wohnen zu können.«

Von der Reichspogromnacht in Hannover, während der die Synagoge niederbrennt und danach mehr als 180 Juden der Stadt verhaftet werden, bekommt Marga nichts mit. Aber auch sie spürt eine immer negativer werdende Veränderung des Klimas gegenüber Juden in Hannover. »Man merkte das so nebenbei. Meine Mutter kaufte zum Beispiel gerne Tischwäsche – Bielefelder Leinen. Zu uns kam immer eine jüdische Stoffhändlerin, die Frau Bär war richtig nett zu mir. Die hat jedes Mal Puppenflicken für mich mitgebracht. Nach 1938 kam sie plötzlich nicht mehr. Aber ich habe sie noch einmal drei Jahre später gesehen in der Stadtmitte, da trug sie schon einen gelben Stern auf dem Mantel. Ich lief auf sie zu und wollte sie freudig begrüßen. Ich habe mich fürchterlich erschrocken, weil sie sagte, ich solle lieber nicht mit ihr sprechen und besser schnell weitergehen, bevor ich Unannehmlichkeiten bekommen würde. Frau Bär tat mir leid. Dass die Nazis keine Juden mochten, war ja nun längst allen klar. Aber dass man jetzt nicht mehr mit ihnen reden sollte, verstand ich nicht und sah ich auch nicht ein. Aber bald sah man keine Juden mehr in der Stadt, sodass man eh mit niemandem mehr sprechen konnte. Sie waren alle ausgewandert, so hieß es. Wer wäre das nicht? Es ist wirklich bizarr, wenn man heute weiß, was damals um uns herum passiert ist. Ich dachte an ganz andere Dinge, um ehrlich zu sein. Kurz vor der Reichspogromnacht habe ich meine Stelle gewechselt, weil ich im zweiten Jahr nur 80 Mark kriegen sollte. Das war mir zu wenig, da verdiente eine Putzfrau mehr. In der Zeitung sah ich eine Anzeige von Sprengel, einer Schokoladenfabrik, wo man eine jüngere Sekretärin suchte. Ich habe mich beworben und mir alle Mühe gegeben. Ich habe Probe getippt, und der Fabrikant war so begeistert von mir, dass er mich gleich einstellte. Für 125 Mark im Monat. Ein Traum. Ich bekam auch gleich mein eigenes Büro neben dem meines Chefs.«

Marga ist glücklich, es tut sich viel um sie herum. Sie lernt bei einer Tanzstunde einen jungen Mann kennen, in den sie sich verliebt. Und Rolf mag Schokolade, was dazu führt, dass Marga immer öfter in der Produktion vorbeischaut. »Ein Pfund Creme-Pralinen kostete 70 Pfennig, ein Pfund Weinbrandbohnen 90 Pfennig«, erzählt sie. »Angestellte konnten vergünstigt kaufen. Ich habe viel mitgenommen. Mein Chef fand mich toll und stellte mir und einer anderen weiblichen Kollegin ein Zimmer im Haus neben der Fabrik zur Verfügung, das auch ihm gehörte. In dem Gebäude lebte noch ein Schweizer Fabrikant, der unsere Puderabteilung leitete. Wenn beide nicht da waren, besuchte mich Rolf.«

Den Tag des Kriegsausbruches erlebt Marga auf der Arbeit. Sie hört mit den anderen Angestellten Hitlers Ansprache im Radio und denkt währenddessen darüber nach, welche Pralinen sie später aus der Fabrik mitnehmen und Rolf schicken möchte, der zu der Zeit gerade seinen RAD ableistet. Kurz darauf wird er zur Luftwaffe eingezogen. »Mein Freund ist schon bei der Flieger-HJ gewesen und wollte unbedingt Pilot werden«, erzählt Marga. »Das war sein Traum. Wir konnten hin und wieder telefonieren, als er in Frankreich war, weil der Schweizer im Haus einen Apparat hatte.«

Bislang hat sich für Marga nicht viel geändert, sie interessiert sich für Mode, Männer und Schokolade, aber einfach nicht für den Krieg. Das ändert sich allmählich mit den immer häufiger auftretenden Fliegeralarmen, die unweigerlich dazu führen, dass auch Marga und ihre Familie nachts den Luftschutzkeller aufsuchen müssen. Das mag so gar nicht in ihre Welt passen, und an wirkliche Gefahr denkt sie zunächst nicht. Ihr fallen nur einige Kuriositäten auf. »Es saßen eigentlich alle ruhig im Keller. Nur meine Oma war etwas verstört, sie ist um 1940 zu uns gezogen, denn sie hatte durch eine Krankheit ihr Augenlicht verloren. Sie hat das mit den Bombenangriffen gar nicht mehr so begriffen, fragte mich immer, was das für Kinder seien, die die ganze Nacht über schreien würden. Sie hörte das Heulen der Bomben in der Ferne.«

Am 26. Juli 1943 wird Marga, die um die Mittagszeit in ihrem dunkelblauen Frottee-Badeanzug auf der Liege ihres Balkons eingedöst ist, unsanft geweckt. »Der Knall war ohrenbetäubend laut. Ich schaute vom Balkon und sah einen einzigen Flieger am Himmel und dahinter eine Menge Rauch über dem Engelbosteler Damm aufsteigen. Ich hatte keinen Alarm gehört, noch sonst was mitbekommen, und ich verstand nicht, warum am Tag angegriffen wurde. Das war nicht normal bis dahin.«

An diesem Sommertag fliegen zwischen 11.48 und 13.10 Uhr 92 Flugzeuge der 8. US-Luftflotte Angriffe auf Hannoveraner Industriebetriebe. Hauptziel sind Werke der Continental-Reifenfabrik. Der starke Wind lässt die dafür vorgesehenen Brandbomben aber abtreiben. sodass Dutzende Wohn- und Geschäftshäuser der Altstadt in Flammen aufgehen. Die Piloten der USAAF sind dabei alles andere als ungestört. Hinter Kondensstreifen verstecken sich wendige einmotorige Messerschmitt-Jagdflugzeuge, nehmen die amerikanischen Bomber ins Visier und schießen sechzehn von ihnen ab. Einige US-Piloten geraten in Panik, drehen ab und schmeißen ihre explosive Notlast unkoordiniert über Wohngebieten ab. 273 Hannoveraner Zivilisten sterben bei diesem Tagesangriff, 4000 Menschen werden obdachlos.

»Am nächsten Tag musste ich auf der Arbeit erfahren, dass eine nette Kollegin bei dem Bombenangriff umgekommen ist. Sie ist in einer Metzgerei einkaufen gewesen, die einen Zufallstreffer abkriegte. Man kann sagen, die Reihen lichteten sich ab da auch bei Sprengel. Mir wurde mulmig und klar, dass das alles gefährlich war, was um mich herum passierte. Es hätte ebenso gut mich erwischen können, auf Alarme war also kein Verlass. In der Stadt ist viel Schaden angerichtet worden. Am Tag. Und das war im Vergleich nur ein klitzekleiner Vorgeschmack.«

Den schwersten Bombenangriff muss Hannover in der Nacht vom 8. auf den 9. Oktober 1943 einstecken. Zwischen 22.30 und 23.15 Uhr steigen in Ostengland 504 Flugzeuge in den Nachthimmel auf. Um 0.15 Uhr hören die Hannoveraner über den Drahtfunk die erste Warnung der städtischen Flugwache, die in der Kuppel des neuen Rathauses sitzt: *Einflüge von Nord- und Mittelholland Kurs Ost*. Um 0.34 Uhr geben die Sirenen der Stadt Vollalarm, die Menschen nehmen ihre gepackten Koffer und laufen entweder zum nächsten Bunker oder suchen sich einen Platz im Luftschutzkeller. Zwischen 1.05 und 1.45 Uhr werfen britische Flugzeuge 3000 Sprengbomben, 28 000 Phosphorbomben und 230 000 Stabbrandbomben ab. 1245 Menschen sterben durch diesen Angriff, 250 000 werden obdachlos. Marga verbringt die Nacht im Keller ihres Hauses. »Der absolute Horror, alles hat gewackelt, keiner war mehr ruhig. Jeder dachte jetzt an das Ende. Wie schnell sich alles ändern kann. Die Einschläge kamen verdammt nah an unsere Straße. Am frühen Morgen brannte die ganze Stadtmitte.« Margas Haus bleibt unversehrt, aber sie macht sich Sorgen um ihre zukünftige Schwiegermutter, die im Zentrum der Brände lebt. Sie fährt mit dem Fahrrad zu ihrer Adresse und muss entsetzt feststellen, dass kein einziges Gebäude in der Straße mehr steht. »Überall in den Trümmern lagen Tote herum, die noch nicht aufgebahrt waren. Es sah verrückt aus, nicht real. Das Haus meiner künftigen Schwiegermutter war ausgebrannt. Da brauchte ich gar nicht mehr zu schauen. Ich hoffte, dass sie es in

Hochzeit von Margarete und Rolf

einen Bunker geschafft hatte, und klapperte alle in der Gegend ab. Völlig aufgelöst fand ich sie in einem Hochbunker. Sie wusste schon, dass sie kein Zuhause mehr hatte. Ich nahm sie zunächst mit zu meinen Eltern. Auch mein Mann hat alles verloren in dieser Nacht. Am meisten ärgerte er sich, dass der teure Hochzeitsanzug, den er sich in Paris hatte anfertigen lassen und der bei seiner Mutter lagerte, mit in den Flammen aufgegangen war.«

Rolf besorgt sich einen neuen Anzug und heiratet seine Marga inmitten der Kriegswirren in Hannover. Nach dem Heimaturlaub wird er der III. Gruppe des Schlachtgeschwaders 151 zugeteilt und nach Pardubitz (*Pardubice*) in die Tschechei versetzt, wo seine Einheit auf ein neues Flugzeugmodell umschulen soll.

»Als ich erfahren habe, dass ich schwanger bin, habe ich Rolf sofort geschrieben«, sagt Marga. »Die Angriffe wurden schlimmer, in den Luftschutzkeller traute ich mich nicht mehr. Aber auch der Hochbunker erschien mir nicht sicher genug für das Kind. Mein

Mann sah das genauso und sorgte dafür, dass ich zu ihm in die Tschechei reisen konnte. Ich packte die Koffer und fuhr mit dem Zug nach Pardubitz, wohnte dort mehrere Monate in einem Hotel und verbrachte so viel Zeit mit Rolf, wie es sein Dienst zuließ. Wir freuten uns so auf das gemeinsame Baby.« Als Marga im sechsten Monat ist, bringt sie ihr Mann zurück nach Hannover, denn das Kind soll in Deutschland zur Welt kommen. »Aber nicht im Bombenhagel. Rolf bemühte sich, über die NSV ein Landquartier für mich zu bekommen, brachte mich schließlich nach Großenrode bei Northeim, wo ich ein kleines Zimmer bei einem Bauern mieten konnte. Einige Schwangere aus der Stadt kamen ebenfalls in dem Dorf unter, um ihre Kinder zur Welt zu bringen. Ich verabschiedete mich schweren Herzens von Rolf und wusste, dass ich nun eine große Aufgabe allein bewältigen musste. Da kam ich ins Grübeln.«

Je weiter der Geburtstermin nach vorne rückt, desto schlechter ist Margas Gefühl dabei. Sie empfindet auch die neue Umgebung als nicht sicher. Zwar helfen Hebammen bei der Geburt, aber einen Arzt gibt es weder im Dorf noch in der näheren Umgebung. »Ich hatte Angst vor Komplikationen, fühlte mich einsam«, sagt Marga. »Ich schrieb meinem Mann, und er erwirkte wieder über die NSV, dass ich an einen Ort kam, wo ich mich sicherer fühlte. Ich bin einer Intuition gefolgt.«

Marga erhält eine Unterkunft in dem Kurort Bockswiese im Harz, wo das NS-Hilfswerk *Mutter und Kind* mehrere Hotels zu Entbindungsstationen und Erholungsheimen hatte umbauen lassen, speziell zur Geburtshilfe für Frauen aus von Bomben bedrohten Regionen. Während des Krieges erblicken hier 3600 Kinder das Licht, vielleicht den Schatten, der Welt.

»Sechs Wochen vor der Geburt war ich dort, kam mit drei anderen Müttern in einem Schlafsaal unter. Es war wirklich friedvoll in Bockswiese, wir Frauen gingen oft spazieren und tauschten uns aus. Ich sprach auch mit dem Arzt meiner Entbindungsstation und erhielt das Vertrauen, das ich brauchte. Mein Gefühl hatte mich nicht getäuscht, denn die Geburt am 30. September 1944 war fürchterlich und qualvoll. Mein Sohn lag wohl verkehrt herum im Mutterleib, und der Arzt hatte große Schwierigkeiten, ihn in die richtige Lage zu versetzen. Es dauerte viele Stunden, bis mein kleiner Rüdiger kam. Dabei war ich aber schon ohnmächtig, weil ich viel zu viel Blut verloren hatte, eine solche Menge, dass man es mir direkt über den Darm wieder einführte. Der Arzt sagte mir hinterher, dass ich knapp überlebt hätte und wir es ohne ärztliche Hilfe mit Sicherheit nicht geschafft hätten.«

Es braucht eine Weile, bis Marga sich erholt. Sie kann noch sechs Wochen im Mutter-Kind-Heim in Bockswiese bleiben. Margas Mutter holt Tochter und Enkel am 9. November 1944 ab. Auf der Fahrt zurück zum Bauern in Northeim, wo Marga weiter bleiben will, wird der Zug von Tieffliegern beschossen. »Wir sprangen alle aus den Waggons heraus, die Flieger zielten auf die fliehenden Menschen. Meine Mutter trug Rüdiger auf einem weißen Kissen. Ich weiß noch, wie ich mich darüber ärgerte. Eine perfekte Zielscheibe gab das ab, aber er wurde verschont. Kriegsglück.«

In Northeim verbringt Marga ihre freie Zeit damit, ein Fotoalbum für ihren Mann zu basteln. Beide hoffen, dass er an Weihnachten Urlaub bekommt, um seinen Sohn das erste Mal sehen zu können. »Ich wollte ihn schon vorher überraschen, er freute sich ja so auf Rüdiger, war so aufgeregt und glücklich. Das Album wurde ein echtes Kunstwerk. Ich klebte Bilder ein, malte und dichtete. Es beschrieb die ganze Geschichte unseres Kennenlernens. Am Ende klebte ich die ersten Fotos von Rüdiger und mir ein. Erst nach einer Woche war ich fertig. Voller Aufregung packte ich das Fotoalbum ein und brachte es zur Poststelle. Rolf würde sich so freuen.«

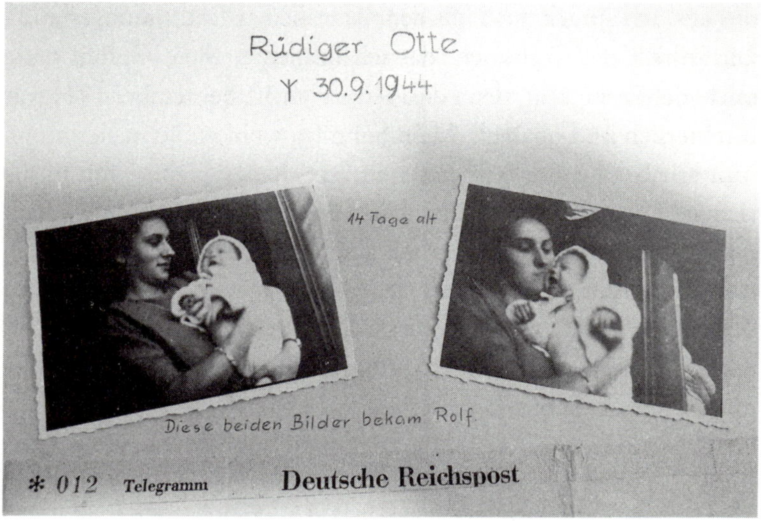

Margarete mit ihrem Sohn Rüdiger (1944)

Am nächsten Tag klopft es an Margas Tür, die gerade ihren Sohn wickelt. »Es war der Bürgermeister des Ortes, daneben eine Frau, die ich nicht kannte. Ihr liefen Tränen über die Wangen herunter. Da war also etwas passiert.«

»Ich habe keine guten Nachrichten für Sie«, sagt der Bürgermeister. Margas Magen zieht sich zusammen. Sie denkt sofort an ihre Eltern, weil sie in der Nacht wieder Flieger aus Richtung Hannover gehört hat. »Was ist mit meinen Eltern?«, fragt sie.

»Ihren Eltern geht es gut«, antwortet der Bürgermeister und überreicht ihr ein gelbes Telegramm, auf dem mit Bleistift nichts weiter als Rolfs Name geschrieben steht und die Bitte eines Offiziers, die Ehefrau über seinen Tod in Kenntnis zu setzen.

»Ich war geschockt«, sagt Marga. »Für ein paar Minuten wie gelähmt. Aber ich konnte nicht weinen. Ich gab dem Bürgermeister die Adressen meiner Schwiegereltern und Eltern und bat ihn, diese auch zu benachrichtigen. Dann nahm ich Rüdiger hoch, lief zur Poststelle und fragte nach meinem Paket. Es war noch nicht abgeschickt worden. Ich erhielt es zurück, rannte damit in mein Zimmer, schaute es von vorne bis hinten durch, immer wieder, und weinte dabei, wie ich noch nie zuvor geweint hatte. Rüdiger war gerade erst auf der Welt. Das hatte ich so nicht vorgesehen. Das war schrecklich. Ich hatte meinen geliebten Rolf verloren, und das kleine Baby, das auf meinem Bett winselte, würde nie seinen Vater kennenlernen.« Ein Vorgesetzter von Margas Mann meldet sich am kommenden Tag telefonisch beim Bürgermeister von Großenrode und lässt sie zu einer Trauerfeier nach Pardubitz einladen. »Ich ließ meine Mutter und mich anmelden, und wir fuhren zu zweit los. Rüdiger konnte ich bei einer jungen Frau lassen, die ebenfalls mit ihrem Kind in Großenrode war. Ich hatte schon nach der Todesnachricht keine Milch mehr produziert, und mein Baby bekam die Flasche. Wir konnten also fahren. Leider sind wir dummerweise in der Nacht vor der Trauerfeier versehentlich zu früh ausgestiegen, in Königgrätz (*Hradec Králové)*, sodass wir die Delegation, die uns in Pardubitz abholen sollte, verpasst haben. Da kein Zug mehr fuhr, konnten wir erst am nächsten Morgen weiterfahren und kamen zu spät zur Bestattungsfeier. Man rechnete wohl gar nicht mehr damit, dass wir noch auftauchen würden. Zwei Särge wurden gerade in einen Leichenwagen geschoben. Ein Pilot kondolierte mir und erklärte, dass Rolf in einem der Särge liege und im zweiten ein anderer Kamerad, der einen Tag später abgestürzt ist. Ich fragte den Fahrer, wo man meinen Mann beisetzen würde. Er nannte mir den Namen des in der Nähe gelegenen Friedhofs, zu dem meine Mutter und ich dann einfach liefen. Ich wollte schließlich meinen Ehemann sehen. Der junge tschechische Bestatter, der in der Leichenhalle arbeitete, verstand kein Wort Deutsch. Er zeigte uns einen Zettel, auf dem zwei Namen standen. Ich wies auf den meines Mannes und bedeutete, dass ich ihn sofort sehen wollte. Der Leichenbestatter gab mir durch Gesten zu verstehen, dass das nicht ginge, weil Rolf keinen Kopf mehr habe. Wir könnten warten, bis er beigesetzt sei, und seine Grabstätte besuchen. Mir kam das alles merkwürdig vor. Ich hatte das Gefühl, dass mein Mann gar nicht dort war. Ich sagte Mutter, dass wir abreisen sollten, und das taten wir dann auch. Von Hannover aus rief ich noch mal bei dem Fliegerhorst an und ließ mich mit Rolfs Vorgesetzten verbinden. Ich machte ihm klar, dass ich den Sarg gerne in die Heimat transportieren lassen würde. Er lehnte das ab. Mittlerweile würde nämlich bei jedem Start ein Flieger abstürzen, es könne sich um Sabotageakte der Tschechen handeln, mehr dürfe er mir nicht sagen, und das sei schon zu viel. Aber das wollte ich sowieso alles gar nicht wissen, also verlangte ich wenigstens seine Urne. Mein Gesprächspartner versprach, sich darum zu kümmern. Ein paar Tage später kam dann tatsächlich ein Paket mit einer Urne in Großenrode an. Ich erschrak fürchterlich, als ich bemerkte, dass auf dem Schild an dem Gefäß ein anderer Name stand. Man hatte sie wohl vertauscht. Ich packte sie wieder ein und schickte das Paket zurück. Ich wollte abschließen, habe danach nie mehr etwas gehört vom Fliegerhorst Pardubitz und habe mich damit abgefunden, nicht zu wissen, wie Rolf gestorben ist. Ich will es auch gar nicht mehr erfahren.«

Als Margas Tante Lene von Rolfs Tod erfährt, bietet sie ihrer Nichte an, mit Rüdiger zu ihr und ihren zwei Kindern nach Salzgitter zu ziehen. Marga nimmt das Angebot an in der Hoffnung, Salzgitter würde nicht so heftig bombardiert werden wie Hannover. Doch das stellt sich als Fehleinschätzung heraus. »Am Tag überflogen amerikanische Flugzeuge das Braunschweiger Land und warfen Bomben auch massenweise über Salzgitter ab. Ich wusste schon, dass die Flieger kamen, wenn das magische Auge am Radio ausging. Das war mein persönlicher Voralarm, ich habe dann meine Tante geweckt, und danach sind wir zum Bunker – ein ehemaliger Eiskeller – gelaufen. Als wir nach einem Nachtangriff wieder rauskamen, standen plötzlich amerikanische Soldaten vor uns. Das war am 10. April 1945. Sie waren freundlich und verteilten Schokolade an die aufgeregten Kinder. Wir konnten in unser Haus zurück, wo ein paarmal Soldaten zur Kontrolle kamen, weil sich in der Gegend noch eine deutsche Batterie verschanzt hatte, die Widerstand leistete. Sie versuchten, auch die vielen freigelassenen polnischen und russischen Zwangsarbeiter im Zaum zu halten, die anfingen, die Geschäfte zu plündern.«

Bei einem letzten großen Bombenangriff auf Hannover wird auch Margas Elternhaus ausgebombt, ihre Eltern überleben. »Ich besuchte sie nach Kriegsende, sie konnten bei Bekannten unterkommen. Mich traf der Schlag, als ich Hannover sah. Da lag aber auch alles in Trümmern. Eine Apokalypse.«

Insgesamt fliegen RAF und USAAF 125 Angriffe auf Hannover. Durch den Abwurf von 1 783 612 Brand- und 30 333 Sprengbomben sterben 6782 Zivilisten. 80 Prozent des Stadtzentrums und über die Hälfte aller Gebäude im gesamten Stadtgebiet werden komplett zerstört und ergeben bei Kriegsende 7,5 Millionen Kubikmeter Schutt, der erst 1954 vollständig beiseitegeräumt sein wird. Ein Desaster, das auch die Besatzer nicht kalt lässt. Der britische Militärberichterstatter Leonard Mosley schildert seine Eindrücke in seinem *Bericht aus Deutschland*:

> *(...) der Anblick war furchtbar (...) – nicht ein einziges unbeschädigtes Dach war zu erkennen. Hannover sah eher wie eine Verwundung im Erdboden aus als wie eine Stadt. [...] Ganze Straßen waren verschwunden, zusammen mit ihnen Plätze, Gärten und Bäche; alles war verschüttet und bedeckt mit wüsten Haufen von Ziegeln, Steinen und Mörtel [...]*[78]

Bei Kriegsende ist Hannovers Zentrum zu 90 % zerstört.

Dennoch zieht Marga bald nach Hannover zurück, in eine halbzerschossene Wohnung im Stadtteil Vahrenwald. Ein Bruder ihrer Mutter ist Maurer und hilft, sie wiederherzurichten. 1948 nimmt Marga eine Stelle als Sekretärin beim Reifenhersteller Continental an, 1950 heiratet sie ein weiteres Mal, aber schon 1975 stirbt auch ihr zweiter Mann. Marga ist jetzt seit 45 Jahren

Single, und das will sie bleiben. Sie ist glücklich, hat drei Kinder, neun Enkelkinder, vier Urenkelkinder und eine liebe Cousine, mit der sie manchmal über den Krieg spricht, wenn sie am »Schwangerenbunker« vorbeikommen.

MARIANNE IN DEN TRÜMMERN VON DRESDEN

An Mariannes Kaffeetisch sitzen Christine, die 1945 geboren ist, und ihr Ehemann Klaus, der 1940 zur Welt kam. Beide sind im Dresdner Umland aufgewachsen und interessieren sich für die Historie ihrer Stadt, vor allem, was mit ihr im Februar 1945 geschehen ist. Ihre eigenen Kindheitserinnerungen teilen sie gerne mit anderen, so wie heute bei einem selbst gemachten Erdbeerkuchen in Mariannes Wohnung in der Dresdner Neustadt, wo die 89-jährige 1931 auch geboren wird. »Mein Mädchenname ist Pellicci – das ist italienisch und kann mit Pelzmantel übersetzt werden. Mein Vater war also Italiener, weil Großvater mit achtzehn Jahren gemeinsam mit einem Freund Anfang des 20. Jahrhunderts nach Deutschland eingewandert ist. Er war von Beruf Stuckateur und hat eine kleine Firma in Dresden aufgemacht. Den rechten Arm des Rathausmannes hat er modelliert, darauf war er immer sehr stolz. Er hatte viele Aufträge, heiratete eine deutsche Frau, die nach den Gesetzen dadurch Italienerin wurde, und dachte gar nicht daran, je wieder in sein Heimatland zurückzuziehen. Auch mein Vater hat eine Deutsche geheiratet, die somit ebenfalls die italienische Staatsbürgerschaft bekommen

Marianne in Schuluniform

musste, so wie wir Kinder auch. Jeder in unserer großen Familie besaß einen italienischen Pass, obwohl alle in Deutschland geboren sind und wir natürlich nur deutsch sprachen. Doch eine Auswahl oder die Möglichkeit, die Staatsangehörigkeit zu wechseln, gab es nicht. Ich wuchs als Ausländerin im Dritten Reich auf. Und deswegen war einiges für mich und meine beiden ein und zwei Jahre älteren *italienischen* Brüder Werner und Wolfgang von Grund auf anders. Wir konnten immer gut vergleichen, denn meine drei Halbbrüder und meine Halbschwester lebten auch bei uns in der Wohnung und blieben Deutsche, die hatte meine Mutter aus erster Ehe mitgebracht. Wir wohnten teilweise zu neunt in einer Dreizimmerwohnung.«

Neben dem Besuch der regulären deutschen Volksschule müssen die Pellicci-Geschwister mit etwa zweihundert weiteren italienischen Kindern, die in den Dreißigerjahren in Dresden und Umgebung wohnen, eine Schule ihrer Nation besuchen, die auf Räumlichkeiten des alten Continental Hotels am Hauptbahnhof und im italienischen Konsulat am Münchner Platz eingerichtet worden sind. Ab 1939, nachdem Hitler und Mussolini ein Militärbündnis geschlossen haben, wird in Dresden ein sogenanntes *Casa del Fascio* (Faschistenhaus) gegründet, von wo aus die *Fascio di Dresda* die Lehrpläne der Auslandsitaliener plant. Der Unterricht findet zwei- bis dreimal pro Woche am Nachmittag statt und soll den Kindern neben italienischer Sprache und Kultur auch die Propaganda Mussolinis eintrichtern.

»Wir trugen alle eine Uniform«, sagt Marianne. »Mein Opa begrüßte es sehr, dass wir das machten, und er sprach oft mit uns in seiner Muttersprache, auch meine Onkels, die aus Italien kamen, konnte ich jetzt verstehen. Die italienische Schule war natürlich schwieriger, weil wir ja im Grunde eine Fremdsprache lernen mussten. Und außerdem, welches Kind geht schon gerne zweimal am Tag zur Schule? Aber ich lernte die Sprache ganz gut und freute mich immer besonders auf den Sommer. Da wurde unsere Lehranstalt für sechs Wochen in die Ferien in die andere Heimat geschickt.«

Unter Mussolini werden ab 1937 die sogenannten *Colonies* für in anderen Ländern Europas lebende italienische Kinder eingeführt. Tausende Jugendliche kommen in verschiedenen Badeorten zusammen. Die Sommerschulen bieten eine Mischung aus Schule und Erholung, und zumindest für die Jungen auch aus militärischer Erziehung.

Mariannes ältere Brüder, die wie ihre Schwester die italienische Schule besuchen.

»Meine Brüder und ich waren entweder in Rimini oder in Cattolica. Das war aufregend. Schon alleine die lange Reise. Mit einem kleinen Köfferchen sind wir mit dem Zug losgefahren, in dem an vielen Bahnhöfen Kinder zustiegen. Im Camp kriegten wir Sommerkleidung und richtig, richtig leckeres Essen. Der Unterricht war in etwa so wie zu Hause, aber die meiste Zeit wurde gespielt und gesungen, an weißen Sandstränden und in den Wäldern. Ich empfand das als Luxus, denn meine Familie war arm. Vati arbeitete als Wagenmeister auf dem Schlachthof und später bei der Reichsbahn.«

Das Bündnis zwischen Deutschland und Italien hilft Marianne zu Hause allerdings nicht. »Die Lehrer haben mich nur *Die Ausländerin* genannt, und ich habe absichtlich am häufigsten Prügel mit dem Rohrstock bekommen, obwohl ich brav war. Genauso erging es meinen Brüdern. Die Klassen machten Unsinn, und später mussten die *Itaker*, wie uns alle schimpften, dafür herhalten. Das führte dazu, dass wir außer zur Schule unseren Bezirk nie verlassen haben und nur mit den Kindern der Nachbarschaft gespielt haben. Da waren wir normal anerkannt und wurden nicht gehänselt. Und den Nachnamen konnte man gut verschweigen, wenn mal Fremde dazukamen.«

Mit Kriegsbeginn werden Mariannes deutsche Halbbrüder in die Wehrmacht eingezogen. »1941 ist Heinz auf der Krim gefallen, er war gerade achtzehn. Meine Mutter hat schrecklich geweint. Ich habe nicht verstanden, dass er tot ist, habe wirklich geglaubt, er sei gestürzt. Aber er kam nicht wieder. Mutter hatte gerade ausgetrauert, da kam nach einem halben Jahr die nächste Horrornachricht. Mein Bruder Gerhard war ebenfalls gefallen. Ich reimte mir nun zusammen, was es bedeutete, und weinte jetzt mit. Wieder ein paar Wochen später fiel mein letzter deutscher Bruder Herbert. In nicht mal einem Jahr hatte meine Mutter ihre drei Söhne aus erster Ehe und wir unsere lieben Geschwister verloren, die nur ein paar Jahre älter waren. Da war ich froh, dass wenigstens die letzten beiden Brüder Italiener waren und nicht in den Krieg mussten. Nur meine Halbschwester Johanne ging zum BDM, ansonsten hatten wir mit der Nazi-Politik nichts zu tun. Mein Vater war nicht politisch interessiert, er musste oder durfte als Ausländer auch nicht in eine Parteiorganisation eintreten. Über den Krieg haben wir nicht geredet, bis er zu uns kam.«

174 Mal suchen die Dresdner umsonst die Luftschutzkeller auf, immer stellt sich ein möglicher Angriff als Fehlalarm heraus. Es scheint, die Alliierten haben kein Interesse, das ansehnliche Elbflorenz mit seinen unverwechselbaren Kulturdenkmalen zu zerstören. Nur kleinere Offensiven auf Industrieanlagen werden am 24. August 1944, am 7. Oktober 1944 und am 16. Januar 1945 geflogen. Im Februar befinden sich bis zu einer halben Million Flüchtlinge aus dem Osten in der Stadt, die sie für sicher erachten. Denn niemand rechnet jetzt mehr mit Flächenbombardements der Briten, alle konzentrieren sich darauf, nicht in die Hände der Sowjetarmee zu fallen. Auch am Abend des 13. Februar 1945, an dem um 21.45 Uhr die Sirenen vor einem Luftangriff warnen, denken die meisten Dresdner an einen erneuten Fehlalarm. Sie ahnen nicht im Geringsten, dass ihre Stadt drei Tage später zu den am heftigsten getroffenen Orten des gesamten Bombenkrieges gezählt werden wird.

»Wir saßen übermüdet im Keller, hatten wie immer Brot und Wasser dabei und freuten uns darauf, gleich wieder hoch ins Bett zu dürfen. Aber dann krachte und donnerte es so fürchterlich, dass der Putz von den Wänden fiel und die Decke bebte. Jeder von uns da unten schrie seine Angst heraus. Die vielen Kinder liefen wie verrückt geworden immer im Kreis und hielten sich die Ohren zu, die Eltern konnten sie gar nicht mehr einfangen. Es herrschte die nackte Panik. Auch ich schrie wie verrückt. Ich war bei jeder Explosion sicher, dass die Decke einstürzen und uns alle erschlagen würde. Wir haben gedacht, dass wir nicht mehr rauskommen, klammerten uns eng aneinander und verabschiedeten uns voneinander. Wir wollten zusammen sterben; das war das Einzige, was wir noch dachten.«

In einer ersten Angriffswelle werfen 244 Lancaster-Bomber zwischen 22.13 und 22.28 Uhr 529 Luftminen und 1800 Spreng- und Brandbomben über Dresden ab. Dreiviertel aller Häuser in der Altstadt gehen dabei in Flammen auf. Während der zweiten Offensive zwischen 1.23 und 1.54 Uhr schmeißen 529 Lancaster-Bomber 458 Minenbomben, 977 Sprengbomben und 650 000 Stabbrandbomben auf die Stadt. Wie in Hamburg entsteht auch in Dresden der gefürchtete Feuersturm, der durch die Straßen fegt, alles ansaugt, was er fassen kann, und selbst Glas und Metall zum Schmelzen bringt. Die Menschen draußen sterben sofort durch Hitzeschlag oder ersticken qualvoll in ihren Kellern. Der Horror ist nicht zu Ende. Von 2.17 bis 12.31 Uhr werfen jetzt US-Bomber in einer dritten Welle 1800 Spreng- und Minenbomben sowie 136 800 Stabbrandbomben auf Dresden. Am 15. Februar zwischen 11.51 und 12.01 Uhr folgen noch einmal 3700 Sprengbomben ebenfalls durch Abwürfe amerikanischer Flugzeuge.

»Wir sind in den drei Tagen nicht aus dem Keller herausgekommen, lagen zusammengekauert auf der Erde und warteten auf das erlösende Ende. Als die Angriffe aufgehört hatten, waren wir noch am Leben, es war wie ein Wunder, aber ich schaute draußen in die Hölle. Die ganze Innenstadt brannte, da war nichts mehr übrig. Mit jedem Windstoß zogen schwarze Rauchböen zu uns hoch, die Stadt war verseucht. Es dauerte nicht lange, da hatte mein Vater sich einen Überblick verschafft und teilte uns mit, dass nahezu alle meine Verwandten umgekommen sind. Insgesamt 21 Familienmitglieder in drei Tagen. Meine Omas und Opas, alle Tanten und Onkels, Cousins und Cousinen. Wir hatten gar keine richtige Zeit zu weinen. Doch es fühlte sich später so unglaublich traurig an, bis heute. Fast eine ganze Familie ausgelöscht. Die deutschen Italiener, die Pelliccis.« Mariannes

Augen füllen sich mit Tränen, zitternd stellt sie die Kaffeetasse zurück auf den Tisch. Einen Augenblick ringt sie nach Fassung, dann erzählt sie weiter: »Nun ja, die Neustadt, wo wir wohnten, hat es nicht so schlimm getroffen, bei uns standen die meisten Häuser noch. Diejenigen, die eingestürzt waren, da sagte man, das seien Zufallstreffer gewesen, weil die Abwürfe nicht kontrolliert werden konnten. Dafür waren es aber wirklich viele zufällige Treffer. In unserer Dreizimmerwohnung schliefen wir in den ersten Nächten danach mit fast dreißig Personen, die alle ausgebombt waren. In den anderen Wohnungen sah es genauso aus. Wir älteren Kinder hielten das nicht aus und liefen trotz Verbot immer wieder raus, wo es gefährlich blieb, denn manche Häuser brannten noch tagelang nach den Angriffen. Einmal gab es richtig Aufregung. Irgendein Nachbarsjunge rief, an der Moritzburger Straße würden Menschen verbrannt. Alle Kinder liefen ihm neugierig hinterher. Ich wünschte, ich hätte es nicht getan, habe ich aber gemacht. Und die schrecklichen Bilder sehe ich bis heute. Wir kamen zu einem Platz, an dem Dutzende von Menschen aufgestapelt worden waren zu mehreren Haufen, die dann angezündet wurden. Wir sahen, wie Frauen, Kinder und alte Leute von den Flammen verschluckt wurden. Es stank fürchterlich, das kann man nicht beschreiben, so einen abartigen Geruch. Ein älterer Junge hat uns erklärt, dass die das machen würden, damit sich bei den Toten keiner mit Krankheiten ansteckt; deshalb müsse das schnell erledigt werden. Ich kam mir vor wie in einem Gruselfilm, obwohl ich noch nicht mal einen gesehen hatte, ich war ja noch zu jung dafür. Bis heute konnte mich kein Gruselfilm schlimmer erschrecken.«

Während Marianne nach Hause läuft, zählt sie entlang der Straßenbahnlinie 13 Tote, die noch nicht eingesammelt worden sind. Manche sehen aus wie Puppen, andere wie Mumien. Marianne hält einen Moment inne. »Wenn ich heute einkaufen fahre und in der Straßenbahn sitze, kommen die Bilder hoch, und ich kriege Angst; das war immer so. Ich bekomme Atemnot. Und ich kann diese Corona-Maske einfach nicht tragen, weil mir der Geruch verbrannter Menschen dann wieder in die Nase steigt. Ich will gar nicht mehr fahren jetzt. Ich bin hart im Nehmen, immer für andere Leute da, aber ich bin in gewissen Situationen sensibel. Wenn ich im Fernsehen, egal ob in den Nachrichten oder in einem Film, zerstörte oder brennende Häuser sehe, fange ich an zu weinen, obwohl ich nicht will. Das war seitdem immer so.«

Christiane nimmt Marianne in den Arm, aber die wehrt ab, will weitererzählen, sie ist jetzt voll drin in dem brisanten Thema. »Und diese Tiefflieger, die nach den Bombardements kamen, warum haben die das gemacht?« Mariannes Stimme wird lauter. Ihr Gesicht ist gerötet. »Als sie anflogen, drängten die Leute schreiend in die Häusereingänge oder versteckten sich unter Trümmern. Diejenigen, die es nicht schnell genug schafften, fielen um. Ich habe sie doch da selbst mausetot liegen sehen. Und heute verstehe ich nicht, warum es Journalisten gibt, die behaupten, diese Tieffliegerangriffe hätte es bei uns in Dresden nicht gegeben. Wie kann das sein? Haben wir uns das alles eingebildet?«

»Die hat es gegeben, Marianne«, sagt Klaus beruhigend. »Ich habe die als Fünfjähriger selbst bei uns in Weixdorf gesehen, klar und deutlich, das sind so prägende Ereignisse als Kind, da vergisst man keinen Moment. Unsere Straße lag wie eine Schneise zum Bahnhof hin, den sie beschossen. Die Flugzeuge flogen knapp über die Dächer weg, ich habe die Maschinengewehre und das Aufklatschen der Geschosse auf der Straße gehört. Das hörte sich an, wie wenn mit riesiger Geschwindigkeit Steine an die Mauer geschlagen werden, wie in einem Steinbruch. Die Türen zu den Höfen haben alle Eltern immer offen gelassen, damit wir Kinder dort hinlaufen konnten, wenn wir die Flugzeuge hörten oder eine der Nachbarinnen schrie und uns warnte. Vielleicht haben die

Im Februar 1945 vernichtet ein Feuersturm große Teile Dresdens. Vermutlich befanden sich zu diesem Zeitpunkt Hunderttausende Flüchtlinge aus dem Osten in der Stadt.

Piloten noch deutsche Soldaten in der Luftkriegsschule vermutet, die in der Nähe lag, oder irgendwelche Munitionslager ins Visier genommen. Aber dann haben sie zu früh geschossen. Ich habe vor Angst gezittert und ich erinnere mich ganz deutlich daran, dass wir uns alle die Einschusslöcher im Mauerwerk der Häuser im Dorf angeschaut haben. Die wurden erst Jahre später ausgebessert. Ich lass mir von keinem erzählen, der nicht dabei war, was wir gesehen haben sollen und was nicht.«

Klaus lebt 1945 mit seinen Eltern zwölf Kilometer von Dresden entfernt und kann die großen Bombenangriffe aus der Ferne beobachten. »Ich habe das natürlich kaum begriffen, saß wie gebannt vor dem Fenster, es flimmerte und blitzte und krachte. Es war wie ein großes Feuerwerk. Aber erzähl du mal weiter Marianne, deine Geschichte ist heute dran.«

»Ja, stimmt«, sagt Marianne. »Es war ja nicht zu Ende. Die Russen kamen noch. Pünktlich zum 8. Mai marschierten sie durch Dresden. Erst haben sie aber noch unseren armen Bürgermeister erschossen, der ihnen mit einer weißen Fahne entgegenkommen war. Das hat schnell bei allen Dresdnern die Runde gemacht, und wir verstanden das als deutliche Lektion. Die Russen fuhren mit ihren Jeeps bei uns in der Neustadt alles ab. Die Offiziere ritten auf großen Pferden vorbei. Alle haben aufgepasst, wenn die kamen, und haben die Nachbarschaft gewarnt. Es hatte sich blitzschnell herumgesprochen, dass sie es auf Frauen abgesehen hatten. Wir jungen Mädchen wurden auf den Dachböden versteckt. Im letzten Stock unseres Hauses oben war eine Luke. Mit einer Leiter, die unser Vater danach weggestellt hat, sind wir hinauf in die Bodenkammer. Wir wurden erst wieder runtergeholt, wenn ganz sicher war, dass sie gegangen waren. Während wir da saßen und vor Angst zitterten, haben die unten die Wohnungen ausgeräumt. Sie kamen regelmäßig und haben uns alles weggenommen. Erst die teuren Sachen, Vaters Fotoapparat, unsere beiden Radios. Die haben meine Eltern zur Seite geschoben und sich ausgesucht, was sie wollten, bis wir nichts mehr hatten, Besteck, Vasen, selbst Stühle und unser einziger Spiegel gingen weg. Es war so blöd, dass wir lachen mussten in unserer leeren Wohnung. Uns blieb nur eine Gitarre, die mein Vater gut versteckt hatte. Auf die war er so stolz. Einmal wurde sie dennoch gefunden, und mein Vater hat den Russen angefleht, dass er sie ihm nicht nimmt. So hat er mir das erzählt, ich war ja auf dem Dach. Er habe sie genommen, und als er darauf spielen wollte, riss eine Seite, und er habe fürchterlich geflucht und sie dann stehen lassen. Immerhin gab es viel Solidarität unter uns Deutschen. Jeder half dem anderen mit irgendwas. Jeder konnte mal was besorgen oder reparieren. *Itaker* nannte uns keiner mehr. Mein Vater hat, als er wieder bei der Fleischerei arbeiten konnte, Wurst abgezwackt, das hat uns das Leben gerettet. Er packte auch kleine Päckchen für Freunde und Nachbarn. Die Russen waren gefährlich. Als ich einmal gerade aus dem Haus ging, sah ich zwei Offiziere auf Pferden und wollte schon in Panik wegrennen, weil einer eine Pistole gezogen hatte. Er schoss in meine Richtung, und ich sah mich beim Knall schon selbst sterben. Aber er hatte es nicht auf mich abgesehen, ein paar Meter vor mir sank unser Hausmeister tot zusammen. Keiner hat was dazu gesagt, die Russen sind weg und dann kam der Nachbar von gegenüber mit einer Schubkarre, lud unseren Hausmeister ein und brachte ihn weg. Er soll ein Nazi gewesen sein, sagten die Leute. Deswegen haben sie ihn sich bestimmt ausgesucht.« Marianne wendet sich wieder an Klaus: »Bis zu euch sind die aber gar nicht gekommen, die Russen, oder?«

»Oh doch!« Klaus lacht. »Na gut, dann erzähle ich noch mal. Wir hatten alle panische Angst vor den Russen, also zuerst, als noch keiner da war, wusste man ja nicht, wie man sich das vorstellen sollte, vor allem als Kind nicht. Was ist das, der Russe? Was tut er? Meine Eltern haben einen Handkarren vollgepackt, und wir waren schon drauf und dran zu flüchten, wie viele aus unserem Dorf. Aber es ging langsam voran, und so sind wir umgedreht, weil wir ja doch niemandem hätten entkommen können zu Fuß. Die Russen, die dann kamen, sahen eben aus wie schlecht gekleidete Soldaten, die kein Deutsch konnten. Sie haben mir und meinen Eltern nichts getan. Die kamen nur immer wieder rein und haben wie bei dir abgeräumt. Eigentlich haben sie jedes Haus in unserer Straße abgeklappert. An einem Tag wurde Porzellan mitgenommen, am anderen Stoffe und so weiter. Das hatte System. Einmal waren drei Mann bei uns drin, die Radios sammelten. Ich wollte unseres nicht hergeben. Man konnte an der Seite daran drehen, dann gab es ein Störgeräusch. So habe ich meine Eltern manchmal geärgert, wenn sie ihre Musiksendungen hören wollten. Als der Russe es sich anschaute, habe ich das auch so gemacht. Er wird gedacht haben, dass es kaputt ist, hat einmal mit der Faust draufgeschlagen und ist abgezogen. Es ist jedoch heil geblieben. Ich war ganz stolz auf meine Rettungstat. Doch es lief nicht für alle glimpflich ab. Den Kindern haben sie zwar nie was getan, aber manche Familien, die etwas besaßen und es nicht hergeben wollten, hatten Pech. Als mal wieder eine ganze Klaukompanie ins Dorf kam, war ich neugierig und habe mir angeschaut, was sie den Nachbarn so wegnehmen. Ich verfolgte sie bis zu einem Schuhgeschäft. Da sah ich von meinem Versteck aus, wie der Schuster sich drinnen verteidigen wollte, und da haben sie ihm ein Messer in den Bauch gerammt und ihn liegen lassen. Dann haben die Mörder in aller Ruhe sämtliche Schuhpakete aus dem Laden geräumt und sind wieder weg. Danach kam die Ehefrau des Schusters nach unten und hat fürchterlich geschrien und geweint. Ihr Mann war tot. Ich selbst hatte komischerweise gar nicht solch eine Angst vor den Russen, auch an dem Tag nicht. Es hieß immer, Kindern würden sie nichts tun, und so war es ja auch. Da hat man sich drauf verlassen, so als kleiner, naiver Junge. Meinen Vater haben sie zwar einmal rumgeschubst, aber zu uns Kindern waren sie teilweise regelrecht freundlich, haben gelacht und alberne Faxen gemacht.«

»Das kann ich nur bestätigen«, sagt Christine. »Jedenfalls weiß ich das von meiner Mutter. Ich war noch kein Jahr alt, als sie mit mir bis nach Röhrsdorf geflüchtet war in der ersten Bombennacht. Als die Russen kamen, ist sie vergewaltigt worden, mehrfach und über viele Tage. Aber in meinen Kinderwagen haben die Männer nach den Erzählungen meiner Mutter immer etwas reingesteckt, Obst oder ein Blümchen, und mich wohl dabei ganz lieb angelächelt. Eine grausame Vorstellung.«

»Das ist alles so merkwürdig«, sagt Marianne. »Wir haben auch richtig Glück gehabt. Die Russen waren etwa sechs Wochen in Dresden, da kamen drei Offiziere zu uns ins Haus und teilten meinem Vater mit, dass wir vierundzwanzig Stunden Zeit hätten, Deutschland zu verlassen. Alle waren schockiert, wir waren doch wieder die Ausländer. Aber uns blieb nichts übrig, wir haben die wenigen Klamotten, die wir hatten, zusammengepackt und wollten zu einer Schwester meines Vaters fahren, die in Verona lebte. Das wäre unsere einzige Anlaufstelle gewesen. Wir verabschiedeten uns von den wenigen, die uns noch geblieben waren. Meine Schwester Johanne, die zu der Zeit schon verheiratet war, wollte das nicht zulassen. Ihr Mann konnte russisch, lief zur Kommandantur und hat dort die Situation erklärt. Er kam zu uns zurück mit einem Schreiben, auf dem versichert wurde, dass wir bleiben dürfen. Was für ein Glück! Nun hieß es, sich aufzurappeln, anzupacken, ein neues Leben anzufangen. Ich traf eine alte Schulfreundin, die mir erzählte, dass überall nach Frauen gesucht werde, die Trümmerarbeiten machen könnten. Das war ein Plan. Ich wandte mich an das Kommunale Wirtschaftsunternehmen (KWU) und habe mich beworben. Im Büro sagte mir die Dame, dass ich anfangen könne, aber die Arbeit hart sei, ich nicht viel verdienen würde und dass ich meine eigenen Sachen mitbringen müsse: Handschuhe, Spachtel, Hammer. Ich war einverstanden, was blieb mir übrig? Alle mussten jetzt irgendwie wieder Geld verdienen. Und so fand ich mich jeden Morgen um 7.00 Uhr zur Trümmerbeseitigung ein. Die Schicht ging jeweils bis 16.00 Uhr. Es arbeiteten nur Frauen bei uns. Mit Männern hatten wir nichts zu tun, es gab einfach keine. In meiner Kolonne waren wir achtzehn junge Frauen. Gruppenweise arbeiteten wir uns Gebiet für Gebiet vor. Wir fingen am nächsten Tag immer genau da wieder an, wo wir am letzten aufgehört hatten. Das waren riesige hügelige graue Flächen. Die ersten Tage waren furchtbar, richtig dreckig, bei Wind und Wetter, selbst mit Handschuhen tat jeder Finger weh. Wir mussten Ziegel sammeln, davon Mörtel und Kalk abschlagen, die Steine abputzen und in eine

Lore legen, die regelmäßig abgeholt wurde. Die Steine wurden an der Elbe gelagert, um anschließend damit neu aufbauen zu können. Zwei Jahre war ich Trümmerfrau und am Ende körperlich halb kaputt.«

In Dresden müssen die 12 Millionen Kubikmeter Trümmer von 80 000 völlig zerstörten Wohnungen und Dutzenden Kulturdenkmälern beiseitegeräumt werden. Erst 1957 gilt die Enttrümmerung als abgeschlossen. Eine Trümmerfrau verdient in Dresden durchschnittlich 1 DM pro Stunde.

»Das kann man nicht ewig machen«, sagt Marianne. »Eines Tages kam zu meinem Glück ein Mann von der KWU auf die Baustelle und erzählte, er suche nun dringend nach Frauen, die nähen

Marianne nach dem Krieg

könnten. Eine Firma müsse eilig Schlosseranzüge ausbessern. Ich konnte ganz gut nähen, hatte es bei meiner Oma gelernt und meldete mich sofort mit noch zwei anderen Mädels aus meiner Schicht. Als ich kurz darauf das erste Mal an einer Nähmaschine saß, wusste ich, dass ich meinen Traumberuf gefunden hatte. Das war toll. Ich träumte davon, große, schicke Mode zu gestalten.«

In der DDR erlernt Marianne den Beruf der Schneiderin und fertigt keine große Mode, sondern FDJ-Hemden an. Sie lernt in der Zeit auch ihren Mann kennen, heiratet 1954 und wird somit Deutsche. Ihr Gatte ist ein bekannter Fußballspieler in der DDR und später Trainer. Auch Marianne widmet ihre ganze Freizeit den Vereinen, für die ihr Mann tätig ist. Fußball begeistert sie bis heute. Seit achtzehn Jahren, seit ihr Mann tot ist, schaut sie die Spiele nun alleine und im Fernsehen, immer, wenn gespielt wird, egal wer – denn mit Fußball verbindet sie nur schöne und gute Erinnerungen.

HELGA UND DIE GRANATEN IM TIERGARTEN

Helga lebt allein in der sechsten Etage eines Mehrfamilienhauses in der Nähe des Lützowplatzes in Berlin, auf dem sie auch das Kriegsende erlebt hat. Seit einigen Jahren ist die 94-Jährige vollständig erblindet und benötigt Hilfe im Haushalt. Ihre private Haushaltshilfe Rainer ist eine besonders wichtige Stütze für die ehemalige Pädagogin, die im Zweiten Weltkrieg so viel gesehen hat und ihr Wissen gerne durch Zeitzeugenarbeit an jüngere Generationen weitergibt. Helga will noch so vielen Interessierten wie möglich von ihren Erfahrungen aus der Kriegszeit erzählen, denn sie beobachtet die aktuelle gesellschaftliche Lage mit zunehmender Sorge. »Die Erde rächt sich an der Unfähigkeit des Menschen, hier ein friedliches Leben zu führen«, sagt sie. »Wir haben seit 75 Jahren keinen Krieg mehr in diesem Land gehabt, so lange wie niemals zuvor in seiner Geschichte. Aber es braut sich was zusammen, und mit Krisen scheinen die Menschen heute nicht wirklich klarzukommen, weil sie die gar nicht mehr kennen. Auf der anderen Seite merke ich aber auch, dass sich die ganz jungen Erwachsenen plötzlich doch interessieren. Darüber bin ich sehr froh und dankbar, denn das war über viele Generationen nicht der Fall, und wir brauchen die jungen Leute, die unsere Geschichten weitererzählen können, wenn wir nicht mehr sind. Das alles darf nicht in Vergessenheit geraten.«

Helga wird 1926 als Einzelkind eines Werkzeugmachers und einer Bürokauffrau in Berlin Wedding geboren. »Unsere Zweizimmerwohnung lag nahe an der Versöhnungskirche, die später zu DDR-Zeiten eingemauert wurde. Mein Vater war nicht sonderlich gläubig, trotzdem ist er für mich ein Engel im Krieg gewesen. Ich bin überzeugt, er hat mich immer und immer wieder gerettet, und ich habe nur an ihn geglaubt und auf ihn gehört, so bin ich durch diesen schlimmen Krieg gekommen.«

Helga besucht die Volksschule, als Hitler 1933 an die Macht kommt. »Für meine Eltern war das schrecklich, beide haben Hitler gehasst. Am Tag der Machtergreifung haben meine Mutter und ich aus dem Fenster rausgeschaut und beobachtet, wie die SA mit ihren Fackeln und Fahnen durch die Bernauer Straße marschierte. Das Klackern der Stiefel auf dem Kopfsteinpflaster habe ich schon damals als bedrohlich empfunden, weil mein Vater ganz offen darüber gesprochen hat, dass Hitler ein Verbrecher ist und Deutschland in einen Krieg führen wird. Ich hielt seine Erklärungen immer für plausibel und verstand auch, wenn er mir sagte, dass ich niemals mit anderen darüber sprechen dürfe, was meine Eltern miteinander oder mit Freunden zu Hause beredeten. Er hat uns klar gemacht, dass es lebensgefährlich ist, schlecht über Hitler zu reden, und dass, wenn ich Fremden etwas erzählen würde, man mir meine Eltern wegnehmen würde. Das hat gereicht, dass ich eisern schwieg. Ich denke, dass mein Vater besser informiert war als die meisten anderen einfachen Berliner dieser Zeit. Er hat als Werkzeugmacher bei der AEG gearbeitet und daneben in mehreren Orchestern professionell Klarinette und Saxofon gespielt. Er hat für den Rundfunk Musik gemacht und ist jedes Wochenende auf Bällen und Veranstaltungen aufgetreten.

Dadurch ist er mit einer Menge Menschen in Kontakt gekommen und hat viel und geschickt gefragt. Er spielte in einem Verein mit sehr vielen Polizisten und Kriminalpolizisten und hat sich genau angehört, was die beim geselligen Biertrinken nach den Auftritten über Verhaftungswellen gegen politische Gegner erzählten. Mein Vater hatte keine Angst, das habe ich von ihm geerbt. Ich war auch nie ängstlich, aber immer skeptisch. Ich habe zum Beispiel nicht verstanden, warum meine Freundinnen so ausflippten, sobald Hitler in seinem Wagen vorbeifuhr. Das haben wir in Berlin oft erlebt und mussten auch mit der ganzen Schule zu den Nazi-Aufmärschen hin. Ich habe diesen Mann als unglaublich steif und blass empfunden, wie eine Wachsfigur, als hätte er eine Maske auf. Wenn ich ihn da so emotionslos stehend im Wagen sah, sein Ärmchen halb erhebend. Die anderen Mädchen waren da so im Rausch, dass ich nicht mal so tun musste, als würde ich mitjubeln, weil mich überhaupt niemand mehr wahrnahm. Vielleicht war ich nie nah genug dran, aber von Charisma, das man diesem Mann nachsagt, habe ich rein gar nichts wahrgenommen.«

Der Vater hat recht behalten mit seiner Einschätzung: Hitler führt Krieg. Fliegeralarme treiben Helga von Beginn an in den Luftschutzkeller, die ersten Bomben fallen schon früh auf die Hauptstadt, es trifft aber zunächst nur einzelne Häuser. Die Straßen werden düster, nachts muss von Kriegsbeginn an bei Gefahrenlage verdunkelt werden. Der Blockwart kontrolliert streng, dass alle Lichter aus sind. Es gibt wegen Verstößen Ärger in der Nachbarschaft. Der Ton wird zunehmend rauer und ungemütlicher. Zu den Jungmädeln muss Helga nicht gehen, weil die Teilnahme noch freiwillig ist. 1940 hat sie gerade eine Lehre als technische Zeichnerin in der AEG-Turbinenfabrik angefangen, da muss sie allerdings dem BDM beitreten, nimmt aber nur an den absoluten Pflichtveranstaltungen teil. Einer Scharführerin, die Helga eines Abends zu Hause aufsucht und sie dazu bewegen

Mithilfe ihres Chefs entkommt Helga ihrer Einberufung zur Wehrmachtshelferin.

will, Parteizeitschriften auszutragen, erklärt ihr Vater an der Tür so deutlich, was seine Tochter alles Wichtigeres zu tun habe, dass diese nicht noch mal kommt und fragt.

»Wir hatten keine Hakenkreuzfahne«, erzählt Helga. »Das fiel erst niemandem auf, weil am Haus so viele andere hingen. Aber 1943 hat es der Hausobmann bemerkt und meinem Vater eine Frist gesetzt. Ab da stand er dann unter Beobachtung, und es hätte gefährlich werden können, auch weil er zu der Zeit mit seinem kleinen Siemens-Radio schon heimlich BBC hörte. Das hätte ihn das Leben kosten können. Von Glück kann man da wohl nicht sprechen, aber das mit der Fahne hatte sich von selbst erledigt, weil wir kurz nach dem Disput mit dem Hausobmann ausgebombt wurden und die Wohnung verloren haben.«

Eigentlich will Helga Modezeichnerin werden, doch ihre zuständige Berufsberaterin beim Arbeitsamt macht ihr gleich klar, dass man so etwas im Kriege nicht erlernen könne. Deshalb entscheidet sie sich immerhin noch, technische Zeichnerin zu werden, muss vor ihrer Einstellung allerdings eine Verschwiegenheitserklärung unterzeichnen. »Die Arbeit hat mir Spaß gemacht, und ich habe sorgfältig gezeichnet. Nach ein paar Monaten bekam ich ein größeres Projekt. Ich malte in Kleinstarbeit die einzelnen Werkteile von Dampfleitungen und Elektroleitungen eines geplanten Kraftwerkes in verschiedenen Farben an. Mein Chef war zu dieser Zeit auffällig pingelig und ermahnte mich mehrfach, ich dürfe auf gar keinen Fall mit jemandem über die Pläne und Zeichnungen sprechen. Das war mir natürlich klar, ich hatte ja einen Geheimhaltungsvertrag unterzeichnet. Erst nach dem Krieg reimte ich mir zusammen, warum ich hier unter extra Beobachtung stand. Denn den Namen des Werkes, an dem ich da gearbeitet habe, hatte ich mir gemerkt: Kraftwerk Auschwitz. Mir lief es eiskalt den Rücken runter, als ich das nächste Mal in ganz anderem Zusammenhang diesen Namen hörte.«

Am 18. November 1943 startet die RAF die Luftschlacht auf Berlin. Am 21. November treffen die Bomben die Innenstadt und zerstören mehrere Häuser in Helgas Straße. Das Feuer des Nachbarhauses durchschlägt die Brandmauer und springt auf ihres über. Die Eltern versuchen, neben den gepackten Koffern mit den wichtigsten Sachen noch ein paar Möbel und die Oberbetten aus der Wohnung zu retten und in der Versöhnungskirche unterzubringen. Die Gefahr ist nicht vorbei. Helga irrt durch die brennenden Straßen und läuft bis zum Flakturm Humboldthain, wo ihr der Luftschutzwart zunächst keinen Einlass in den übervollen Bunker gewähren will. Sie erklärt ihre Situation und bittet darum, wenigstens ein bisschen schlafen zu dürfen. Der Mann hat ein Erbarmen und führt sie zu einem Stuhl, auf dem Helga sofort

Helga mit ihren Vater beim Musizieren (ca. 1941)

einschläft. Zwei Stunden später, der Morgen graut bereits, läuft sie zurück durch die qualmenden Ruinen der Stadt. Als sie an ihrem Haus ankommt, bricht Helga das erste Mal nervlich zusammen. »Ich sah von draußen unseren schönen Stuck an der Decke brennen und wurde dadurch plötzlich so traurig, dass alles aus mir rausplatzte. Wir fanden Obdach in der Kirche, meine Trauer nahm nicht ab, auch nicht als mein Vater über die Wohlfahrt für uns eine kleine Notwohnung an der Pohlstraße organisiert hatte. Meine Eltern überlegten hin und her, was sie mit mir anstellen sollten, und schickten mich dann einfach zur Erholung aufs Land zu meinem Onkel nach Neuried, wo ich immer so gerne die

Ferien verbracht hatte. Da blieb ich eine Woche, erholte mich ein wenig und fuhr dann selbstständig wieder zurück. Ich hatte nicht daran gedacht, wie gefährlich das war, was ich da gemacht hatte. Ein paar Wochen vorher hatte ich meine Einberufung als Wehrmachtshelferin erhalten, und mein Chef hat mich vor dem Dienst bewahrt, in dem er der Behörde glaubhaft versichern konnte, dass ich bei ihm kriegswichtige Arbeit zu erledigen habe. Meine Lehrzeit war vorbei, und ich bin übernommen worden. Als ich nun eine Woche wegblieb und kein Attest vorweisen konnte, machte er mich schrecklich runter und mir darüber hinaus klar, dass ich offiziell eine Kriegsdienstverweigerin sei und das so etwas schlimm bestraft würde. Nach langem Verhör und Diskussion beließ er es bei einer Ermahnung und hat mich nicht gemeldet. Das war eine äußerst brenzlige Situation. Für mich ein Weckruf. Ich musste mich zusammenreißen! Also versuchte ich, mich in der neuen Wohnung meiner Eltern einzugewöhnen und beschloss, nicht wieder traurig zu werden. Bald war auch keine Zeit mehr dafür. Die letzte Kriegsphase, Goebbels' totaler Krieg, tobte, und da musste man rund um die Uhr wachsam sein.«

Helgas Vater sucht lange nach dem bestgeeigneten Luftschutzbunker in der neuen Gegend, findet schließlich zwischen dem Nollendorfplatz und der Kurfürstenstraße einen unterirdischen Tunnel, der vor dem Krieg als U-Bahn-Abstellgleis gedient hat und zum Luftschutzraum mit Feuerschutztüren umgerüstet worden ist. Er liegt etwas weiter weg, sodass die Familie schon bei Voralarm losgeht. »Das war eine Art Geheimtipp, der uns vielleicht das Leben gerettet hat. Viele Schutzräume haben bei dem heftigen Angriff am 27. Januar 1944 nicht standgehalten, als bei uns die Nebenstraße, die komplette Potsdamer Straße, in Brand geriet. Das ganze Jahr über hatten wir nun ständig Fliegeralarm, bis zu dreimal in einer Nacht. Es kamen immer die gleichen Leute in unseren U-Bahnschacht, und wir waren bald eine kleine verschworene Gemeinschaft, richteten uns fast schon gemütlich ein mit Betten und anderen Möbeln, kochten zusammen und versuchten, uns irgendwie bei Laune zu halten. Es war eine lockere Truppe von Menschen, wir konnten sogar Witze über Politik und die Nazis machen, bis sich eines Tages Meta Humm mit ihrem Dackel dazu gesellte. Diese etwas untersetzte Frau Mitte fünfzig wohnte ein paar Häuser neben uns in der Pohlstraße. Sie war voll auf Nazikurs, kam aus Prag und hatte dort für die Partei gearbeitet und Leute denunziert. Das erzählte sie frei heraus, ab da war es natürlich vorbei mit jedem Witz oder einer Kritik an der politischen Lage. Wenn sie noch nicht da war, nannten wir sie Nazi-Rieke.«

Als für Helga Mitte April 1945 der Kanonendonner der anrückenden Sowjetarmee deutlich und bedrohlich zu hören ist, erklärt ihr der Direktor der AEG-Großmotorenabteilung, in der sie arbeitet, dass sie nach Hause gehen könne, bis der Krieg aus ist. Jeder müsse nun sich und sein Leben schützen. »Mein letzter Arbeitstag war der 14. April. Von da an blieb ich zu Hause, und es war auch zu gefährlich, den Weg zu unserem U-Bahnschacht anzutreten. Die Angriffe kamen bei Tag, unverhofft, und das mit den Warnungen funktionierte kaum mehr. Wir hatten ja noch einen Luftschutzkeller für alle Familien der Hausgemeinschaft, die aus drei Gebäuden bestand, hielten uns von da ab ständig mit etwa dreißig bis vierzig Personen dort auf und warteten auf die Russen. Blöderweise lagen wir direkt im Kampfgebiet, das die SS heftig verteidigte. Es standen uns allen blutige zwei Wochen bevor. Am Ende waren sieben Bewohner aus unserem Haus tot und vierzehn verletzt, teilweise wirklich schwer.«

Stalin startet seine Großoffensive auf Berlin am 16. April 1945 mit 2,5 Millionen Soldaten, über 6000 Panzern und mehr als 40 000 Geschützen. Sein Plan: Die deutsche Hauptstadt muss innerhalb von fünf Tagen eingenommen und die NS-Führung zur

Kapitulation gezwungen werden. Das gelingt nicht, denn Hitler entscheidet sich dafür, so viele Deutsche wie möglich mit in den eigenen Untergang zu reißen. Er zwingt noch einmal eine Million Wehrmachtsoldaten, Angehörige der Waffen-SS, Polizeitruppen, Greise und Kinder des Volkssturms zum erbitterten Widerstand. Am 25. April nehmen die 1. Ukrainische Front unter Marschall Iwan Konew von Süden und die 1. Weißrussische Front unter Georgi Schukow von Norden Berlin in die Zange. Trotz massiven Beschusses von Artillerie und Luftstreitkräften halten die etwa 100 000 letzten Verteidiger der Stadt, darunter 40 000 Männer und auch Frauen des Volkssturms, die Stadtgrenzen noch tagelang. 80 000 Rotarmisten lassen beim Sturm auf das Stadtzentrum ihr Leben, auf der anderen Seite etwa 50 000 deutsche Soldaten und Zivilisten.

»Die Granaten schlugen massenweise in der direkten Umgebung ein«, erzählt Helga. »Am 19. April griffen noch einmal britische Tiefflieger an, und am 25. April flogen russische Piloten mit deutschen Maschinen, die auf dem Tempelhofer Feld stehen geblieben waren, über unser Viertel, warfen Bomben ab und schossen mit Maschinengewehren auf die Menschen. Dabei wurden zwei Frauen aus unserem Haus getötet, die es nicht mehr rechtzeitig in den Keller geschafft hatten. Es tat mir so leid, eine ganz junge Mutter mit dreiundzwanzig Jahren war darunter, die gerade erst ihren Mann an der Front verloren hatte. Das arme kleine Mädchen wuchs dann bei den Großeltern auf.« Helga seufzt. »Ach ja, und unsere nette Briefträgerin lag da auch noch tot rum.«

Die Hausbewohner bleiben im Keller, wo es unerträglich laut wird, weil sich eine Stalinorgel direkt vor dem Haus postiert. Als Helga am 28. April etwas aus einem Vorratsraum holen will, begegnet sie im Hof dem ersten Russen. »Er bedrohte mich mit seinem Gewehr, sah aber nicht böse aus. Mit Gesten gab er mir zu verstehen, dass er wissen wollte, wo die anderen Hausbewohner seien, und ich führte ihn in den Keller. Ich hatte keine Angst, aber fast alle anderen. Er leuchtete jedem mit einer Taschenlampe ins Gesicht. Es waren nur weinende Frauen und alte Männer in zivil – wie mein Vater – mit hochgehobenen Händen anwesend. Als der Soldat unsere Waschschüssel anleuchtete, ging er hin und wusch sich. Danach deutete er an, dass er etwas trinken wolle. Eine ältere Frau aus dem Haus brachte ihm ein Glas Wasser. Nachdem er sie hatte vorkosten lassen, trank der Sowjetsoldat es in einem Zug aus, bedankte sich und verließ uns wieder. Als er weg war, stöhnten alle vor Erleichterung auf. Jede Frau hatte mit einer Vergewaltigung gerechnet. Und nun, wo wir wussten, dass die Russen da waren, war die Gefahr eben real. Mein Vater erklärte mir, dass ich ab sofort nur noch auf dem Dachboden bleiben könne. Die anderen jungen Frauen suchten sich auch ihre Verstecke in den größtenteils leer gewordenen Wohnungen des Gebäudekomplexes. Ich verkroch mich, nachdem ich Brot und Wasser besorgt hatte, im dritten Stock auf der Dachkammer. Da oben bekam ich nun auch Angst, denn ich konnte mit niemandem sprechen, das war furchtbar. Die Kämpfe draußen tobten weiter. Jedes Mal, wenn eine Granate explodierte oder ich Russenstimmen unten im Haus hörte, dachte ich, meine letzte Minute hätte geschlagen. Ich ahnte, dass in der Zeit viele Frauen vergewaltigt würden, hatte aber nicht daran gedacht, dass es solch ein Ausmaß annehmen könnte. Ich habe später erfahren, dass sie selbst sämtliche Schwestern im Diakonissenkrankenhaus nicht verschont haben. Der Krankenhausdirektor und seine Frau hatten sich vor Ankunft der Russen selbst erschossen.«

Nach Schätzungen werden mindestens 110 000 Frauen während des Sturms auf Berlin und den Wochen danach Opfer von Vergewaltigungen durch Soldaten der Sowjetarmee, 10 000 sterben währenddessen oder an den Folgen. 40 Prozent der Opfer werden mehrfach vergewaltigt, 20 Prozent werden schwanger, wovon wiederum 90 Prozent eine Abtreibung vornehmen. Zwischen Ende 1945 und Sommer 1946 werden in Berlin noch etwa 1100 Kinder geboren, die aus den Vergewaltigungen hervorgehen.[79]

Am 29. April beobachtet Helga aus dem kleinen Fenster der Dachkammer, wie sich ein Tross Russen mit Pferden und Wagen im Innenhof niederlässt. Die Männer trinken viel Alkohol und schlagen immer wieder mit ihren Gewehren Türen ein, suchen nach Frauen im Haus und vergewaltigen sie. Sie schleppen Matratzen aus den Wohnungen, worauf sie draußen schlafen. Einige schlitzen sie auf und ziehen daraus Seegras, das sie an ihre Pferde verfüttern. Helga fühlt sich auf dem Dachboden immer unwohler, sie hat auch nichts mehr zu essen. Sie schleicht nachts in die Wohnung ihrer Eltern; sie haben die kleine vierjährige Tochter der Hauswartin aufgenommen, die verletzt im Krankenhaus liegt. »Die Kleine hat uns geschützt«, sagt Helga. »Wenn Russen reinkamen, hat sie automatisch geschrien und geweint, und da wurden die ganz lieb vor Mitleid und haben sie getröstet und ihr Süßigkeiten geschenkt. Ich versteckte mich trotzdem im Schrank, wenn jemand in die Wohnung kam.«

Helga hat erneut Glück, denn in ihre Hausseite ziehen in die unterste Etage zwei Kommandanten ein, stellen sich bei Helgas Eltern vor und versprechen, sie und das Kind zu schützen. Helga muss sich nicht weiter im Schrank verstecken, denn von den einfachen russischen Soldaten auf dem Hof wagt sich von da an keiner mehr ins Haus. Dennoch läuft sie in der Wohnung nur mit umgebundenem Kopftuch herum, womit sie eine alte Frau mimen will, falls sie mal am Fenster gesehen werden sollte. »Die Kommandanten in unserem Haus haben mich entdeckt und gleich gemerkt, dass ich ein junges Mädchen bin. Aber sie taten mir nichts, wir standen unter ihrem Schutz, das Versprechen haben sie gehalten. Und ich bin sicher, mein resolut auftretender Vater als Respektsperson und das kleine Mädchen sind dafür verantwortlich. Einer der Männer kam aus dem Kaukasus und machte einen gebildeten Eindruck. Der andere, ein großer Blonder, stammte aus Moskau und sprach sogar deutsch mit Akzent; er erzählte, seine Großmutter sei Deutsche gewesen. Er hat beruhigend auf mich eingeredet und, was er einmal sagte, werde ich nie vergessen: ›Wenn Russe kommt und sagt *Frau komm*, du nicht gehen, du zu mir kommen und ich geben ihm Tritt in Arsch.«

Helgas Vater macht sich indes nützlich. Einem russischen Soldaten, der sich im Hof äußerst ungeschickt beim Kartoffelschälen anstellt, zeigt er, wie das richtig geht. In der Folge wird er immer wieder zum Schälen bestellt und erhält als Dank stets einen Topf gekochter Kartoffeln und Lammfleisch, die er anschließend an seine Familie und an die anderen im Haus verbliebenen Nachbarn verteilt. Am 2. Mai 1945 werden die Kampfhandlungen nach der Kapitulationsunterzeichnung in Köpenick für Berlin

Im Mai 1945 gab es nur noch wenige Pumpen, an denen man Wasser holen konnte.

eingestellt. Obwohl es gefährlich bleibt, müssen die Deutschen aus ihren Verstecken, und sei es nur zum Wasserholen. »Es gab eine Pumpe am Magdeburger Platz, wo ich auch einmal hinging und mir einen Überblick über die schreckliche Zerstörung verschaffen konnte«, sagt Helga. »Alles stank bestialisch verbrannt. Es stand kaum noch ein Haus, und die wenigen, die noch da waren, sahen aus wie Siebe, so durchlöchert waren die Außenwände mit Kugeln. Am meisten haben mich aber die Eingänge zu den U-Bahnstationen erschreckt, die komplett überflutet waren. Nach einer gewaltigen Detonation in den letzten Kriegstagen war das Wasser in den Berliner Untergrund geströmt, wo sich in den Schächten Flüchtlinge und Obdachlose vor den Russen versteckt hatten, von denen sicher kaum einer überlebt hat.«

Da sich schnell zeigt, dass es auch nach der Kapitulation zu Übergriffen auf Frauen kommt, übernimmt Helgas Vater das Wasserholen. Er hat keine Angst, sucht in den Trümmern nach allem, was verwertbar ist, findet in zerstörten Geschäften Tee, Kondensmilch, Zigarren und Spirituosen, die er nach dem Krieg gegen Lebensmittel für die Familie eintauschen kann. Mit der bedingungslosen Kapitulation der Wehrmacht für Gesamtdeutschland und dem Ende des Zweiten Weltkriegs in Europa am 8. Mai 1945 nehmen Vergewaltigungen und Übergriffe auf Frauen allmählich ab.

Jetzt beginnen die Neuordnungen und das Aufräumen. Helgas Nachbarin Meta Humm, die Nazi-Rieke aus dem U-Bahn-Schacht, wird von zwei Männern des NKWD aus ihrer Wohnung begleitet und noch auf der Straße durch einen Genickschuss von hinten erschossen genauso wie ihr Dackel. Offenbar ist sie als aktiver Nazi enttarnt worden. Noch Tausende Berliner Nazis oder solche, die dafür gehalten werden, werden in diesen Tagen in Lager in die Sowjetunion verschleppt, wo die meisten von ihnen umkommen. Mitte Mai hängen Sowjetsoldaten Plakate auf, in denen die Deutschen aufgerufen werden, sich auf den Kommandanturen ihrer Bezirke zu melden und sich für Arbeiten zur Verfügung zu stellen. Nur so können sie an die dringend benötigten Lebensmittelkarten kommen. Helga geht zur Kommandantur an der Kurfürstenstraße, wo sie von einer russischen Soldatin begutachtet wird. »Sie fragte mich gleich, ob ich beim BDM war, und ich verneinte. Da fing sie an zu toben, was denn mit uns Deutschen los sei, dass wir alle in keiner Organisation gewesen sein wollten. Sie glaubte mir nicht und teilte mir deshalb wohl eine entsprechend unbeliebte Arbeit zu.«

Helga muss sich am nächsten Morgen um sieben Uhr an einem Sammelpunkt im Tiergarten zur Munitionsentsorgung einfinden, eine gefährliche Aufgabe. »Erst mal war ich geschockt, als ich morgens da durchging. Alle Baumkronen waren weg, wie abrasiert mit einem Messer. Riesige Kraterwüsten zogen sich durch den Tiergarten. Am Treffpunkt kamen etwa dreißig Frauen zusammen. Die Flächen waren voll mit Waffen. Tausende, Zehntausende: Gewehre, Pistolen, Maschinengewehre, ohne Ende Handgranaten und Panzerfäuste. Zwei ältere Männer, die sich auskannten, wiesen uns kurz ein und erklärten, was wir zu tun hatten: Patronengurte, Gewehre und sonstigen Schrott wie Helme, Feldflaschen und was dort noch rumlag, mussten wir in die großen Bombentrichter werfen. Die gefährlichen, scharfen Sachen wie Handgranaten und Panzerfäuste schmissen wir in die Seen des Tiergartens. Sie ermahnten uns, dass wir die Stifte der Granaten auf keinen Fall abziehen durften, aber die Holzstiele könnten wir, wenn wir wollten, abschrauben. Die würden sich gut als Brennholz eignen. Ich hatte auch während der Tätigkeit keine Angst, man gewöhnt sich doch schnell an alles. Ich habe dort zwei Wochen gearbeitet, bis mein Vater, der inzwischen als Schlosser Türen reparierte, mich einmal fragte, was ich da immer mit nach Hause brächte und im Keller lagerte. Ich sagte ihm, dass das

Handgranatenstiele sind. Da regte er sich furchtbar auf, schrie, dass das die machen sollten, die den Krieg gewollt hätten, wir hätten den nicht gewollt. Das sei eine Strafarbeit, und er habe gedacht, ich sei bei der Enttrümmerungstruppe. Er schickte mich sofort zum Arzt, der mir ein Attest ausstellte, das ich dann bei der Kommandantur einreichte. Wieder hatte mich mein Vater rechtzeitig gerettet, denn zwei Tage später ging in unserem Trupp eine Panzerfaust hoch, zwei junge Frauen starben, und es gab so viele Verletzte und Sorge darüber, dass Frauen das danach nicht mehr machen mussten.«

Helga bekommt über die Kommandantur eine neue Arbeit bei der Enttrümmerung zugewiesen. »Die Frauen aus unserer Kolonne verteilten sich auf die einzelnen Grundstücke. Meist zu zweit enttrümmerten wir ein Wohnhaus oder ein Geschäft. Die Ausrüstung mussten wir selbst mitbringen: Hammer und Spaten. Ich trug Holzschuhe und darüber Gummiüberschuhe, bin so auf den Trümmerhügeln rumgekrabbelt und habe Eimer für Eimer vollgemacht. Es war auch nicht ungefährlich, weil es überall Löcher und Trichter gab, in die man stürzen konnte. Oft sah die Landschaft skurril aus, denn manche Häuser standen noch zu Teilen und kamen mir vor wie in der Mitte durchgeschnitten, sodass man die Hälfte der Zimmer auf mehreren Stockwerken sah. Nur die Straßen waren freigeräumt, und darauf hatte man Schienen verlegt. Auf denen standen die schweren Loren, die wir mit dem ganzen Schutt und dem Geröll vollpackten. Wenn größere Mauerstücke herausgerissen werden mussten, konnten wir über den Vorarbeiter eines der Fahrzeuge anfordern, die dafür bereitstanden. Raupenfahrzeuge, Bagger und Kräne. Die bedienten ältere Arbeiter, ansonsten habe ich überall überwiegend Frauen in den Trümmern gesehen. Junge arbeitsfähige Männer waren ja nicht mehr da oder noch nicht wieder da. Bis Ende 1945 habe ich Ent-

Berlin nach der totalen Zerstörung: 75 Millionen Kubikmeter Schutt müssen weggeräumt werden.

trümmerungsarbeiten gemacht. Harte körperliche Arbeit war das, für die ich 49 Pfennig in der Stunde bekam bei einer 48-Stunden-Woche. Die Hauptsache waren aber die Lebensmittelmarken, die man erhielt.«

Um möglichst schnell mit der Enttrümmerung voranzukommen, richtet der Alliierte Kontrollrat in Berlin ab Sommer 1945 eine allgemeine Arbeitspflicht für Männer zwischen 14 bis 65 Jahren und für Frauen zwischen 15 und 50 Jahren ein. Allein über 60 000 Trümmerfrauen helfen dabei, die Hauptstadt von 75 Millionen Kubikmetern Schutt zu befreien.

Ab 1946 besucht Helga ein Seminar für Lehrerausbildung in Kleinmachnow und wird nach erfolgreicher Absolvierung in einem Dorf in Brandenburg als Lehrerin in einer Grundschule eingesetzt, wo sie auch ein Zimmer beziehen kann. Nebenbei knüpft sie Kontakte zu den Bauern der Gegend, denen sie erzählt, dass ihr Vater Schlosser ist. Schnell fragen die Landwirte nach Nägeln und Werkzeugen und bieten Tauschgeschäfte gegen dringend benötigte Lebensmittel für die Familie in Berlin an. Der Beruf der Lehrerin und die Arbeit mit Kindern bereiten Helga Freude. Ihren Mann lernt sie Ende der 1950er-Jahre kennen. Anfang der Sechzigerjahre studiert sie Sozialpädagogik und arbeitet bis 1986 vierzig Jahre in Berliner Kinderheimen. Sie selbst hat zwei Töchter, eine Enkelin und seit drei Jahren auch endlich einen männlichen Nachfahren: Ihren Urenkel Max. Sie sieht ihn nicht, aber er schaut sie mit großen Augen an und wird eines Tages ihre Kriegsgeschichte erfahren und aus ihr lernen.

NACHWORT UND DANKSAGUNG

Wenn wir das kollektive Erinnern nicht verlernen wollen. Wenn wir weiter aufrichtig an Holocaust und die vielen andere Verbrechen der Nazis im Dritten Reich erinnern wollen. Wenn uns daran gelegen ist, dass nicht Rechtsextremisten die Erzählungen kapern und durch Relativierungen einerseits und Übertreibungen andererseits bestimmen. Wenn wir nicht wollen, dass Linksextremisten sich diebisch am Tod unserer Vorfahren ergötzen. Wenn wir in der Lage sein wollen, auch zukünftig Kriegsverbrechen und Verbrechen an der Menschlichkeit zu erkennen. Wenn wir wieder zu einer vernünftigen Basis zurückkehren wollen, die nicht unsere gesamte Erinnerungskultur infrage stellt, dann dürfen wir nicht weiter an einer einseitigen Vermittlung von Geschichte hängen.

Damit wir die Vergangenheit dieses Landes verstehen können, damit wir daraus Erklärungen für aktuelle Krisen und Spannungen gewinnen können, damit wir dadurch Prognosen für die Zukunft treffen können, brauchen wir eine alles einschließende Erinnerungskultur. Wir haben einen Fehler begangen, indem wir aus Angst und Scham, vielleicht sogar aus Bequemlichkeit, zu wenige Zeitzeugen in den Diskurs eingebunden haben. Sie werden uns nun nicht mehr persönlich helfen können. Doch das, was sie erzählt und aufgeschrieben haben, das wird bleiben und daraus können wir lernen. Ein spannendes Thema zum Beispiel ist »Deutsche Frauen im Zweiten Weltkrieg« …

Ich bedanke mich deswegen zuvorderst bei allen Frauen, deren Geschichten ich in diesem Buch aufschreiben durfte. Ich bedanke mich von Herzen für eure Zeit und euren Mut, liebe Stiefoma, liebe Gisela, Jutta, Ursula, Herta, Inge, Lore (Josepha), Marta, Erdmuthe, Lore, Annelene, Margarete, Marianne und Helga. Mein Dank geht auch an die Familienangehörigen und Freunde der porträtierten Zeitzeuginnen, die beiden Seiten geholfen haben, und natürlich ebenso an die vielen anderen Frauen, mit denen ich Interviews und Gespräche geführt habe und die mir, auch wenn ich sie nicht im Rahmen dieses Buches aufschreiben konnte, allesamt geholfen haben, die verratene Generation zu verstehen.

Ein besonderer Dank gilt auch denjenigen Institutionen und Medien, die mich dabei unterstützt haben, Zeitzeugen zu finden. Ich bedanke mich ausdrücklich daher beim Bund der Vertriebenen, bei der Sudetendeutschen Landsmannschaft Landesgruppe Bayern, beim Seniorenbüro Hamburg, bei der Zeitzeugenbörse Berlin und beim Bayerischen Soldatenbund, beim Magazin Tichys Einblick und beim SWR. Für das außerordentliche persönliche Engagement bedanke ich mich weiter bei Josef Kraus, Renate Rodriguez, Christine Rösch, Paolo Campioli, Ulrike Bubinger und Jamil Khamis sowie bei Familie Kaiser und Familie Fischwasser. Mein Dank für das erneute Vertrauen in mich gilt Christian Strasser, Barbara Stang und Kathleen Roth vom Europa-Verlag, meinem Lektor Franz Leipold und meiner Agentin Anna Mechler. An letzter Stelle genannt, aber am bedeutendsten im Werte danke ich meiner Frau Anne für jede Unterstützung und meinem nun sechs Monate alten Sohn Enno Ferdinand, auf den ich mich immer am meisten gefreut habe, wenn ich nach einer Recherchereise für dieses Buch zurückkehrte, und der mir, ohne es schon selbst zu wissen, die nötige Kraft dafür schenkte.

Christian Hardinghaus, im Oktober 2020

ANMERKUNGEN

1 Der Westen (Hrsg.): Deutsche Bahn: Durchsage im ICE sorgt für Wut bei Fahrgästen – doch nun kommt es noch schlimmer (16.7. 2019), URL: https://www.derwesten.de/panorama/deutsche-bahn-durchsage-zug-wut-ice-frankfurt-wuerzburg-id226424969.html.
2 Stern online (Hrsg.): Zugführer macht Ansage zu Bombenentschärfung – Reisende können Wortwahl nicht fassen (8.7.2019), URL: ps://www.stern.de/reise/deutschland/zugfuerer-mit-ansage-zu-bombenentschaerfung---wortwahl-macht-fassungslos-8789616.html.
3 Zitiert n. ebenda.
4 Ebenda.
5 Wustmann, Gerrit: Rechter Shitstorm nach Nazi-Durchsage im ICE (11.7.2019), URL.: https://www.heise.de/tp/features/Rechter-Shitstorm-nach-Nazi-Durchsage-im-ICE-4467647.html
6 Ebenda.
7 dk/dpa: „»Umweltsau-Song«: Mitarbeiter provoziert auf Twitter. Shitstorm ausgelöst, in Donaukurier (29.12.2019), URL: https://www.donaukurier.de/nachrichten/panorama/Umweltsau-Song-Mitarbeiter-provoziert-auf-Twitter;art154670,4437341
8 Zitiert n. Gaschke, Susann: Mehrheit der Frauen will keine Gendersternchen, in: Welt (Hrsg.), URL: https://www.welt.de/politik/deutschland/article208647269/Umfrage-Mehrheit-der-Deutschen-lehnt-Gendersternchen-ab.html.
9 Vgl. Douglas, R. M.: Ordnungsgemäße Überführung. Die Vertreibung der Deutschen nach dem Zweiten Weltkrieg, München 2012, S. 14.

10 Vgl. Dörr, Margarete: Wer die Zeit nicht miterlebt hat...: Frauenerfahrungen im Zweiten Weltkrieg und in den Jahren danach. Bd.1 Lebensgeschichten, Bd. 2 Kriegsalltag, Bd. 3 Das Verhältnis zum Nationalsozialismus und zum Krieg, Frankfurt 2008.
11 Vgl. Maubach, Franka: Die Stellung halten. Kriegserfahrungen und Lebensgeschichten von Wehrmachtshelferinnen, Göttingen 2009.
12 Vgl. Maschmann, Melita: Fazit – Mein Weg in der Hitler- Jugend, München 1979.
13 Vgl. Hannsmann, Margarete: Der helle Tag bricht an: Ein Kind wird Nazi, Hamburg 1984.
14 Vgl. Sternheim-Peters, Eva: Habe ich denn allein gejubelt? Eine Jugend im Nationalsozialismus, München 2016.
15 Vgl. Gersdorff, Ursula von: Frauen im Kriegsdienst, 1914 - 1945, Stuttgart 1969.
16 Vgl. Seidler, Franz Wilhelm: Blitzmädchen. Die Geschichte der Helferinnen der deutschen Wehrmacht im Zweiten Weltkrieg, Koblenz 1979.
17 Vgl. Mitscherlich, Margarete: Die friedfertige Frau, Frankfurt am Main 1985
18 Ebenda, S. 157.
19 Ebenda, S. 159.
20 Vgl. Thürmer-Rohr, Christina: Aus der Täuschung in die Ent-Täuschung. In: Beiträge zur feministischen Theorie und Praxis. Band 8, 1983, S. 11–25.
21 Vgl. Koonz, Claudia: Mütter im Vaterland. Frauen im Dritten Reich, Freiburg im Breisgau 1991.
22 Vgl. Aumüller-Roske, Ursula: Thematisierungen des Nationalsozialismus in der neueren Frauenforschung, in: Feministische Studien, Band 8: Heft 2, Berlin November 1990, S. 140.
23 Vgl. ebenda.
24 Vgl. ebenda, S. 141.
25 Vgl. ebenda, S. 142.
26 Vgl. Goldhagen, Daniel Jonah: Hitler's Willing Executioners: Ordinary Germans and the Holocaust, New 1996.
27 Vgl. Kompisch, Katrin: Täterinnen. Frauen im Nationalsozialismus, Köln 2008.
28 Vgl. ebenda, S. 8.
29 Vgl. ebenda, S. 15.
30 Ebenda, S. 16.
31 Frietsch, Elke/Herkommer, Christina (Hrsg.): Zur Politisierung und Ästhetisierung von Körper, »Rasse« und Sexualität im »Dritten Reich« und nach 1945, Bielefeld 2009, S. 33.
32 Maulbach, S. 10.

33 Vgl.: Browning, Christopher: Ordinary Men: Reserve Police Battalion 101 and the Final Solution in Poland, New York 1992.
34 Vgl. Maubach, S. 20.
35 Vgl. ebenda S. 33 f.
36 Vgl. ebenda S. 34.
37 Leitner, Barbara: Frauen an der Front. Die Wehrmachtshelferinnen im Zweiten Weltkrieg, in: Deutschlandfunk (22.10.2009), URL: https://www.deutschlandfunk.de/frauen-an-der-front.1148.de.html?dram:article_id=180455
38 Ebenda.
39 Vgl. Treber, Leonie: Mythos Trümmerfrauen: Von der Trümmerbeseitigung in der Kriegs- und Nachkriegszeit und der Entstehung eines deutschen Erinnerungsortes, Essen 2014.
40 Vgl. Pappai, Anna-Sophia: »Trümmerfrauen« und »Trümmermänner«. Symbolische und reale Wiederaufbauarbeit in Dresden und Warschau nach 1945, in: Claudia Kraft (Hrsg.): Geschlechterbeziehungen in Ostmitteleuropa nach dem Zweiten Weltkrieg, München 2008, S. 55.
41 Vgl. Bode, Christine: Die vergessene Generation – Die Kriegskinder brechen ihr Schweigen, Stuttgart 2014. Nachkriegskinder. Vgl. auch dies.: Die 1950er Jahrgänge und ihre Soldatenväter, Stuttgart 2015.
42 Vgl. Jacobs, Ingeborg: Freiwild. Das Schicksal deutscher Frauen 1945, Berlin 2008.
43 Vgl. Gebhardt, Miriam: Als die Soldaten kamen. Die Vergewaltigung deutscher Frauen am Ende des Zweiten Weltkriegs, München 2016.
44 Wehrgesetz vom 21. Mai 1935, Zit. n. documentArchiv.de (2000 bis 2004), URL: http://www.documentarchiv.de/ns/1935/wehrgesetz.html
45 Aus den geheimen Richtlinien des Reichsarbeitsministers Franz Seldte für die Beschäftigung von Frauen im Mobilmachungsfall vom 16. September 1938, zit. n. SWR/NDR/Planetschule (2020), URL: https://www.planet-schule.de/fileadmin/dam_media/wdr/kriegsende/pdf/kriegsende_arbeitsblatt1-2.pdf.
46 Zit. n. Die Welt (Hrsg.) (28.2.2005): 28. Februar 1945, URL: https://www.welt.de/print-welt/article496353/28-Februar- 1945.html
47 »Verfügung des Chefs des Oberkommandos der Wehrmacht. Einsatz von Wehrmachthelferinnen« vom 20.04.1945, zit. n. Gersdorff, S. 531.
48 Zit. n. Der Spiegel, Nr. 19/1984, S. 85.
49 Hitler, Adolf, in Rede vor der NS-Frauenschaft vim 15. September 1935, zit. n. Domarus, Max (Hrsg.): Hitler Reden und Proklamationen 1932-1945, Leonberg 1988, S. 531.

50 Zit. n. Bundespräsidialamt (Hrsg.) (20.6.2015): Gedenktag für die Opfer von Flucht und Vertreibung, URL: https://www.bundespraesident.de/SharedDocs/Reden/DE/Joachim-Gauck/ Reden/2015/06/150620-Gedenktag-Flucht-Vertreibung.html
51 Vgl. Bundesministerium für Vertriebene Flüchtlinge und Kriegsgeschädigte/Schieder, Theodor (Hrsg.): Dokumentation der Vertreibung der Deutschen aus Ost-Mitteleuropa, Bonn 1954.
52 Kulturstiftung der deutschen Vertriebenen (Hrsg.): Vertreibung und Vertreibungsverbrechen. 1945-1948. Bericht des Bundesarchivs vom 28. Mai 1974. Archivalien und ausgewählte Erlebnisberichte, Bonn 1989, S. 9.
53 Vgl. Bericht Bundesarchiv S. 55.
54 Vgl. ebenda, S. 41 f.
55 Vgl. ebenda, S. 47 f.
56 Vgl. Bericht Bundesarchiv, S. 55.
57 Vgl. ebenda, S. 56.
58 Vgl. Kammerer, Willi/Kammerer, Anja (Hrsg.): Narben bleiben: Die Arbeit der Suchdienste - 60 Jahre nach dem Zweiten Weltkrieg, Berlin et. al. 2005, S. 12.
59 Zit. n. Spiegel (Hrsg.): Jetzt wird Selbstbeherrschung verlangt. Neue über den sowjetischen Einmarsch in Deutschland 1945, 12.05.1975, S. 70.
60 Ebenda
61 Bericht Bundesarchiv, S. 34.
62 Vgl. Sander, Helke/Johr, Barbara (Hrsg.): Befreier und Befreite. Krieg, Vergewaltigung, Kinder, Frankfurt am Main 2006, S. 59.
63 Vgl. ebenda S. 58.
64 The Times, 23.10.1945, S. 5, zit. n. Betrand Russel: A lifelong fight for peace, Justice, and truth in letters to the Editor, Chicago 202, S. 162 f.
65 Ther, Philipp: Die dunkle Seite der Nationalstaaten. »Ethnische Säuberungen« im modernen Europa, Göttingen 2011, S. 235.
66 Bericht des Bundesarchivs, S. 28.
67 Zit. n. Spiegel 1941-1945, München 1995, S. 208.
68 Ebenda.
69 Vgl. Bericht Bundesarchiv, S. 26.
70 Schmidt, Hans-Jörg: Tschechien. Eine Nachbarschaftskunde für Deutsche, Berlin 2010, S. 76.
71 Zit. n. Friedrich, Jörg: Der Prozeß gegen das Oberkommando der Wehrmacht, München 1993, S. 153.
72 Zit. n. Domarus, Max: Hitler: Reden und Proklamationen 1932–1945, S. 1580.
73 Vgl. Friedrich, Jörg: Der Brand. Deutschland im Bombenkrieg 1940–1945, München 2002.

74 Landeshauptstadt Dresden (Hrsg.): Abschlussbericht der Historikerkommission zu den Luftangriffen auf Dresden zwischen dem 13. und 15. Februar 1945, Dresden 2010, S. 73.
75 Vgl. McKay, Sinclair: Die Nacht, als das Feuer kam. Dresden 1945, München 2020.
76 Vgl. Grayling, A.C.: Die toten Städte. Waren die alliierten Bombenangriffe Kriegsverbrechen, München 2009.
77 Ebenda, S. 315 ff.
78 Zit. n.: Anpacken und Vollenden. Hannovers Wiederaufbau in den 50er Jahren. Ein Quellenlesebuch. Bearbeitet von Waldemar R. Röhrbein und Andreas Urban unter Mitarbeit von Wilhelm Karmann (= Schriften des Historischen Museums Hannover Heft 5), Hannover 1993, S. 12.
79 Vgl. Sander/Johr 2006, S. 52 ff.

REGISTER